LIBRO **DEL ESTUDIANTE**

STECK-VAUGHN
ESTUDIOS SOCIALES
PREPARACIÓN PARA LA PRUEBA DE GED® 2014

- La educación cívica y el gobierno
- Historia de los Estados Unidos
- La economía
- La geografía y el mundo
- Práctica de Estudios Sociales

POWERED BY
PAXEN

Houghton
Mifflin
Harcourt

POWERED BY
PAXEN

Reconocimientos

For each of the selections and images listed below, grateful acknowledgment is made for permission to excerpt and/or reprint original or copyrighted material, as follows:

Texts

Excerpt from *Assessment Guide for Educators*, published by GED Testing Service LLC. Text copyright © 2014 by GED Testing Service LLC. GED® and GED Testing Service® are registered trademarks of the American Council on Education (ACE). They may not be used or reproduced without the express written permission of ACE or GED Testing Service. The GED® and GED Testing Service® brands are administered by GED Testing Service LLC under license from the American Council on Education. Translated and reprinted by permission of GED Testing Service LLC.
(77) Excerpt from "Campaign speech by Barack Obama, 2008" (retitled from "Remarks at the Associated Press Annual Luncheon in Washington D.C.") by Barack Obama. Text copyright © 2008 by Barack Obama. (79) Excerpt from "Debates in the U.S. Senate on the Tonkin Gulf Resolution" (retitled from "The Tonkin Gulf Debate and Resolution") from America in Vietnam by William Appleman Williams, et al. Text copyright © 1985 by William Appleman Williams, Thomas McCormick, Lloyd Gardner, and Suzanne LaFeber. Translated and reprinted with permission by W.W. Norton and Company. (80) Excerpt from "Democratic Party" from the *Encyclopedia Britannica Online.* Translated and reprinted by permission of Britannica. (77) Excerpt from "George W. Bush for president" from The *Chicago Tribune* October 17th 2004. Text copyright © 2004 by The Chicago Tribune. Translated and reprinted by permission of PARS International Corp. (63) Excerpt from "John Kerry for President" from *The New York Times* October 17th, 2004. Text copyright © 2004 by the New York Times. Translated and reprinted by permission of PARS International. (38) Excerpt from "Non-Self-Governing Territories" by the United Nations. Text copyright © by un.org. Translated and reprinted by permission of the United Nations. (38) Excerpt from "The Political and Social Doctrine of Fascism" from *My Autobiography* by Benito Mussolini. Text copyright © 1932, 2006 by Dover Publications. Translated and reprinted by permission of Dover Publications. (65) Excerpt from "Supreme Court of the United States" from *Encyclopedia Britannica Online*. Text copyright © 2013 Encyclopedia Britannica, Inc. Translated and reprinted by permission of Encyclopedia Britannica, Inc. (82) Excerpt from "Time to Pack Up" from *The New York Times* October 13th 2012. Text copyright © 2012 by The New York Times. Translated and reprinted by permission of PARS International. (63) Excerpt from "United Nations and the Rule of Law." Text copyright © 2004 by the United Nations. Translated and reprinted by permission of the United Nations. (72) Excerpt from "Vice Presidential debate at Centre College in Danville, Kentucky" (retitled from "From a Vice-Presidential Debate, Joe Biden, 2012") by Joe Biden. Text copyright © 2012 by Joe Biden. (67) Excerpt from "Who Can Declare War?" from *The New York Times*, December 15, 1990. Text copyright © 1990 by *The New York Times*. Translated and reprinted by permission of PARS International.

Images

Cover (bg) ©Chen Ping-hung/E+/Getty Images; **(inset)** ©Ellen Rooney/Robert Harding World Imagery/Getty Images; **(bg)** ©Vito Palmisano/Photographer's Choice/Getty Images; **iii** ©zbruch/iStockPhoto.com; **vi** ©daboost/iStockPhoto.com; **vii** ©CDH Design/iStockPhoto.com; **vii** ©daboost/iStockPhoto.com; **xii** ©Guy Jarvis/Houghton Mifflin Harcourt; **Blind Opener** U.S. Department of State; **1** ©benkrut/iStockphoto.com; **20** ©Neal Preston/Corbis; **21 (r)** ©Daniel Bendjy/Vetta/Getty Images; **21 (l)** U.S. Air Force; **44** ©Alex Wong/Hulton Archive/Getty Images; 45 ©webking/iStockphoto.com; **58** Public domain, from PROHIBITION CARTOONS, 1904, published by The Defender Publishing Company, New York; 59 **(l)** The Granger Collection, NYC — All rights reserved; **59 (r)** The Granger Collection, NYC — All rights reserved; **73** Public Domain; **75** ©Glenn Foden/Artizans; **82 (b)** ©Corbis; **82 (t)** The Granger Collection, NYC — All rights reserved; **86** Copyright © Bill Mauldin (1962). Courtesy of Bill Mauldin Estate LLC.; **88** ©Boston Globe/Getty Images; **89** ©Ariel Skelley/Blend Images/Getty Images.

©zbruch/iStockPhoto.com

Contenido

Acerca de la Prueba de GED®

Bienvenido al primer día del resto de tu vida. Ahora que te has comprometido a estudiar para obtener tu credencial GED®, te espera una serie de posibilidades y opciones: académicas y profesionales, entre otras. Todos los años, cientos de miles de personas desean obtener una credencial GED®. Al igual que tú, abandonaron la educación tradicional por una u otra razón. Ahora, al igual que ellos, tú has decidido estudiar para dar la Prueba de GED® y, de esta manera, continuar con tu educación.

En la actualidad, la Prueba de GED® es muy diferente de las versiones anteriores. La Prueba de GED® de hoy consiste en una versión nueva, mejorada y más rigurosa, con contenidos que se ajustan a los Estándares Estatales Comunes. Por primera vez, la Prueba de GED® es tanto un certificado de equivalencia de educación secundaria como un indicador del nivel de preparación para la universidad y las carreras profesionales. La nueva Prueba de GED® incluye cuatro asignaturas: Razonamiento a través de las Artes del Lenguaje (RLA, por sus siglas en inglés), Razonamiento Matemático, Ciencias y Estudios Sociales. Cada asignatura se presenta en formato electrónico y ofrece una serie de ejercicios potenciados por la tecnología.

Las cuatro pruebas requieren un tiempo total de evaluación de siete horas. La preparación puede llevar mucho más tiempo. Sin embargo, los beneficios son significativos: más y mejores oportunidades profesionales, mayores ingresos y la satisfacción de haber obtenido la credencial GED®. Para los empleadores y las universidades, la credencial GED® tiene el mismo valor que un diploma de escuela secundaria. En promedio, los graduados de GED® ganan al menos $8,400 más al año que aquellos que no finalizaron los estudios secundarios.

El Servicio de Evaluación de GED® ha elaborado la Prueba de GED® con el propósito de reflejar la experiencia de una educación secundaria. Con este fin, debes responder diversas preguntas que cubren y conectan las cuatro asignaturas. Por ejemplo, te puedes encontrar con un pasaje de Estudios Sociales en la Prueba de Razonamiento a través de las Artes del Lenguaje, y viceversa. En la siguiente tabla se detallan las áreas de contenido, el número de ejercicios, la calificación, los Niveles de conocimiento (el esfuerzo cognitivo que se requiere para resolver un ejercicio dado) y el tiempo total de evaluación para cada asignatura.

Prueba de:	Áreas de contenido	Ejercicios	Calificación bruta	Niveles de conocimiento	Tiempo
Razonamiento a través de las Artes del Lenguaje	**Textos informativos:** 75% **Textos literarios:** 25%	*51	65	80% de los ejercicios en el Nivel 2 o 3	150 minutos
Razonamiento Matemático	**Resolución de problemas algebraicos:** 55% **Resolución de problemas cuantitativos:** 45%	*46	49	50% de los ejercicios en el Nivel 2	115 minutos
Ciencias	**Ciencias de la vida:** 40% **Ciencias físicas:** 40% **Ciencias de la Tierra y del espacio:** 20%	*34	40	80% de los ejercicios en el Nivel 2 o 3	90 minutos
Estudios Sociales	**Educación cívica/Gobierno:** 50% **Historia de los Estados Unidos:** 20% **Economía:** 15% **Geografía y el mundo:** 15%	*35	44	80% de los ejercicios en el Nivel 2 o 3	90 minutos

*El número de ejercicios puede variar levemente según la prueba.

Debido a que las demandas de la educación secundaria de la actualidad y su relación con las necesidades de la población activa son diferentes de las de hace una década, el Servicio de Evaluación de GED® ha optado por un formato electrónico. Si bien las preguntas de opción múltiple siguen siendo los ejercicios predominantes, la nueva serie de Pruebas de GED® incluye una variedad de ejercicios potenciados por la tecnología, en los que el estudiante debe: elegir la respuesta correcta a partir de un menú desplegable; completar los espacios en blanco; arrastrar y soltar elementos; marcar el punto clave en una gráfica; ingresar una respuesta breve e ingresar una respuesta extendida.

En la tabla de la derecha se identifican los diferentes tipos de ejercicios y su distribución en las nuevas pruebas de cada asignatura. Como puedes ver, en las cuatro pruebas se incluyen preguntas de opción múltiple, ejercicios con menú desplegable, ejercicios para completar los espacios en blanco y ejercicios para arrastrar y soltar elementos. Existe cierta variación en lo que respecta a los ejercicios en los que se debe marcar un punto clave o ingresar una respuesta breve/extendida.

EJERCICIOS PARA 2014

	RLA	Matemáticas	Ciencias	Estudios Sociales
Opción múltiple	✓	✓	✓	✓
Menú desplegable	✓	✓	✓	✓
Completar los espacios	✓	✓	✓	✓
Arrastrar y soltar	✓	✓	✓	✓
Punto clave		✓	✓	✓
Respuesta breve			✓	
Respuesta extendida	✓			✓

Los ejercicios de cada asignatura se relacionan con tres factores:

- **Temas/Objetivos de evaluación** Los temas y los objetivos describen y detallan el contenido de la Prueba de GED®. Se ajustan a los Estándares Estatales Comunes, así como a los estándares específicos de los estados de Texas y Virginia.
- **Prácticas de contenidos** La práctica describe los tipos y métodos de razonamiento necesarios para resolver ejercicios específicos de la Prueba de GED®.
- **Niveles de conocimiento** El modelo de los Niveles de conocimiento detalla el nivel de complejidad cognitiva y los pasos necesarios para llegar a una respuesta correcta en la prueba. La nueva Prueba de GED® aborda tres Niveles de conocimiento.
  - **Nivel 1** Debes recordar, observar, representar y hacer preguntas sobre datos, y aplicar destrezas simples. Por lo general, solo debes mostrar un conocimiento superficial del texto y de las gráficas.
  - **Nivel 2** El procesamiento de información no consiste simplemente en recordar y observar. Deberás realizar ejercicios en los que también se te pedirá resumir, ordenar, clasificar, identificar patrones y relaciones, y conectar ideas. Necesitarás examinar detenidamente el texto y las gráficas.
  - **Nivel 3** Debes inferir, elaborar y predecir para explicar, generalizar y conectar ideas. Por ejemplo, es posible que necesites resumir información de varias fuentes para luego redactar composiciones de varios párrafos. Esos párrafos deben presentar un análisis crítico de las fuentes, ofrecer argumentos de apoyo tomados de tus propias experiencias e incluir un trabajo de edición que asegure una escritura coherente y correcta.

Aproximadamente el 80 por ciento de los ejercicios de la mayoría de las áreas de contenido pertenecen a los Niveles de conocimiento 2 y 3, mientras que los ejercicios restantes forman parte del Nivel 1. Los ejercicios de escritura —por ejemplo, el ejercicio de Estudios Sociales (25 minutos) y de Razonamiento a través de las Artes del Lenguaje (45 minutos) en el que el estudiante debe ingresar una respuesta extendida— forman parte del Nivel de conocimiento 3.

Ahora que comprendes la estructura básica de la Prueba de GED® y los beneficios de obtener una credencial GED®, debes prepararte para la Prueba de GED®. En las páginas siguientes encontrarás una especie de receta que, si la sigues, te conducirá hacia la obtención de tu credencial GED®.

Entonces, da vuelta a la hoja. El próximo capítulo de tu vida comienza ahora.

Prueba de GED® en la computadora

Junto con los nuevos tipos de ejercicios, la Prueba de GED® 2014 revela una nueva experiencia de evaluación electrónica. La Prueba de GED® estará disponible en formato electrónico, y solo se podrá acceder a ella a través de los Centros Autorizados de Evaluación de Pearson VUE. Además de conocer los contenidos y poder leer, pensar y escribir de manera crítica, debes poder realizar funciones básicas de computación –hacer clic, hacer avanzar o retroceder el texto de la pantalla y escribir con el teclado– para aprobar la prueba con éxito. La pantalla que se muestra a continuación es muy parecida a una de las pantallas que te aparecerán en la Prueba de GED®.

El botón de **INFORMACIÓN** contiene material clave para completar el ejercicio con éxito. Aquí, al hacer clic en el botón de Información, aparecerá un mapa sobre la Guerra de Independencia. En la prueba de Razonamiento Matemático, los botones **HOJA DE FÓRMULAS** y **REFERENCIAS DE CALCULADORA** proporcionan información que te servirá para resolver ejercicios que requieren el uso de fórmulas o de la calculadora TI-30XS. Para mover un pasaje o una gráfica, haz clic en ellos y arrástralos hacia otra parte de la pantalla.

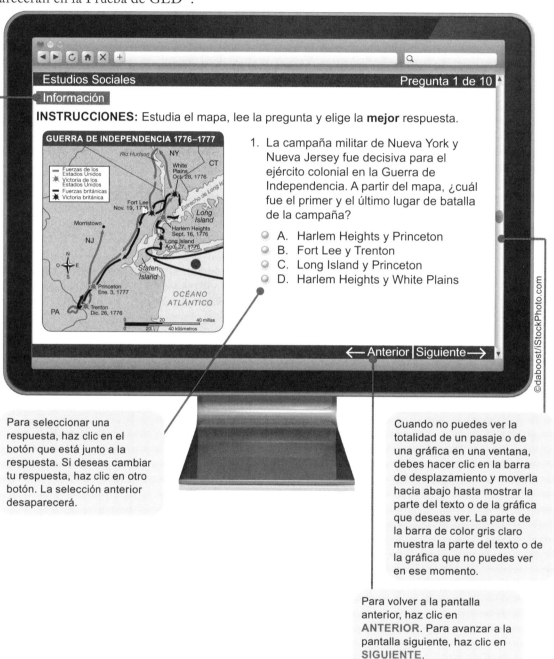

Para seleccionar una respuesta, haz clic en el botón que está junto a la respuesta. Si deseas cambiar tu respuesta, haz clic en otro botón. La selección anterior desaparecerá.

Cuando no puedes ver la totalidad de un pasaje o de una gráfica en una ventana, debes hacer clic en la barra de desplazamiento y moverla hacia abajo hasta mostrar la parte del texto o de la gráfica que deseas ver. La parte de la barra de color gris claro muestra la parte del texto o de la gráfica que no puedes ver en ese momento.

Para volver a la pantalla anterior, haz clic en **ANTERIOR**. Para avanzar a la pantalla siguiente, haz clic en **SIGUIENTE**.

En algunos ejercicios de la nueva Prueba de GED®, tales como los que te piden completar los espacios o ingresar respuestas breves/extendidas, deberás escribir las respuestas en un recuadro. En algunos casos, es posible que las instrucciones especifiquen la extensión de texto que el sistema aceptará. Por ejemplo, es posible que en el espacio en blanco de un ejercicio solo puedas ingresar un número del 0 al 9, junto con un punto decimal o una barra, pero nada más. El sistema también te dirá qué teclas no debes presionar en determinadas situaciones. La pantalla y el teclado con comentarios que aparecen abajo proporcionan estrategias para ingresar texto y datos en aquellos ejercicios en los que se te pide completar los espacios en blanco e ingresar respuestas breves/extendidas.

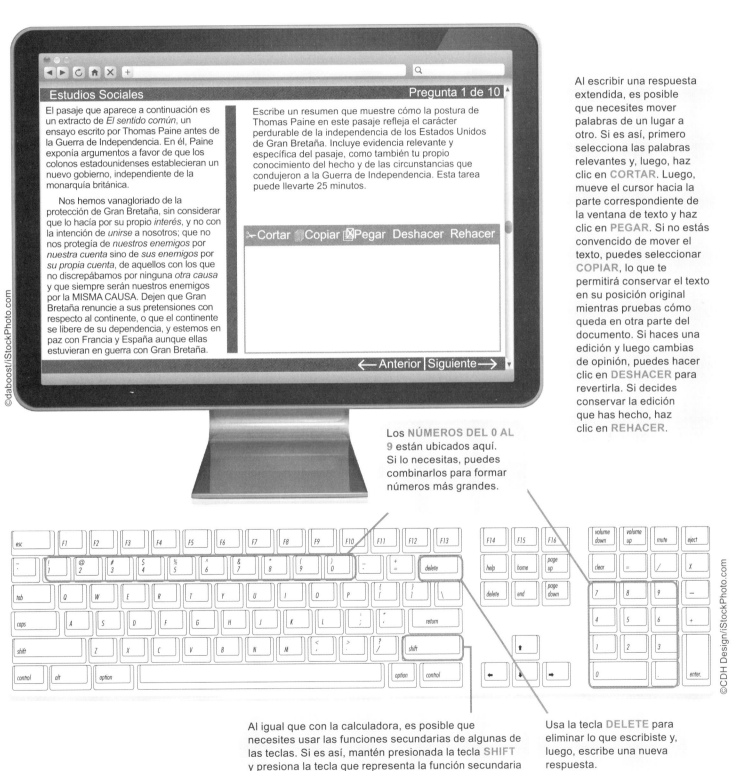

Estudios Sociales

Pregunta 1 de 10

El pasaje que aparece a continuación es un extracto de *El sentido común*, un ensayo escrito por Thomas Paine antes de la Guerra de Independencia. En él, Paine exponía argumentos a favor de que los colonos estadounidenses establecieran un nuevo gobierno, independiente de la monarquía británica.

Nos hemos vanagloriado de la protección de Gran Bretaña, sin considerar que lo hacía por su propio *interés*, y no con la intención de *unirse* a nosotros; que no nos protegía de *nuestros enemigos* por *nuestra cuenta* sino de *sus enemigos* por *su propia cuenta*, de aquellos con los que no discrepábamos por ninguna *otra causa* y que siempre serán nuestros enemigos por la MISMA CAUSA. Dejen que Gran Bretaña renuncie a sus pretensiones con respecto al continente, o que el continente se libere de su dependencia, y estemos en paz con Francia y España aunque ellas estuvieran en guerra con Gran Bretaña.

Escribe un resumen que muestre cómo la postura de Thomas Paine en este pasaje refleja el carácter perdurable de la independencia de los Estados Unidos de Gran Bretaña. Incluye evidencia relevante y específica del pasaje, como también tu propio conocimiento del hecho y de las circunstancias que condujeron a la Guerra de Independencia. Esta tarea puede llevarte 25 minutos.

↤Cortar 🗐Copiar 🗐Pegar Deshacer Rehacer

← Anterior | Siguiente →

©daboost/iStockPhoto.com

Al escribir una respuesta extendida, es posible que necesites mover palabras de un lugar a otro. Si es así, primero selecciona las palabras relevantes y, luego, haz clic en CORTAR. Luego, mueve el cursor hacia la parte correspondiente de la ventana de texto y haz clic en PEGAR. Si no estás convencido de mover el texto, puedes seleccionar COPIAR, lo que te permitirá conservar el texto en su posición original mientras pruebas cómo queda en otra parte del documento. Si haces una edición y luego cambias de opinión, puedes hacer clic en DESHACER para revertirla. Si decides conservar la edición que has hecho, haz clic en REHACER.

Los NÚMEROS DEL 0 AL 9 están ubicados aquí. Si lo necesitas, puedes combinarlos para formar números más grandes.

Al igual que con la calculadora, es posible que necesites usar las funciones secundarias de algunas de las teclas. Si es así, mantén presionada la tecla SHIFT y presiona la tecla que representa la función secundaria que deseas usar, por ejemplo, el signo de pregunta.

Usa la tecla DELETE para eliminar lo que escribiste y, luego, escribe una nueva respuesta.

©CDH Design/iStockPhoto.com

Acerca de la *Preparación para la Prueba de GED® 2014 de Steck-Vaughn*

Además de haber decidido obtener tu credencial GED®, has tomado otra decisión inteligente al elegir la *Preparación para la Prueba de GED® 2014 de Steck-Vaughn* como tu herramienta principal de estudio y preparación. Nuestro énfasis en la adquisición de conceptos clave de lectura y razonamiento te proporciona las destrezas y estrategias necesarias para tener éxito en la Prueba de GED®.

Las microlecciones de dos páginas en cada libro del estudiante te brindan una instrucción enfocada y eficiente. Para aquellos que necesiten apoyo adicional, ofrecemos cuadernos de ejercicios complementarios que *duplican* el apoyo y el número de ejercicios de práctica. La mayoría de las lecciones de la serie incluyen una sección llamada *Ítem en foco*, que corresponde a uno de los tipos de ejercicios potenciados por la tecnología que aparecen en la Prueba de GED®.

La sección **APRENDE LA DESTREZA** brinda información acerca de la destreza que se estudiará.

Cada lección incluye correlaciones con los **OBJETIVOS DE EVALUACIÓN**, lo que te ayudará a centrarte en tus estudios.

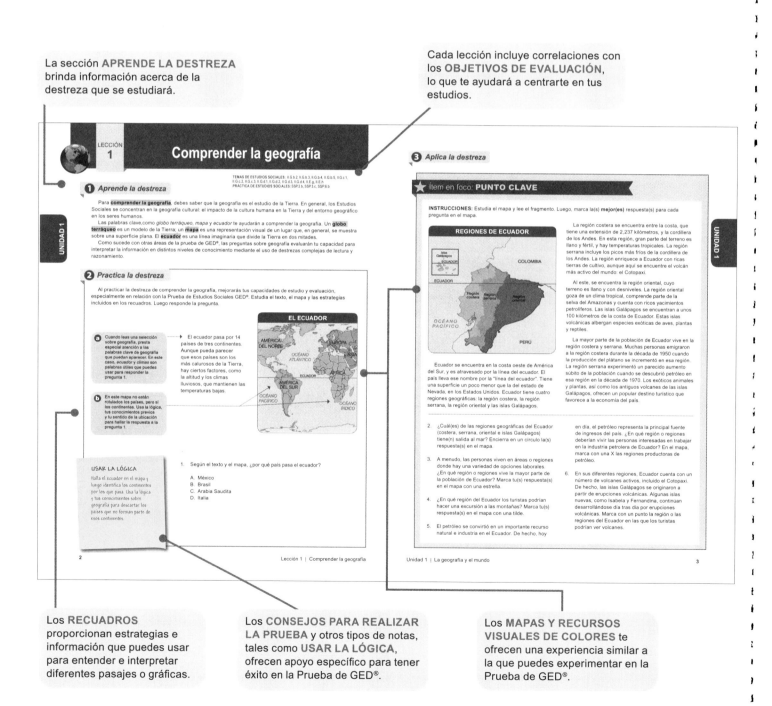

Los **RECUADROS** proporcionan estrategias e información que puedes usar para entender e interpretar diferentes pasajes o gráficas.

Los **CONSEJOS PARA REALIZAR LA PRUEBA** y otros tipos de notas, tales como **USAR LA LÓGICA**, ofrecen apoyo específico para tener éxito en la Prueba de GED®.

Los **MAPAS Y RECURSOS VISUALES DE COLORES** te ofrecen una experiencia similar a la que puedes experimentar en la Prueba de GED®.

Repasos de las Unidades y Claves de respuesta

Cada unidad comienza con la sección GED® SENDEROS, una serie de perfiles de personas que obtuvieron su credencial GED® y que la utilizaron como trampolín al éxito. A partir de ahí, recibirás una instrucción y una práctica intensivas a través de una serie de lecciones conectadas, que se ajustan a los Temas/Objetivos de evaluación, a las Prácticas de contenidos y a los Niveles de conocimiento.

Cada unidad concluye con un repaso de ocho páginas que incluye una muestra representativa de ejercicios, incluidos los ejercicios potenciados por la tecnología, de las lecciones que conforman la unidad. Si lo deseas, puedes usar el repaso de la unidad como una prueba posterior para evaluar tu comprensión de los contenidos y de las destrezas, y tu preparación para ese aspecto de la Prueba de GED®.

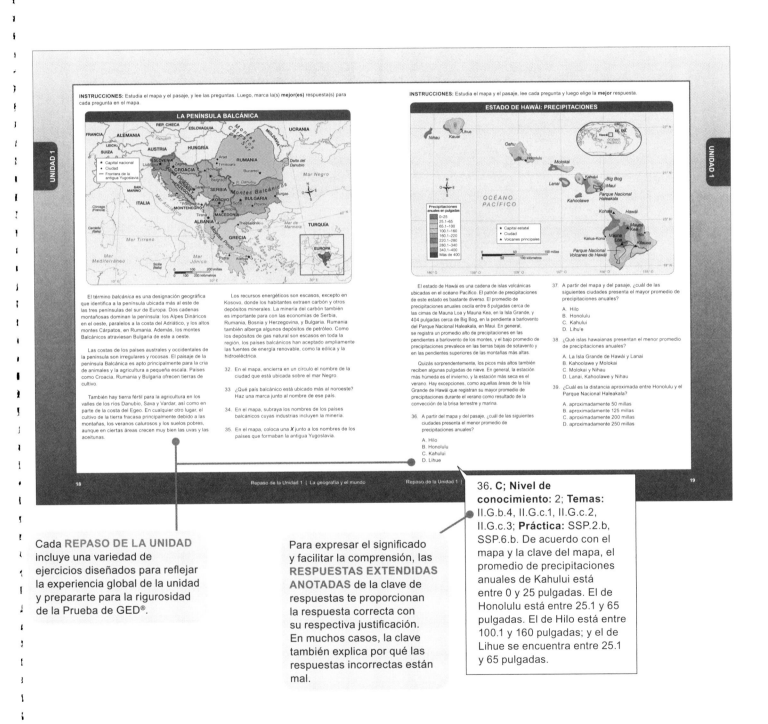

Cada **REPASO DE LA UNIDAD** incluye una variedad de ejercicios diseñados para reflejar la experiencia global de la unidad y prepararte para la rigurosidad de la Prueba de GED®.

Para expresar el significado y facilitar la comprensión, las **RESPUESTAS EXTENDIDAS ANOTADAS** de la clave de respuestas te proporcionan la respuesta correcta con su respectiva justificación. En muchos casos, la clave también explica por qué las respuestas incorrectas están mal.

36. **C; Nivel de conocimiento**: 2; **Temas**: II.G.b.4, II.G.c.1, II.G.c.2, II.G.c.3; **Práctica**: SSP.2.b, SSP.6.b. De acuerdo con el mapa y la clave del mapa, el promedio de precipitaciones anuales de Kahului está entre 0 y 25 pulgadas. El de Honolulu está entre 25.1 y 65 pulgadas. El de Hilo está entre 100.1 y 160 pulgadas; y el de Lihue se encuentra entre 25.1 y 65 pulgadas.

Acerca de la Prueba de Estudios Sociales GED®

La nueva Prueba de Estudios Sociales GED® es más que un simple conjunto de fechas y sucesos. De hecho, refleja el intento de incrementar el rigor de la Prueba de GED® a fin de satisfacer con mayor eficacia las demandas propias de una economía del siglo XXI. Con ese propósito, la Prueba de Estudios Sociales GED® ofrece una serie de ejercicios potenciados por la tecnología, a los que se puede acceder a través de un sistema de evaluación por computadora. Estos ejercicios reflejan el conocimiento, las destrezas y las aptitudes que un estudiante desarrollaría en una experiencia equivalente, dentro de un marco de educación secundaria.

Las preguntas de opción múltiple constituyen la mayor parte de los ejercicios que conforman la Prueba de Estudios Sociales GED®. Sin embargo, una serie de ejercicios potenciados por la tecnología (por ejemplo, ejercicios en los que el estudiante debe: elegir la respuesta correcta a partir de un menú desplegable; completar los espacios en blanco; arrastrar y soltar elementos; marcar el punto clave en una gráfica; ingresar una respuesta breve) te desafiarán a desarrollar y transmitir conocimientos de maneras más profundas y completas. Por ejemplo:

- Los ejercicios que incluyen preguntas de opción múltiple evalúan virtualmente cada estándar de contenido, ya sea de manera individual o conjunta. Las preguntas de opción múltiple que se incluyen en la nueva Prueba de GED® ofrecerán cuatro opciones de respuesta (en lugar de cinco), con el siguiente formato: A./B./C./D.
- Los ejercicios que incluyen espacios para completar te permiten ingresar respuestas breves, o de una sola palabra. Por ejemplo, es posible que te pidan que identifiques un determinado punto de datos en una gráfica que refleja tendencias económicas, o que demuestres si comprendiste una idea o un término de vocabulario de un pasaje de texto.
- El menú desplegable ofrece una serie de opciones de respuesta, lo que te permite completar enunciados. En la Prueba de Estudios Sociales GED®, puedes encontrar ejercicios con menú desplegable que te pedirán que identifiques una conclusión a partir de evidencias basadas en el texto, o que hagas una generalización a partir del argumento del autor.
- Los ejercicios de arrastrar y soltar consisten en actividades interactivas en las que se deben arrastrar pequeñas imágenes, palabras o expresiones numéricas para luego soltarlas en zonas designadas de la pantalla. Es posible que te pidan que hagas comparaciones entre conceptos o datos, o que clasifiques u ordenes información. Por ejemplo, te pueden pedir que coloques rótulos en un mapa para indicar los artículos producidos en distintas regiones. Otros ejercicios quizá pidan que marques puntos de datos o rótulos extraídos de un pasaje breve en una gráfica o una tabla.
- Los ejercicios de punto clave consisten en una gráfica que contiene sensores virtuales estratégicamente colocados en su interior. Te permiten demostrar tu comprensión de los conceptos de geografía relacionados con los mapas. Otros usos de los ejercicios de punto clave incluyen seleccionar datos o puntos en una tabla o una gráfica para apoyar o refutar una conclusión determinada expresada en un texto.
- Los ejercicios de respuesta extendida en la Prueba de Estudios Sociales GED® serán actividades de 25 minutos en las que debes analizar uno o más textos para producir un modelo de escritura. Los ejercicios de respuesta extendida se calificarán según el rendimiento de los estudiantes en tres áreas clave:
  - analizar argumentos y recopilar evidencia de textos
  - organizar y desarrollar su escritura
  - demostrar fluidez en las convenciones del español

Tendrás un total de 90 minutos para resolver aproximadamente 35 ejercicios. La prueba de estudios sociales se organiza en función de cuatro áreas de contenido principales: educación cívica y gobierno (50 por ciento de todos los ejercicios), historia de los Estados Unidos (20 por ciento), economía (15 por ciento) y geografía y el mundo (15 por ciento). En total, el 80 por ciento de los ejercicios de la Prueba de Estudios Sociales GED® formarán parte de los Niveles de conocimiento 2 ó 3.

Acerca de la *Preparación para la Prueba de GED® 2014 de Steck-Vaughn: Estudios Sociales*

El libro del estudiante y el cuaderno de ejercicios de Steck-Vaughn te permiten abrir la puerta del aprendizaje y desglosar los diferentes elementos de la prueba al ayudarte a elaborar y desarrollar destrezas clave de lectura y razonamiento. El contenido de nuestros libros se ajusta a los nuevos estándares de contenido de estudios sociales y a la distribución de ejercicios de GED® para brindarte una mejor preparación para la prueba.

Gracias a nuestra sección *Ítem en foco*, cada uno de los ejercicios potenciados por la tecnología recibe un tratamiento más profundo y exhaustivo. En la introducción inicial, a un único tipo de ejercicio —por ejemplo, el de arrastrar y soltar elementos— se le asigna toda una página de ejercicios de ejemplo en la lección del libro del estudiante y tres páginas en la lección complementaria del cuaderno de ejercicios. El número de ejercicios en las secciones subsiguientes puede ser menor; esto dependerá de la destreza, la lección y los requisitos.

Una combinación de estrategias específicamente seleccionadas, recuadros informativos, preguntas de ejemplo, consejos, pistas y una evaluación exhaustiva ayudan a destinar los esfuerzos de estudio a las áreas necesarias.

Además de las secciones del libro, una clave de respuestas muy detallada ofrece la respuesta correcta junto con la respectiva justificación. De esta manera, sabrás exactamente por qué una respuesta es correcta. El libro del estudiante y el cuaderno de ejercicios de *Estudios Sociales* están diseñados teniendo en cuenta el objetivo final: aprobar con éxito la Prueba de Estudios Sociales GED®.

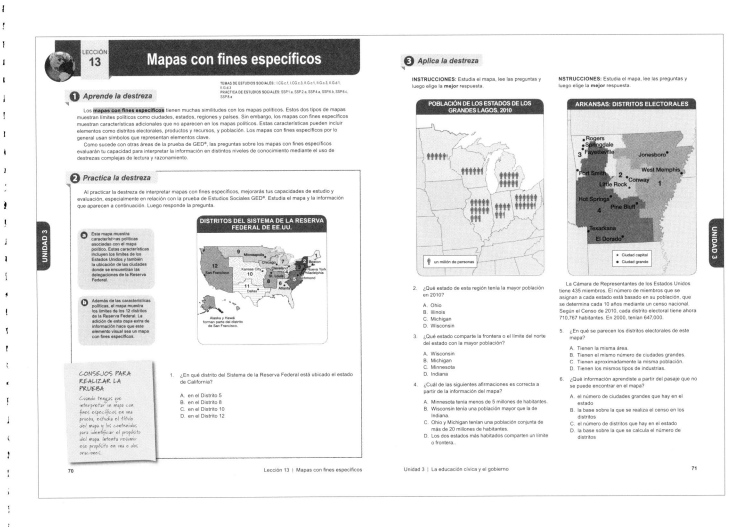

Indicaciones de la calculadora

Algunos ejercicios de la Prueba de Razonamiento Matemático GED® te permiten usar una calculadora como ayuda para responder las preguntas. Esa calculadora, la TI-30XS, está integrada en la interfaz de la prueba. La calculadora TI-30XS estará disponible para la mayoría de los ejercicios de la Prueba de Razonamiento Matemático GED® y para algunos ejercicios de la Prueba de Ciencias GED® y la Prueba de Estudios Sociales GED®. La calculadora TI-30XS se muestra a continuación, junto con algunos recuadros que detallan algunas de sus teclas más importantes. En el ángulo superior derecho de la pantalla, hay un botón que permite acceder a la hoja de referencia para la calculadora.

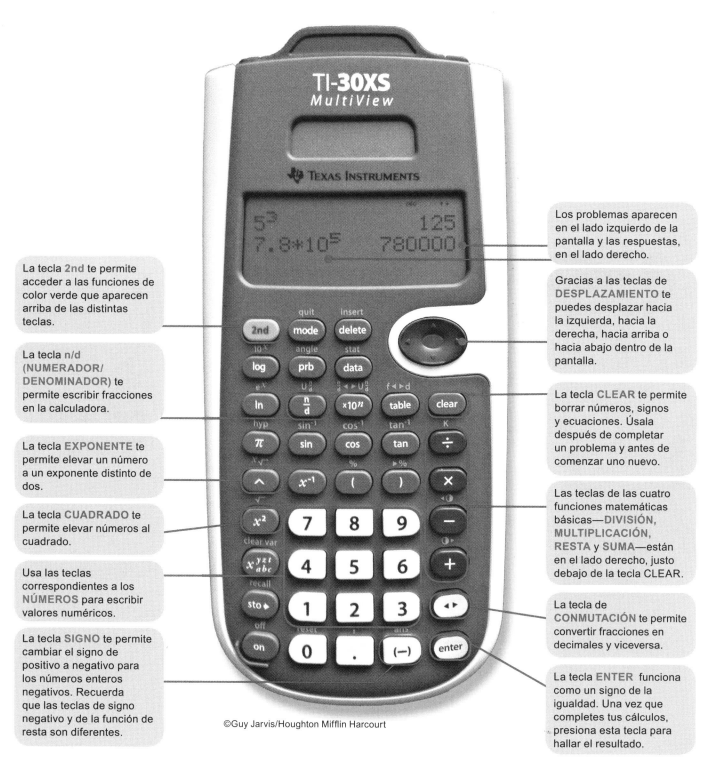

La tecla **2nd** te permite acceder a las funciones de color verde que aparecen arriba de las distintas teclas.

La tecla **n/d** (**NUMERADOR/ DENOMINADOR**) te permite escribir fracciones en la calculadora.

La tecla **EXPONENTE** te permite elevar un número a un exponente distinto de dos.

La tecla **CUADRADO** te permite elevar números al cuadrado.

Usa las teclas correspondientes a los **NÚMEROS** para escribir valores numéricos.

La tecla **SIGNO** te permite cambiar el signo de positivo a negativo para los números enteros negativos. Recuerda que las teclas de signo negativo y de la función de resta son diferentes.

Los problemas aparecen en el lado izquierdo de la pantalla y las respuestas, en el lado derecho.

Gracias a las teclas de **DESPLAZAMIENTO** te puedes desplazar hacia la izquierda, hacia la derecha, hacia arriba o hacia abajo dentro de la pantalla.

La tecla **CLEAR** te permite borrar números, signos y ecuaciones. Úsala después de completar un problema y antes de comenzar uno nuevo.

Las teclas de las cuatro funciones matemáticas básicas—**DIVISIÓN**, **MULTIPLICACIÓN**, **RESTA** y **SUMA**—están en el lado derecho, justo debajo de la tecla CLEAR.

La tecla de **CONMUTACIÓN** te permite convertir fracciones en decimales y viceversa.

La tecla **ENTER** funciona como un signo de la igualdad. Una vez que completes tus cálculos, presiona esta tecla para hallar el resultado.

©Guy Jarvis/Houghton Mifflin Harcourt

Cómo empezar

Para habilitar la calculadora, haz clic en la parte superior izquierda de la pantalla de la prueba. Si la calculadora aparece y te impide ver un problema, puedes hacer clic en ella para arrastrarla y moverla hacia otra parte de la pantalla. Una vez habilitada, la calculadora podrá usarse (no es necesario presionar la tecla **ON**).

- Usa la tecla **CLEAR** para borrar todos los números y las operaciones de la pantalla.
- Usa la tecla **ENTER** para completar todos los cálculos.

Tecla 2nd

La tecla verde **2nd** se encuentra en el ángulo superior izquierdo de la calculadora TI-30XS. La tecla **2nd** habilita las funciones secundarias de las teclas, representadas con color verde y ubicadas arriba de las teclas de función primaria. Para usar una función secundaria, primero haz clic en el número, luego haz clic en la tecla **2nd** y, por último, haz clic en la tecla que representa la función secundaria que deseas implementar. Por ejemplo, para ingresar **25%**, primero ingresa el número **[25]**. Luego, haz clic en la tecla **2nd** y, por último, haz clic en la tecla de apertura de paréntesis, cuya función secundaria permite ingresar el símbolo de porcentaje (%).

Fracciones y números mixtos

Para ingresar una fracción, como por ejemplo $\frac{3}{4}$, haz clic en la tecla **n/d (numerador/ denominador)** y, luego, en el número que representará el numerador **[3]**. Ahora haz clic en la **flecha hacia abajo** (en el menú de desplazamiento ubicado en el ángulo superior derecho de la calculadora) y, luego, en el número que representará el denominador **[4]**. Para hacer cálculos con fracciones, haz clic en la **flecha hacia la derecha** y, luego, en la tecla de la función correspondiente y en los otros números de la ecuación.

Para ingresar números mixtos, como por ejemplo $1\frac{3}{8}$, primero ingresa el número entero **[1]**. Luego, haz clic en la tecla **2nd** y en la tecla cuya función secundaria permite ingresar **números mixtos** (la tecla **n/d**). Ahora ingresa el numerador de la fracción **[3]** y, luego, haz clic en el botón de la **flecha hacia abajo** y en el número que representará el denominador **[8]**. Si haces clic en **ENTER**, el número mixto se convertirá en una fracción impropia. Para hacer cálculos con números mixtos, haz clic en la **flecha hacia la derecha** y, luego, en la tecla de la función correspondiente y en los otros números de la ecuación.

Números negativos

Para ingresar un número negativo, haz clic en la tecla del **signo negativo** (ubicada justo debajo del número **3** en la calculadora). Recuerda que la tecla del signo negativo es diferente de la tecla de resta, que se encuentra en la columna de teclas ubicada en el extremo derecho, justo encima de la tecla de suma (+).

Cuadrados, raíces cuadradas y exponentes

- **Cuadrados:** La tecla x^2 permite elevar números al cuadrado. La tecla **exponente** (^) eleva los números a exponentes mayores que dos, por ejemplo, al cubo. Por ejemplo, para hallar el resultado de 5^3 en la calculadora, ingresa la base **[5]**, haz clic en la tecla exponente (^) y en el número que funcionará como exponente **[3]**, y, por último, en la tecla **ENTER**.
- **Raíces cuadradas:** Para hallar la raíz cuadrada de un número, como por ejemplo 36, haz clic en la tecla **2nd** y en la tecla cuya función secundaria permite calcular una **raíz cuadrada** (la tecla x^2). Ahora ingresa el número **[36]** y, por último, haz clic en la tecla **ENTER**.
- **Raíces cúbicas:** Para hallar la raíz cúbica de un número, como por ejemplo **125**, primero ingresa el cubo en formato de número **[3]** y, luego, haz clic en la tecla **2nd** y en la tecla cuya función secundaria permite calcular una **raíz cuadrada**. Por último, ingresa el número para el que quieres hallar el cubo **[125]**, y haz clic en **ENTER**.
- **Exponentes:** Para hacer cálculos con números expresados en notación científica, como 7.8×10^9, primero ingresa la base **[7.8]**. Ahora haz clic en la tecla de **notación científica** (ubicada justo debajo de la tecla **DATA**) y, luego, ingresa el número que funcionará como exponente **[9]**. Entonces, obtienes el resultado de 7.8×10^9.

Consejos para realizar la prueba

La nueva Prueba de GED® incluye más de 160 ejercicios distribuidos en los exámenes de las cuatro asignaturas: Razonamiento a través de las Artes del Lenguaje, Razonamiento Matemático, Ciencias y Estudios Sociales. Los exámenes de las cuatro asignaturas requieren un tiempo total de evaluación de siete horas. Si bien la mayoría de los ejercicios consisten en preguntas de opción múltiple, hay una serie de ejercicios potenciados por la tecnología. Se trata de ejercicios en los que los estudiantes deben: elegir la respuesta correcta a partir de un menú desplegable; completar los espacios en blanco; arrastrar y soltar elementos; marcar un punto clave en una gráfica; ingresar una respuesta breve e ingresar una respuesta extendida.

A través de este libro y los que lo acompañan, te ayudamos a elaborar, desarrollar y aplicar destrezas de lectura y razonamiento indispensables para tener éxito en la Prueba de GED®. Como parte de una estrategia global, te sugerimos que uses los consejos que se detallan aquí, y en todo el libro, para mejorar tu desempeño en la Prueba de GED®.

➤ **Siempre lee atentamente las instrucciones para saber exactamente lo que debes hacer.** Como ya hemos mencionado, la Prueba de GED® de 2014 tiene un formato electrónico completamente nuevo que incluye diversos ejercicios potenciados por la tecnología. Si no sabes qué hacer o cómo proceder, pide al examinador que te explique las instrucciones.

➤ **Lee cada pregunta con detenimiento para entender completamente lo que se te pide.** Por ejemplo, algunos pasajes y gráficas pueden presentar más información de la que se necesita para responder correctamente una pregunta específica. Otras preguntas pueden contener palabras en negrita para enfatizarlas (por ejemplo, "¿Qué enunciado representa la corrección **más** adecuada para esta hipótesis?").

➤ **Administra bien tu tiempo para llegar a responder todas las preguntas.** Debido a que la Prueba de GED® consiste en una serie de exámenes cronometrados, debes dedicar el tiempo suficiente a cada pregunta, pero no *demasiado* tiempo. Por ejemplo, en la Prueba de Razonamiento Matemático GED®, tienes 115 minutos para responder aproximadamente 46 preguntas, es decir, un promedio de dos minutos por pregunta. Obviamente, algunos ejercicios requerirán más tiempo y otros menos, pero siempre debes tener presente el número total de ejercicios y el tiempo total de evaluación. La nueva interfaz de la Prueba de GED® te ayuda a administrar el tiempo. Incluye un reloj en el ángulo superior derecho de la pantalla que te indica el tiempo restante para completar la prueba.

Además, puedes controlar tu progreso a través de la línea de **Pregunta**, que muestra el número de pregunta actual, seguido por el número total de preguntas del examen de esa asignatura.

➤ **Responde todas las preguntas, ya sea que sepas la respuesta o tengas dudas.** No es conveniente dejar preguntas sin responder en la Prueba de GED®. Recuerda el tiempo que tienes para completar cada prueba y adminístralo en consecuencia. Si deseas revisar un ejercicio específico al final de una prueba, haz clic en **Marcar para revisar** para señalar la pregunta. Al hacerlo, aparece una bandera amarilla. Es posible que, al final de la prueba, tengas tiempo para revisar las preguntas que has marcado.

➤ **Haz una lectura rápida.** Puedes ahorrar tiempo si lees cada pregunta y las opciones de respuesta antes de leer o estudiar el pasaje o la gráfica que las acompañan. Una vez que entiendes qué pide la pregunta, repasa el pasaje o el recurso visual para obtener la información adecuada.

➤ **Presta atención a cualquier palabra desconocida que haya en las preguntas.** Primero, intenta volver a leer la pregunta sin incluir la palabra desconocida. Luego intenta reemplazarla por otra palabra.

➤ **Vuelve a leer cada pregunta y vuelve a examinar el texto o la gráfica que la acompaña para descartar opciones de respuesta.** Si bien las cuatro respuestas son *posibles* en los ejercicios de opción múltiple, recuerda que solo una es *correcta*. Aunque es posible que puedas descartar una respuesta de inmediato, seguramente necesites más tiempo, o debas usar la lógica o hacer suposiciones, para descartar otras opciones. En algunos casos, quizás necesites sacar tu mejor conclusión para inclinarte por una de dos opciones.

➤ **Hazle caso a tu intuición al momento de responder.** Si tu primera reacción es elegir la opción **A** como respuesta a una pregunta, lo mejor es que te quedes con esa respuesta, a menos que determines que es incorrecta. Generalmente, la primera respuesta que alguien elige es la correcta.

Destrezas de estudio

Ya has tomado dos decisiones muy inteligentes: estudiar para obtener tu credencial GED® y apoyarte en la *Preparación para la Prueba de GED® 2014 de Steck-Vaughn: Estudios Sociales* para lograrlo. A continuación se detallan estrategias adicionales para aumentar tus posibilidades de aprobar con éxito la Prueba de GED®.

A 4 semanas…

➤ **Establece un cronograma de estudio para la Prueba de GED®.** Elige horarios que contribuyan a un mejor desempeño y lugares, como una biblioteca, que te brinden el mejor ambiente para estudiar.

➤ **Repasa en detalle todo el material de la *Preparación para la Prueba de GED® 2014 de Steck-Vaughn: Estudios Sociales*.** Usa el cuaderno de ejercicios de *Estudios Sociales* para ampliar la comprensión de los conceptos del libro del estudiante de *Estudios Sociales*.

➤ **Usa un cuaderno para cada asignatura que estés estudiando.** Las carpetas con bolsillos son útiles para guardar hojas sueltas.

➤ **Al tomar notas, expresa tus pensamientos o ideas con tus propias palabras en lugar de copiarlos directamente de un libro.** Puedes expresar estas notas como oraciones completas, como preguntas (con respuestas) o como fragmentos, siempre y cuando las entiendas.

A 2 semanas…

➤ **A partir de tu desempeño en las secciones de repaso de las unidades, presta atención a las áreas que te generaron inconvenientes.** Dedica el tiempo de estudio restante a esas áreas.

Los días previos…

➤ **Traza la ruta para llegar al centro de evaluación, y visítalo uno o dos días antes de la prueba.** Si manejas, busca un lugar para estacionar en el centro.

➤ **Duerme una buena cantidad de horas la noche anterior a la Prueba de GED®.** Los estudios demuestran que los estudiantes que descansan lo suficiente se desempeñan mejor en las pruebas.

El día de la prueba…

➤ **Toma un desayuno abundante con alto contenido en proteínas.** Al igual que el resto de tu cuerpo, tu cerebro necesita mucha energía para funcionar bien.

➤ **Llega al centro de evaluación 30 minutos antes.** Si llegas temprano, tendrás suficiente tiempo en caso de que haya un cambio de salón de clases.

➤ **Empaca un almuerzo abundante y nutritivo**, especialmente si planeas quedarte en el centro de evaluación la mayor parte del día.

➤ **Relájate.** Has llegado muy lejos y te has preparado durante varias semanas para la Prueba de GED®. ¡Ahora es tu momento de brillar!

UNIDAD

1

Jon M. Huntsman

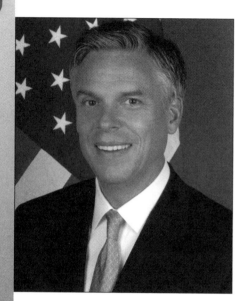

Jon Huntsman estudió en la escuela secundaria Highland de Salt Lake City, Utah. A los 15 años, ya había alcanzado el rango más alto en los Boy Scouts ["Eagle Scout"]. Luego, abandonó sus estudios para dedicarse a una carrera musical y obtuvo su certificación GED®.
U.S. Department of State

Jon M. Huntsman comprendió el valor del sacrificio a una edad temprana. De niño, ayudaba a su padre a vender mercadería a tiendas de comestibles y comenzó su propia empresa cortando césped. Estando en la escuela, el deseo de Huntsman era tener una carrera musical, de manera que abandonó sus estudios y se unió a una banda de rock. Luego, obtuvo su certificación GED® y fue a la universidad, donde estudió política internacional. Mientras cursaba sus estudios universitarios, Huntsman también participó de una misión en Taiwán, donde aprendió a hablar chino mandarín.

En la década de 1980, Huntsman trabajó para el presidente Ronald Reagan. Luego, se mudó a Taiwán para supervisar la compañía de su familia. En 1992, a los 32 años, se convirtió en embajador de los Estados Unidos en Singapur. De regreso en su país, Huntsman se encargó de la dirección de la Huntsman Cancer Foundation, una fundación que fomentaba la concientización sobre el cáncer y recaudaba fondos para pacientes que padecían esta enfermedad.

Sin embargo, la política aún lo atraía. Huntsman fue elegido gobernador de Utah en 2004 y fue reelecto con un triunfo aplastante en 2008. Dejó la gobernación en 2009, cuando el presidente Barack Obama le pidió que asumiera como embajador de los Estados Unidos en China, cargo que ocupó hasta 2011. En junio de ese año, Huntsman lanzó su candidatura para presidente de los Estados Unidos, en la que destacaba su objetivo de aumentar el crecimiento económico nacional. A pesar de que no obtuvo la nominación de su partido, Huntsman continúa siendo una figura importante tanto en los negocios como en la política.

RESUMEN DE LA CARRERA PROFESIONAL: *Jon M. Huntsman*

- Nació en Palo Alto, California.
- Habla chino mandarín con fluidez.
- Participó de una misión en Taiwán mientras estudiaba en la universidad.

- Fue elegido gobernador de Utah dos veces.
- Colabora con No Labels, una organización que se dedica a resolver asuntos políticos de los Estados Unidos.

La geografía y el mundo

Unidad 1:
La geografía y el mundo

La geografía da forma al mundo en el que vivimos. A través de la historia, los accidentes geográficos influyeron en aspectos importantes de la vida de las personas. En regiones de todo el mundo hay barreras geográficas naturales como las montañas, los océanos y los ríos. Por esta razón, las regiones han sido separadas por diferencias culturales, económicas y de idioma. Sin embargo, hoy en día, el mundo *se está* convirtiendo en un lugar más pequeño gracias a tecnologías tales como las diferentes formas de comunicación inalámbrica y satelital, lo cual les permite a las personas vencer esas barreras geográficas, y estudiar y experimentar otras culturas. La geografía cumple un papel fundamental en el descubrimiento de tu lugar en este mundo actual siempre cambiante.

La importancia de la geografía y del mundo que te rodea también se extiende a la Prueba de Estudios Sociales GED®, que contiene el 15 por ciento de todas las preguntas. Como sucede con otras áreas de la prueba de GED®, las preguntas sobre geografía y el mundo evaluarán tu capacidad para leer, analizar e interpretar los distintos tipos de mapas, así como para responder preguntas sobre ellos. La Unidad 1 te ayudará a prepararte para la Prueba de Estudios Sociales GED®.

Contenido

Los arquitectos, los agrimensores, los ingenieros, los maestros y otros profesionales dependen del trabajo de empleados con conocimiento y destrezas en geografía.

©benkrut/iStockphoto.com

Comprender la geografía

TEMAS DE ESTUDIOS SOCIALES: II.G.b.2, II.G.b.3, II.G.b.4, II.G.b.5, II.G.c.1, II.G.c.2, II.G.c.3, II.G.d.1, II.G.d.2, II.G.d.3, II.G.d.4, II.E.g, II.E.h
PRÁCTICA DE ESTUDIOS SOCIALES: SSP.2.b, SSP.3.c, SSP.6.b

UNIDAD 1

1 Aprende la destreza

Para **comprender la geografía**, debes saber que la geografía es el estudio de la Tierra. En general, los Estudios Sociales se concentran en la geografía cultural: el impacto de la cultura humana en la Tierra y del entorno geográfico en los seres humanos.

Las palabras clave,como *globo terráqueo*, *mapa* y *ecuador* te ayudarán a comprender la geografía. Un **globo terráqueo** es un modelo de la Tierra; un **mapa** es una representación visual de un lugar que, en general, se muestra sobre una superficie plana. El **ecuador** es una línea imaginaria que divide la Tierra en dos mitades.

Como sucede con otras áreas de la prueba de GED®, las preguntas sobre geografía evaluarán tu capacidad para interpretar la información en distintos niveles de conocimiento mediante el uso de destrezas complejas de lectura y razonamiento.

2 Practica la destreza

Al practicar la destreza de comprender la geografía, mejorarás tus capacidades de estudio y evaluación, especialmente en relación con la Prueba de Estudios Sociales GED®. Estudia el texto, el mapa y las estrategias incluidos en los recuadros. Luego responde la pregunta.

a Cuando leas una selección sobre geografía, presta especial atención a las palabras clave de geografía que puedan aparecer. En este caso, *ecuador* y *climas* son palabras útiles que puedes usar para responder la pregunta 1.

El ecuador pasa por 14 países de tres continentes. Aunque pueda parecer que esos países son los más calurosos de la Tierra, hay ciertos factores, como la altitud y los climas lluviosos, que mantienen las temperaturas bajas.

EL ECUADOR

b En este mapa no están rotulados los países, pero sí los continentes. Usa la lógica, tus conocimientos previos y tu sentido de la ubicación para hallar la respuesta a la pregunta 1.

USAR LA LÓGICA

Halla el ecuador en el mapa y luego identifica los continentes por los que pasa. Usa la lógica y tus conocimientos sobre geografía para descartar los países que no forman parte de esos continentes.

1. Según el texto y el mapa, ¿por qué país pasa el ecuador?

A. México
B. Brasil
C. Arabia Saudita
D. Italia

❸ Aplica la destreza

★ Ítem en foco: **PUNTO CLAVE**

INSTRUCCIONES: Estudia el mapa y lee el fragmento. Luego, marca la(s) **mejor(es)** respuesta(s) para cada pregunta en el mapa.

REGIONES DE ECUADOR

La región costera se encuentra entre la costa, que tiene una extensión de 2,237 kilómetros, y la cordillera de los Andes. En esta región, gran parte del terreno es llano y fértil, y hay temperaturas tropicales. La región serrana incluye los picos más fríos de la cordillera de los Andes. La región enriquece a Ecuador con ricas tierras de cultivo, aunque aquí se encuentre el volcán más activo del mundo: el Cotopaxi.

Al este, se encuentra la región oriental, cuyo terreno es llano y con desniveles. La región oriental goza de un clima tropical, comprende parte de la selva del Amazonas y cuenta con ricos yacimientos petrolíferos. Las islas Galápagos se encuentran a unos 100 kilómetros de la costa de Ecuador. Estas islas volcánicas albergan especies exóticas de aves, plantas y reptiles.

Ecuador se encuentra en la costa oeste de América del Sur, y es atravesado por la línea del ecuador. El país lleva ese nombre por la "línea del ecuador". Tiene una superficie un poco menor que la del estado de Nevada, en los Estados Unidos. Ecuador tiene cuatro regiones geográficas: la región costera, la región serrana, la región oriental y las islas Galápagos.

La mayor parte de la población de Ecuador vive en la región costera y serrana. Muchas personas emigraron a la región costera durante la década de 1950 cuando la producción del plátano se incrementó en esa región. La región serrana experimentó un parecido aumento súbito de la población cuando se descubrió petróleo en esa región en la década de 1970. Los exóticos animales y plantas, así como los antiguos volcanes de las islas Galápagos, ofrecen un popular destino turístico que favorece a la economía del país.

2. ¿Cuál(es) de las regiones geográficas del Ecuador (costera, serrana, oriental e islas Galápagos) tiene(n) salida al mar? Encierra en un círculo la(s) respuesta(s) en el mapa.

3. A menudo, las personas viven en áreas o regiones donde hay una variedad de opciones laborales. ¿En qué región o regiones vive la mayor parte de la población de Ecuador? Marca tu(s) respuesta(s) en el mapa con una estrella.

4. ¿En qué región del Ecuador los turistas podrían hacer una excursión a las montañas? Marca tu(s) respuesta(s) en el mapa con una tilde.

5. El petróleo se convirtió en un importante recurso natural e industria en el Ecuador. De hecho, hoy en día, el petróleo representa la principal fuente de ingresos del país. ¿En qué región o regiones deberían vivir las personas interesadas en trabajar en la industria petrolera de Ecuador? En el mapa, marca con una X las regiones productoras de petróleo.

6. En sus diferentes regiones, Ecuador cuenta con un número de volcanes activos, incluido el Cotopaxi. De hecho, las islas Galápagos se originaron a partir de erupciones volcánicas. Algunas islas nuevas, como Isabela y Fernandina, continúan desarrollándose día tras día por erupciones volcánicas. Marca con un punto la región o las regiones del Ecuador en las que los turistas podrían ver volcanes.

UNIDAD 1

Unidad 1 | La geografía y el mundo

3

LECCIÓN 2

Comprender los componentes de los mapas

TEMAS DE ESTUDIOS SOCIALES: II.G.b.1, II.G.b.3, II.G.b.5, II.G.c.1, II.G.c.3, II.G.d.3, II.G.d.4
PRÁCTICA DE ESTUDIOS SOCIALES: SSP.2.b, SSP.6.b

① Aprende la destreza

Cuando comienzas a analizar mapas, primero debes **comprender los componentes de los mapas**. Los mapas suelen incluir los siguientes componentes: 1. Las **escalas** contienen pequeñas marcas que representan las millas y los kilómetros. Las escalas ayudan a medir distancias reales en la Tierra. 2. Las **líneas de longitud** y las **líneas de latitud** se usan para hallar ubicaciones exactas, o absolutas, de lugares. Las líneas de longitud van de norte a sur, mientras que las líneas de latitud van de este a oeste. La ubicación relativa describe la posición de un lugar en relación con otros lugares. 3. Los **símbolos**, como los puntos para las ciudades, las estrellas para las capitales o los íconos para sucesos especiales, como batallas, pueden ayudarte a comprender los detalles de un mapa. La explicación de los símbolos está en la **clave del mapa**. Los símbolos varían según el mapa que se use. Otras herramientas útiles que figuran en un mapa son los títulos, la rosa de los vientos y los rótulos.

② Practica la destreza

Al dominar la destreza de comprender los componentes de los mapas, mejorarás tus capacidades de estudio y evaluación, especialmente en relación con la Prueba de Estudios Sociales GED®. Analiza el mapa que aparece a continuación, estudia la información de los recuadros que aparecen a la izquierda del mapa y luego responde la pregunta.

a Cuando empieces a analizar un mapa, examina todos sus componentes, como el título y la clave. Esto te ayudará a determinar el propósito del mapa.

b Usa la escala del mapa para medir las distancias entre las ciudades.

a

NUEVA JERSEY: CIUDADES PRINCIPALES

NY

Paterson

East Orange · Newark
Elizabeth · Jersey City
Edison

PA

NUEVA JERSEY

OCÉANO ATLÁNTICO

★ Trenton

Beachwood
Camden

N
O · E
S

★ Capital del estado
● Ciudades principales

DE

Cape May

b
0   25   50 millas
0   25   50 kilómetros

USAR LA LÓGICA

La rosa de los vientos es un símbolo que aparece en el mapa y que puedes usar para determinar la dirección.
Además de los puntos cardinales (norte, sur, este, oeste), incluye los puntos cardinales intermedios (p. ej., noroeste).

1. ¿En qué área de Nueva Jersey se encuentran la mayoría de las ciudades principales?

A. noroeste
B. oeste
C. noreste
D. sur

INSTRUCCIONES: Estudia el mapa y luego elige la **mejor** respuesta para cada pregunta.

INSTRUCCIONES: Estudia el mapa y luego elige la **mejor** respuesta para cada pregunta.

2. A partir del mapa, ¿qué oración sobre Sydney es correcta?

   A. Sydney es la capital de Australia.
   B. Sydney se encuentra en la costa oeste de Australia.
   C. Sydney se encuentra al este de la línea de longitud 150° E.
   D. Sydney se encuentra al norte de la línea de latitud 30° S.

3. A partir del mapa, ¿qué puedes asumir sobre Australia?

   A. La mayoría de las ciudades se encuentran al norte de la línea de latitud 15° S.
   B. La mayoría de las ciudades se encuentran a lo largo de la costa.
   C. La mayoría de las ciudades se encuentran entre las líneas de longitud 105° E y 120° E.
   D. La mayoría de las ciudades se encuentran entre 0 y la línea de latitud 15° S.

4. Según el mapa, ¿qué dos ciudades de Australia se encuentran más alejadas?

   A. Perth y Adelaide
   B. Perth y Melbourne
   C. Melbourne y Sydney
   D. Sydney y Darwin

5. ¿Qué carretera interestatal pasa por la capital de Georgia?

   A. 19
   B. 95
   C. 16
   D. 75

6. ¿Qué ciudad está cerca de la carretera interestatal 16 y la carretera interestatal 95?

   A. Atlanta
   B. Augusta
   C. Savannah
   D. Macon

7. ¿La ubicación absoluta de qué ciudad es la que se encuentra más cerca de la línea de longitud 81° O y la línea de latitud 32° N?

   A. Savannah
   B. Athens
   C. Atlanta
   D. Macon

8. ¿Qué parte de Georgia tiene la mayor densidad de población?

   A. norte
   B. norte-centro
   C. sur
   D. este

LECCIÓN 3

Mapas físicos

TEMAS DE ESTUDIOS SOCIALES: II.G.b.2, II.G.b.3, II.G.b.4, II.G.b.5, II.G.c.1, II.G.c.2, II.G.c.3, II.E.c.7
PRÁCTICA DE ESTUDIOS SOCIALES: SSP.2.b, SSP.3.c, SSP.4.a, SSP.6.b, SSP.6.c

1 Aprende la destreza

Un **mapa físico** muestra los accidentes geográficos y las masas de agua que se encuentran en un área, como las montañas, las llanuras, los ríos, los golfos y los océanos. Los mapas físicos también pueden mostrar el **clima** y la **altitud** de un área. Por lo general, los mapas físicos tienen áreas pintadas de diferentes colores que indican la altitud y el clima, y símbolos que representan los accidentes geográficos. Toda esta información se encuentra en la clave del mapa. Los científicos estudian los mapas físicos para encontrar patrones de asentamiento y migración.

2 Practica la destreza

Al practicar la destreza de analizar mapas físicos, mejorarás tus capacidades de estudio y evaluación, especialmente en relación con la Prueba de Estudios Sociales GED®. Estudia el mapa y la información que aparecen a continuación. Luego responde la pregunta.

a Para identificar un mapa físico, busca los accidentes geográficos y las masas de agua, como ríos y océanos.

b Usa la clave del mapa para aprender más acerca del significado de los colores de un mapa.

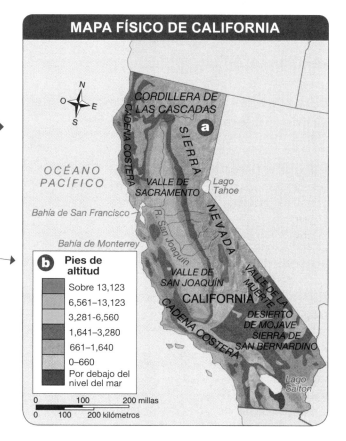

MAPA FÍSICO DE CALIFORNIA

b Pies de altitud
- Sobre 13,123
- 6,561–13,123
- 3,281–6,560
- 1,641–3,280
- 661–1,640
- 0–660
- Por debajo del nivel del mar

HACER SUPOSICIONES

Puedes pensar que los mapas físicos no muestran los límites nacionales o estatales pero, en general, sí lo hacen. Sin embargo, ten en mente que las características físicas pueden traspasar muchos límites.

1. A partir de la información del mapa, ¿qué oración sobre el terreno de California es correcta?

   A. Gran parte del terreno es bajo y tiene algunas colinas.
   B. El terreno costero es muy bajo.
   C. Gran parte del terreno costero es montañoso.
   D. El terreno es una mezcla de tierras bajas, colinas y montañas.

3 *Aplica la destreza*

INSTRUCCIONES: Estudia el mapa y lee el fragmento. Luego, marca la(s) **mejor(es)** respuesta(s) para cada pregunta en el mapa.

MÍCHIGAN: ACCIDENTES GEOGRÁFICOS NATURALES

El estado de Míchigan tiene más de 11,000 lagos y lagunas. Está rodeado por los Grandes Lagos: Hurón, Ontario, Míchigan, Erie y Superior (región conocida también como "HOMES", por la inicial de cada uno de sus nombres). La mayoría de los más de 90 parques estatales de Míchigan se encuentran cerca de masas de agua, donde los turistas pueden nadar, pescar y disfrutar de la belleza natural de este estado.

2. ¿Con cuál de los Grandes Lagos confluye el río Kalamazoo? Encierra en un círculo el nombre del lago en el mapa.

3. ¿En qué río está ubicado el Parque Estatal del Lago Otsego? Subraya el nombre del río en el mapa.

INSTRUCCIONES: Estudia el mapa, lee las preguntas y elige la **mejor** respuesta para cada pregunta.

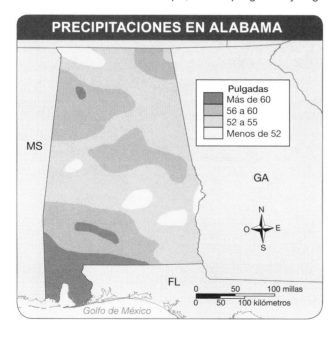

PRECIPITACIONES EN ALABAMA

4. En general, ¿cuál es la región más húmeda de Alabama?

A. el norte
B. el sureste
C. la región costera
D. el oeste

5. ¿Cuál es la menor cantidad de precipitaciones que cae a lo largo de la frontera entre Alabama y Florida?

A. menos de 52 pulgadas
B. de 52 a 55 pulgadas
C. de 56 a 60 pulgadas
D. más de 60 pulgadas

6. La producción de cacahuate genera más de $200 millones por año, lo que contribuye al desarrollo de la economía de Alabama. El cacahuate crece en zonas de clima cálido y seco, y en suelos arenosos bien drenados. ¿Cuál sería el **mejor** lugar para sembrar cacahuate?

A. la zona costera de Alabama
B. el noreste de Alabama
C. el sureste de Alabama
D. el centro de Alabama

Mapas políticos

TEMAS DE ESTUDIOS SOCIALES: II.G.b.1, II.G.c.1, II.G.c.2, II.G.c.3, II.G.d.3, II.G.d.4
PRÁCTICA DE ESTUDIOS SOCIALES: SSP.2.b, SSP.3, SSP.6.b, SSP.6.c

UNIDAD 1

1 Aprende la destreza

Un **mapa político** muestra de qué forma los humanos han dividido la superficie de la Tierra. Muestra las **fronteras** entre condados, estados, territorios y países. Un mapa político también puede mostrar **características creadas por el hombre**, como caminos, edificios y ciudades. Algunos mapas políticos usan sombreado o puntos para resaltar las áreas donde viven las personas. Esto se conoce como **densidad de población**. Por lo general, las áreas con menos puntos o que tienen un sombreado más claro están menos pobladas.

Comprender la información que presentan los mapas políticos, y cómo se conecta esa información con el presente o con un período de la historia, te ayudará a hacer conexiones con la geografía y el mundo.

Como sucede con otras áreas de la prueba de GED®, las preguntas sobre los mapas políticos evaluarán tu capacidad para interpretar la información en distintos niveles de conocimiento mediante el uso de destrezas complejas de lectura y razonamiento.

2 Practica la destreza

Al practicar la destreza de comprender la información que presenta un mapa político, mejorarás tus capacidades de estudio y evaluación, especialmente en relación con la Prueba de Estudios Sociales GED®. Estudia el mapa y la información que aparecen a continuación. Luego responde la pregunta.

a En general, los mapas políticos no muestran características físicas como la altitud, los accidentes geográficos o las vías fluviales.

b Los mapas políticos muestran los distintos niveles de fronteras políticas, incluidas las fronteras estatales y las de los condados.

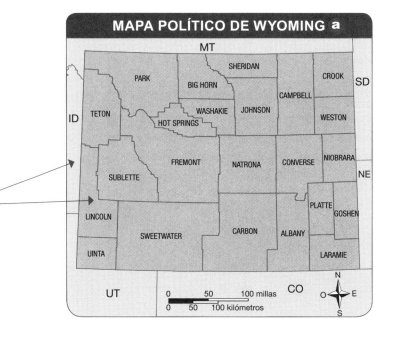

MAPA POLÍTICO DE WYOMING a

1. ¿Cuál de las siguientes frases describe mejor la información que aparece en este mapa?

A. los condados de Wyoming
B. los condados de Wyoming y estados limítrofes
C. los condados de Wyoming, altitud y estados limítrofes
D. los condados y la altitud de Wyoming

INSTRUCCIONES: Estudia el mapa, lee cada pregunta y elige la **mejor** respuesta.

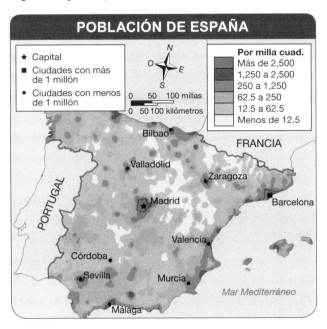

POBLACIÓN DE ESPAÑA

INSTRUCCIONES: Estudia el mapa, lee cada pregunta y elige la **mejor** respuesta.

MAPA POLÍTICO DE ARIZONA

UNIDAD 1

2. ¿En qué áreas de España es mayor la densidad de población?

   A. entre Madrid y Zaragoza
   B. a lo largo de la frontera con Francia
   C. entre Madrid y Córdoba
   D. cerca de la mayoría de las ciudades principales

3. A partir del mapa, ¿qué oración sobre España es correcta?

   A. Madrid tiene la mayor población.
   B. Sevilla es más grande que Barcelona.
   C. Poca gente vive en la costa mediterránea.
   D. Murcia tiene áreas con más de 2,000 personas por milla cuadrada.

4. Si quisieras irte de vacaciones a un lugar con poca población y menor densidad de población, ¿qué ciudad sería la mejor opción?

   A. Madrid
   B. Bilbao
   C. Barcelona
   D. Córdoba

5. ¿Qué es probable que represente el símbolo que se encuentra al lado de Tucson?

   A. ciudad pequeña y capital del condado
   B. ciudad grande y capital del condado
   C. ciudad grande y capital del estado
   D. capital del estado y capital del condado

6. A partir del mapa, ¿qué área del estado es la menos poblada?

   A. el condado Maricopa
   B. el área más al norte de Arizona
   C. el condado Pima
   D. el sureste de Arizona

7. A partir del mapa, ¿qué puedes asumir sobre Arizona?

   A. La mayor parte de la población está cerca de la frontera con California.
   B. La población del estado está distribuida en partes iguales entre todos los condados.
   C. El condado Coconino tiene la mayor población.
   D. El condado Maricopa tiene la mayor población.

El movimiento en los mapas

TEMAS DE ESTUDIOS SOCIALES: II.G.b.1, II.G.b.2, II.G.b.4, II.G.c.1, II.G.c.2, II.G.d.1, II.G.d.2, II.G.d.3, II.E.g
PRÁCTICA DE ESTUDIOS SOCIALES: SSP.2.b, SSP.3.a, SSP.3.c, SSP.6.b

1 Aprende la destreza

Para comprender el **movimiento en los mapas**, es importante conocer los símbolos y los elementos del mapa que comúnmente se usan para indicar movimiento. En la clave del mapa, los símbolos como las **flechas** o las **líneas** pueden indicar el movimiento, la dirección o las rutas de personas, bienes o ideas. Los colores, los sombreados y los patrones, tales como los puntos o las líneas continuas, pueden indicar cuándo ocurren esos movimientos o ilustrar fuerzas o factores que causan los movimientos.

Por esta razón, antes de estudiar el mapa en sí, primero debes examinar la clave del mapa. Algunos de los mapas que muestran movimiento tienen un objetivo específico, y se ven más en detalle en la Unidad 3. El movimiento, o la migración, constituye un factor importante para comprender las conexiones entre la geografía y el mundo.

2 Practica la destreza

Al practicar la destreza de comprender el movimiento en los mapas, mejorarás tus capacidades de estudio y evaluación, especialmente en relación con la Prueba de Estudios Sociales GED®. Estudia el mapa y la información que aparecen a continuación. Luego responde la pregunta.

a Estudia las flechas para comprender la dirección de los movimientos en el mapa.

b Cuando estudies el movimiento en los mapas, asegúrate de prestar atención a las áreas geográficas involucradas. ¿Hacia qué área se dirigen los movimientos? ¿Desde dónde vienen? ¿Entre qué áreas ocurren? ¿Qué sabes sobre esas áreas durante el período de tiempo que se especifica en el mapa?

RUTAS ATLÁNTICAS DEL COMERCIO DE ESCLAVOS

- ◄- - - Rutas del comercio de esclavos a principios del siglo XVI
- ◄── Rutas del comercio de esclavos en el siglo XV
- ◄── Rutas del comercio de esclavos después de 1619
- Áreas de adquisición de esclavos
- Concentración principal de esclavos

CONSEJOS PARA REALIZAR LA PRUEBA

Usa la clave del mapa para determinar el significado de los diferentes colores y sombreados. La clave brinda información sobre el movimiento en los mapas, como quién o qué grupo se mueve hacia o desde una determinada dirección.

1. La colonia Jamestown fue fundada en Virginia en 1609. Según el mapa, ¿qué cambios se produjeron después de la fundación de la colonia Jamestown?

   A. Aumentaron las áreas de adquisición de esclavos de África.
   B. Las áreas con importantes concentraciones de esclavos se movieron desde América del Sur hacia África.
   C. Se enviaron más esclavos desde América del Sur.
   D. Las rutas comerciales se extendieron hacia América del Norte.

INSTRUCCIONES: Estudia el mapa y el fragmento. Lee cada pregunta y elige la **mejor** respuesta.

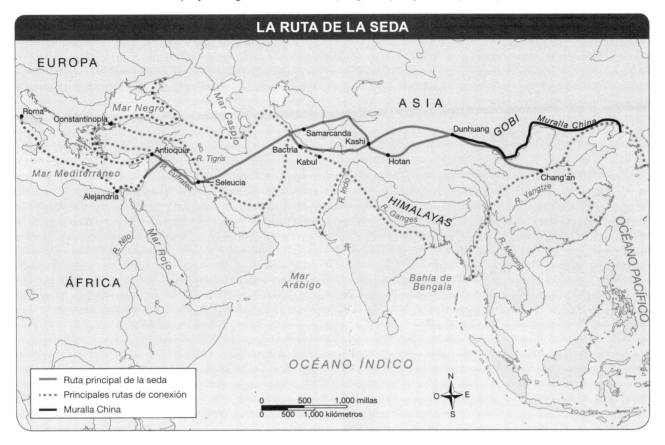

La Ruta de la Seda no era solo una ruta. Era una serie de antiguas rutas comerciales que se extendían por más de 4,000 millas desde el Lejano Oriente hasta Occidente. La principal ruta por tierra se extendía desde China hasta el mar Mediterráneo. Los viajeros de la Ruta de la Seda no solo comercializaban seda. En el Lejano Oriente, los comerciantes de China también intercambiaban ideas, filosofías y cultura con aquellos que viajaban desde Occidente.

2. ¿Por qué era importante la Ruta de la Seda?

   A. Fomentaba la economía de África.
   B. Evitaba el intercambio cultural entre el Lejano Oriente y Occidente.
   C. Proporcionaba seda a los ricos de Asia.
   D. Permitía el intercambio de bienes e ideas entre Asia y Europa.

3. ¿Cómo podrían haber llegado las mercancías de Alejandría a Kabul?

   A. por Roma y Constantinopla
   B. por Seleucia y Bactria
   C. a través de la Muralla China
   D. por Antioquía y Samarcanda

4. ¿Qué conexión puedes hacer sobre las ciudades de Samarcanda, Bactria, Kashi y Kabul?

   A. Estas ciudades no estaban ubicadas en las principales rutas que conectaban la Ruta de la Seda.
   B. Estas ciudades estaban ubicadas al norte de la Muralla China.
   C. Estas ciudades estaban ubicadas en el centro de la Ruta de la Seda.
   D. Kashi y Kabul estaban ubicadas al oeste de Bactria y Samarcanda.

5. ¿Cómo es probable que los comerciantes de Roma llegaran a la Ruta de la Seda?

   A. en carreta
   B. a caballo
   C. a pie
   D. en barco

Repaso de la Unidad 1

UNIDAD 1

INSTRUCCIONES: Estudia el mapa, lee cada pregunta y luego elige la **mejor** respuesta.

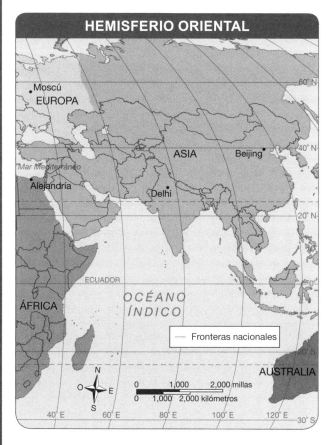

HEMISFERIO ORIENTAL

INSTRUCCIONES: Estudia el mapa, lee cada pregunta y luego elige la **mejor** respuesta.

OHIO: PRIMEROS ASENTAMIENTOS

1. A partir de la información del mapa, ¿cuál es la ubicación relativa de Beijing, en China?

   A. al oeste de Moscú
   B. al noreste de Delhi
   C. 40° N, 80° E
   D. 40° S, 80° O

2. ¿Qué herramienta podrías usar para hallar la ubicación absoluta de un lugar?

   A. la escala de un mapa
   B. la clave de un mapa
   C. los símbolos de un mapa
   D. la latitud y la longitud

3. ¿Qué continente se ubica íntegramente en el hemisferio sur?

   A. África
   B. Asia
   C. Australia
   D. Europa

4. A partir de la información del mapa, ¿cuál de las siguientes oraciones es correcta?

   A. Los asentamientos estaban ubicados en su mayoría en el interior del territorio de Ohio.
   B. Los asentamientos estaban ubicados en su mayoría a lo largo del lago Erie.
   C. Portsmouth era el asentamiento ubicado más al oeste.
   D. Los asentamientos se construyeron a lo largo de vías navegables.

5. ¿Poco después de qué suceso histórico se fundaron la mayoría de los asentamientos del territorio de Ohio?

   A. la Guerra de Independencia   (1776)-1783
   B. la Guerra contra la Alianza Franco-Indígena (1754-1763)
   C. la Guerra de 1812
   D. la Guerra de Secesión   ¿1861-1865

6. ¿Cuál de los siguientes asentamientos se fundó después de todos los otros?

   A. Cleveland
   B. Portsmouth
   C. Chillicothe
   D. Zanesville

INSTRUCCIONES: Estudia el mapa, lee cada pregunta y luego elige la **mejor** respuesta.

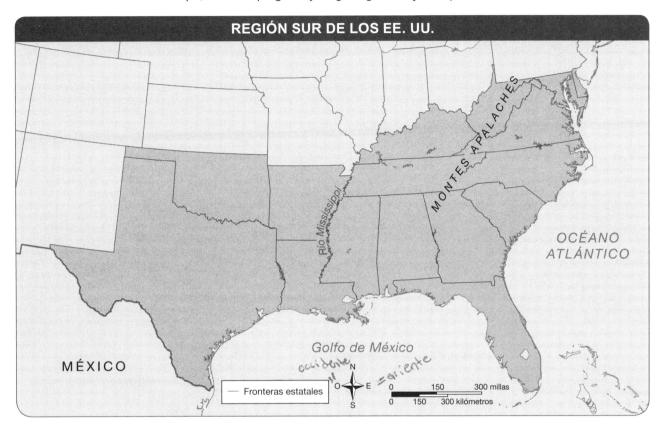

REGIÓN SUR DE LOS EE. UU.

7. A partir de la información del mapa, ¿cuál de las siguientes oraciones es correcta?

   A. La región sur de los EE. UU. incluye todos los estados ubicados al este del río Mississippi.
   B. La región sur de los EE. UU. incluye Virginia, pero no Virginia Occidental.
   C. La región sur de los EE. UU. incluye todos los estados donde se encuentran los montes Apalaches.
   D. La región sur de los EE. UU. incluye todos los estados que limitan con el golfo de México.

8. ¿Cuál de las siguientes ciudades está ubicada en la región sur de los EE. UU?

   A. Nashville
   B. Cincinnati
   C. Saint Louis
   D. Wichita

9. ¿Cuál de los siguientes estados limita con un estado de la región sur de los EE. UU?

   A. Iowa
   B. Pennsylvania
   C. Colorado
   D. Michigan

10. ¿Aproximadamente a qué distancia están Texas oriental y Carolina del Sur occidental?

    A. aproximadamente 300 millas
    B. aproximadamente 500 millas
    C. aproximadamente 700 millas
    D. aproximadamente 900 millas

11. ¿Qué estado del sur comparte una frontera con otros siete estados de la región sur?

    A. Arkansas
    B. Georgia
    C. Mississippi
    D. Tennessee

12. ¿Cuál de las siguientes oraciones sobre la región sur es verdadera?

    A. Virginia Occidental es el estado más pequeño de la región.
    B. La mayoría de los estados limitan con el océano Atlántico o con el río Mississippi.
    C. Los estados de la región también formaron la Confederación en la Guerra de Secesión.
    D. La región sur ocupa aproximadamente la mitad del área continental de los Estados Unidos.

UNIDAD 1

CANADÁ: POBLACIÓN

Por milla cuad.
Más de 2,500
1,250 a 2,500
250 a 1,250
62.5 a 250
12.5 a 62.5
Menos de 12.5

★ Capital
○ Ciudad

180°
OCÉANO ÁRTICO
Círculo Ártico
Alaska (EE. UU.)
YUKÓN
NUNAVUT
Iqaluit
Groenlandia (Dinamarca)
60° N
30° O
OCÉANO ATLÁNTICO
TERRITORIOS DEL NOROESTE
Yellowknife
CANADÁ
Bahía de Hudson
TERRANOVA Y LABRADOR
OCÉANO PACÍFICO
150° O
COLUMBIA BRITÁNICA
ALBERTA
Edmonton
SASKATCHEWAN
MANITOBA
QUEBEC
ISLA DEL PRÍNCIPE EDUARDO
0 250 500 millas
0 250 500 kilómetros
Vancouver
Calgary
Saskatoon
Regina
Winnipeg
ONTARIO
Lago Superior
Quebec
NUEVO BRUNSWICK
Halifax
NUEVA ESCOCIA
30° N
Lago Hurón
Montreal
Ottawa
Toronto
60° O
ESTADOS UNIDOS
Lago Michigan
Lago Ontario
Lago Erie
120° O
90° O

El 1 de enero de 2012, la mayor parte (el 86%) de la población de Canadá vivía en Ontario, Quebec, la Columbia Británica y Alberta. Entre 1992 y 2012, el porcentaje de la población de Canadá que vivía en Ontario, Alberta y la Columbia Británica aumentó, mientras que el porcentaje que vivía en el resto de las provincias disminuyó. La población en los territorios permaneció estable.

La proporción de canadienses que viven en áreas urbanas ha aumentado de manera sostenida desde que Canadá se independizó de Gran Bretaña. En 2011, más de 27 millones de canadienses (el 81%) vivían en áreas urbanas, es decir, se invirtió lo que sucedía más de un siglo atrás. También en 2011, las tres grandes áreas urbanas de Canadá —Toronto, Vancouver y Montreal— representaban poco más de un tercio (el 35%) de toda la población de Canadá.

La distribución entre áreas urbanas y rurales no fue uniforme en todas las provincias y los territorios. Las proporciones urbanas de las poblaciones de Ontario, la Columbia Británica y Alberta eran superiores al nivel nacional. En cambio, las poblaciones rurales de algunas provincias y algunos territorios eran considerablemente superiores al promedio nacional, con porcentajes que iban desde un 28% en Manitoba hasta un 53% en la Isla del Príncipe Eduardo.

13. ¿Dónde está ubicada la mayor parte de la población de Canadá? Encierra en un círculo esa área en el mapa.

14. En el mapa, coloca una marca al lado del nombre de una ciudad ubicada en la provincia de Nunavut.

15. En el mapa, subraya los nombres de las provincias que limitan con los Estados Unidos.

16. ¿Qué provincia canadiense está más al norte: Yukón, Ontario, Quebec o la Columbia Británica? Coloca una X junto al nombre de esa provincia.

17. En el mapa, subraya con dos líneas el nombre de la ciudad cuya ubicación absoluta está más cerca de 60° N, 120° O.

18. En el mapa, coloca un asterisco junto a la vía navegable más larga del interior de Canadá.

19. En el mapa, coloca dos asteriscos junto a dos de las provincias que albergaron a poblaciones rurales muy superiores al promedio nacional.

INSTRUCCIONES: Estudia el mapa y el pasaje, lee cada pregunta y luego elige la **mejor** respuesta.

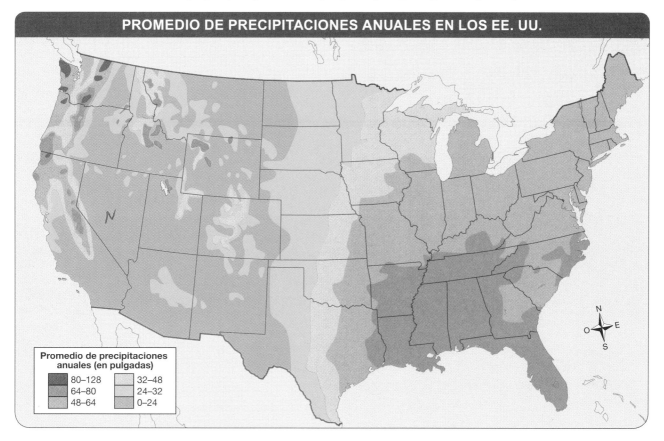

PROMEDIO DE PRECIPITACIONES ANUALES EN LOS EE. UU.

Promedio de precipitaciones anuales (en pulgadas)
- 80–128
- 64–80
- 48–64
- 32–48
- 24–32
- 0–24

Estados Unidos es un país grande que ofrece diferentes tipos de climas. Estas diferencias climáticas pueden observarse si se estudia el promedio de precipitaciones anuales, en el que se incluyen las lluvias y las nevadas.

La lluvia se forma cuando las gotas de nubes pequeñas se hacen demasiado pesadas para la nube y, por consiguiente, caen hacia la Tierra en forma de lluvia. La lluvia también puede comenzar como cristales de hielo que se unen y forman grandes copos de nieve. A medida que la nieve cae hacia la Tierra y pasa a través de aire más cálido, los copos se derriten y forman gotas de lluvia. Los copos de nieve están formados por varios cristales de hielo que se unen a medida que caen hacia la Tierra. Como no atraviesan una capa de aire lo suficientemente cálido para derretirlos, los copos de nieve permanecen intactos y llegan al suelo en forma de nieve.

20. A partir del mapa y del pasaje, ¿cuál de los siguientes estados presenta el menor promedio de precipitaciones anuales?

   A. Idaho
   B. Nevada
   C. Texas
   D. Arizona

21. ¿Qué área de los Estados Unidos es la que probablemente tiene el clima más diverso?

   A. la costa del Pacífico
   B. la costa del Atlántico
   C. la región del Medio Oeste
   D. el noreste

22. ¿Cuál de los siguientes estados recibe entre 0 y 128 pulgadas de precipitaciones anuales?

   A. Nuevo México
   B. California
   C. Colorado
   D. Wisconsin

23. ¿Cuál de los siguientes estados tiene el mayor promedio de precipitaciones anuales?

   A. Florida
   B. Kansas
   C. Dakota del Norte
   D. Virginia Occidental

INSTRUCCIONES: Estudia el mapa y el pasaje, lee cada pregunta y luego elige la **mejor** respuesta.

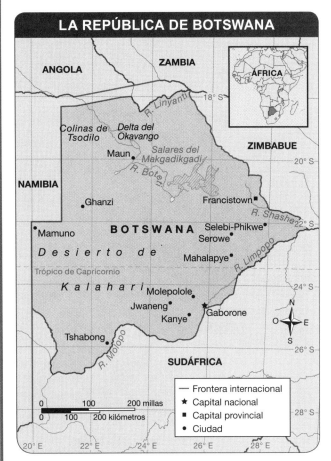

LA REPÚBLICA DE BOTSWANA

La República de Botswana es un país del sur de África que es apenas más pequeño que el estado de Texas y que tiene aproximadamente el mismo tamaño que Francia o Kenia. Botswana es un país que no tiene salida al mar y que se caracteriza por tener vastas cuencas arenosas casi planas y sabanas cubiertas de malezas. El desierto de Kalahari, ubicado al suroeste, ocupa gran parte del país. La población escasa de Botswana se concentra en la parte oriental del país. La mayoría de las áreas son demasiado áridas para desarrollar otra actividad que no sea la cria de ganado.

En Botswana, tanto las temperaturas como las condiciones del tiempo son extremas. Los días de invierno (desde fines de mayo hasta agosto) por lo general son despejados, cálidos y soleados y las noches son de frescas a frías. En verano (de octubre a abril), los caminos del país, arenosos en su mayor parte, pueden volverse intransitables a causa de las lluvias. El verano también es la época de mayor humedad y calor sofocante. Durante los días largos, son habituales las temperaturas de más de 105 °F.

Botswana fue una colonia británica que logró su independencia en 1966. Con casi 50 años de liderazgo civil, políticas sociales progresistas e inversiones de capital significativas, la República de Botswana goza de una de las economías más dinámicas de África. La extracción de diamantes domina la actividad económica del país, pero Botswana se está convirtiendo en un destino turístico gracias a sus extensas reservas naturales y sus prácticas de conservación.

24. A partir del mapa y del pasaje, ¿qué puedes suponer acerca de Botswana?

  A. El desierto de Kalahari está escasamente poblado.
  B. Todas las ciudades de Botswana están ubicadas a lo largo de sus vías navegables.
  C. La mayoría de las ciudades de Botswana están ubicadas cerca de los salares.
  D. La mayoría de las ciudades de Botswana están ubicadas al sur del trópico de Capricornio.

25. ¿Cuál de las siguientes oraciones acerca de la economía de Botswana es verdadera?

  A. La minería y el turismo generan ingresos para los ciudadanos de Botswana.
  B. La mayoría de los ciudadanos de Botswana viven de la agricultura.
  C. Botswana tiene una economía endeble.
  D. No hay atracciones turísticas que ayuden a sustentar la economía de Botswana.

26. ¿Cuál de las siguientes ciudades de Botswana es la capital?

  A. Mamuno
  B. Francistown
  C. Mahalapye
  D. Gaborone

27. Si viajas hacia el oeste desde Mamuno, ¿a qué país africano entrarías?

  A. Angola
  B. Zimbabue
  C. Sudáfrica
  D. Namibia

INSTRUCCIONES: Estudia el mapa y el pasaje, lee cada pregunta y luego elige la **mejor** respuesta.

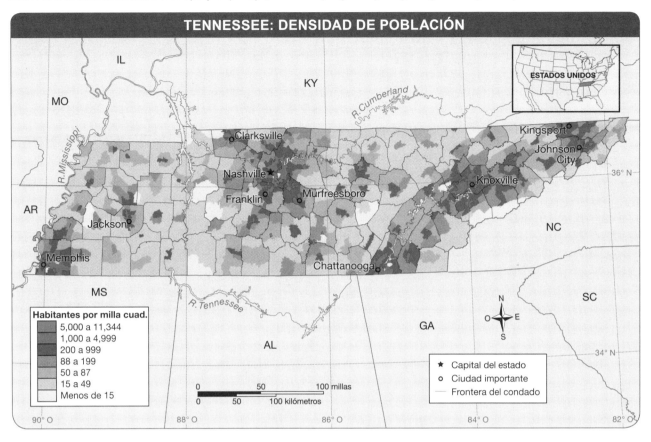

TENNESSEE: DENSIDAD DE POBLACIÓN

Tennessee está ubicado en la región sur de los Estados Unidos y es el decimoséptimo estado más poblado del país.

El Censo de 2010 registró que Tennessee tenía una población de 6,346,106 habitantes, lo que representa un aumento de más de 650,000 habitantes desde el año 2000.

28. A partir del mapa y del pasaje, ¿por qué podría haber un área con gran densidad de población cerca del centro del estado?

    A. Todas las ciudades principales de Tennessee están ubicadas en el centro.
    B. Los montes Apalaches están ubicados en la región central del estado.
    C. Nashville está ubicada en esta área.
    D. Chattanooga está ubicada en esta área.

29. ¿Cuál de los siguientes estados comparte una frontera con Tennessee y también con Carolina del Sur?

    A. Georgia
    B. Alabama
    C. Virginia
    D. Florida

30. A partir del mapa, ¿qué área del estado tiene la menor densidad de población?

    A. entre los condados al noreste de Chattanooga y el suroeste de Knoxville
    B. entre los condados al oeste y suroeste de Clarksville y al noreste y sureste de Jackson
    C. los condados ubicados alrededor de Nashville
    D. los condados ubicados en la región centro-norte del estado

31. A partir de tus conocimientos de geografía, ¿por qué supones que hay un área con gran densidad de población ubicada en la parte suroeste del estado?

    A. El río Tennessee y Memphis están ubicados en esta área.
    B. El río Mississippi comienza cerca de esa ubicación del estado.
    C. Memphis está ubicada allí y es la capital del estado.
    D. El río Mississippi y Memphis están ubicados en esta área.

INSTRUCCIONES: Estudia el mapa y el pasaje, y lee las preguntas. Luego, marca la(s) **mejor(es)** respuesta(s) para cada pregunta en el mapa.

LA PENÍNSULA BALCÁNICA

El término *balcánica* es una designación geográfica que identifica a la península ubicada más al este de las tres penínsulas del sur de Europa. Dos cadenas montañosas dominan la península: los Alpes Dináricos en el oeste, paralelos a la costa del Adriático, y los altos montes Cárpatos, en Rumania. Además, los montes Balcánicos atraviesan Bulgaria de este a oeste.

Las costas de los países australes y occidentales de la península son irregulares y rocosas. El paisaje de la península Balcánica es apto principalmente para la cria de animales y la agricultura a pequeña escala. Países como Croacia, Rumania y Bulgaria ofrecen tierras de cultivo.

También hay tierra fértil para la agricultura en los valles de los ríos Danubio, Sava y Vardar, así como en parte de la costa del Egeo. En cualquier otro lugar, el cultivo de la tierra fracasa principalmente debido a las montañas, los veranos calurosos y los suelos pobres, aunque en ciertas áreas crecen muy bien las uvas y las aceitunas.

Los recursos energéticos son escasos, excepto en Kosovo, donde los habitantes extraen carbón y otros depósitos minerales. La minería del carbón también es importante para con las economías de Serbia, Rumania, Bosnia y Herzegovina, y Bulgaria. Rumania también alberga algunos depósitos de petróleo. Como los depósitos de gas natural son escasos en toda la región, los países balcánicos han aceptado ampliamente las fuentes de energía renovable, como la eólica y la hidroeléctrica.

32. En el mapa, encierra en un círculo el nombre de la ciudad que está ubicada sobre el mar Negro.

33. ¿Qué país balcánico está ubicado más al noroeste? Haz una marca junto al nombre de ese país.

34. En el mapa, subraya los nombres de los países balcánicos cuyas industrias incluyen la minería.

35. En el mapa, coloca una **X** junto a los nombres de los países que formaban la antigua Yugoslavia.

INSTRUCCIONES: Estudia el mapa y el pasaje, lee cada pregunta y luego elige la **mejor** respuesta.

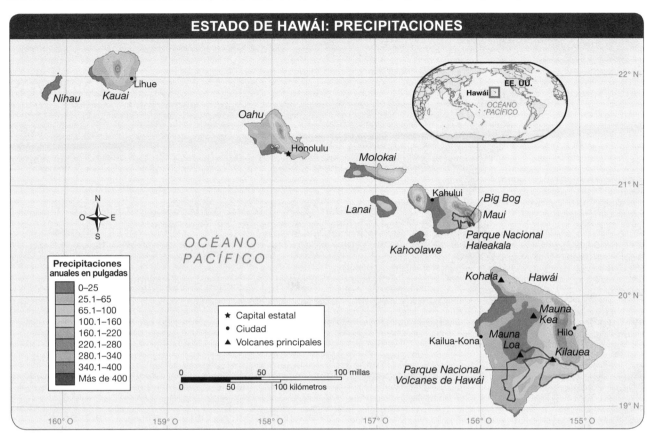

ESTADO DE HAWÁI: PRECIPITACIONES

El estado de Hawái es una cadena de islas volcánicas ubicadas en el océano Pacífico. El patrón de precipitaciones de este estado es bastante diverso. El promedio de precipitaciones anuales oscila entre 8 pulgadas cerca de las cimas de Mauna Loa y Mauna Kea, en la Isla Grande, y 404 pulgadas cerca de Big Bog, en la pendiente a barlovento del Parque Nacional Haleakala, en Maui. En general, se registra un promedio alto de precipitaciones en las pendientes a barlovento de los montes, y el bajo promedio de precipitaciones prevalece en las tierras bajas de sotavento y en las pendientes superiores de las montañas más altas.

Quizás sorprendentemente, los picos más altos también reciben algunas pulgadas de nieve. En general, la estación más húmeda es el invierno, y la estación más seca es el verano. Hay excepciones, como aquellas áreas de la Isla Grande de Hawái que registran su mayor promedio de precipitaciones durante el verano como resultado de la convección de la brisa terrestre y marina.

36. A partir del mapa y del pasaje, ¿cuál de las siguientes ciudades presenta el menor promedio de precipitaciones anuales?

   A. Hilo
   B. Honolulu
   C. Kahului
   D. Lihue

37. A partir del mapa y del pasaje, ¿cuál de las siguientes ciudades presenta el mayor promedio de precipitaciones anuales?

   A. Hilo
   B. Honolulu
   C. Kahului
   D. Lihu'e

38. ¿Qué islas hawaianas presentan el menor promedio de precipitaciones anuales?

   A. La Isla Grande de Hawái y Lanai
   B. Kahoolawe y Molokai
   C. Molokai y Nihau
   D. Lanai, Kahoolawe y Nihau

39. ¿Cuál es la distancia aproximada entre Honolulu y el Parque Nacional Haleakala?

   A. aproximadamente 50 millas
   B. aproximadamente 125 millas
   C. aproximadamente 200 millas
   D. aproximadamente 250 millas

UNIDAD 1

GED® SENDEROS

Mary Lou Retton

Mary Lou Retton no solo obtuvo su certificación GED®, sino que también se ganó los corazones de la nación al ganar la medalla de oro en gimnasia en los Juegos Olímpicos de Verano de 1984.
©Neal Preston/Corbis

Mary Lou Retton abandonó la escuela secundaria después de cursar el primer año. Sin embargo, esto no impidió que obtuviera su certificación GED®, además de cinco medallas olímpicas.

El camino al éxito de Retton comenzó cuando ella tenía ocho años y ya era gimnasta. Al ver los Juegos Olímpicos de Verano de 1976 en la televisión, abandonó la escuela y se dedicó a entrenar. Practicó incesantemente; su arduo trabajo finalmente dio sus frutos. Después de ganar varias competencias, entre ellas la copa American Cup y la copa Chunichi Cup de Japón en 1983, Retton se clasificó para participar en los Juegos Olímpicos de Verano de 1984 en Los Ángeles.

Pero las tensiones militares y políticas entre los Estados Unidos y la por entonces Unión Soviética se agudizaban. Como respuesta al boicot estadounidense a los Juegos Olímpicos de Verano de 1980 en Moscú, la Unión Soviética y otros países del este de Europa boicotearon los Juegos Olímpicos de Verano de 1984 en Los Ángeles. Sin permitir que su reciente operación de rodilla la detuviera, Retton, por entonces de 16 años de edad, se convirtió en la primera mujer estadounidense en ganar una medalla de oro en gimnasia. El orgullo patriótico se extendió a lo largo de los Estados Unidos. Además de esta histórica victoria, ella también ganó dos medallas de plata y dos medallas de bronce.

Retton se retiró de la gimnasia en 1986 y asistió a la Universidad de Texas. Ha aparecido en películas y en programas de televisión y ha trabajado como comentarista experta en gimnasia y eventos olímpicos. Actualmente, Mary Lou Retton trabaja como oradora motivacional y ayuda a fomentar los beneficios del ejercicio físico y de una nutrición saludable.

RESUMEN DE LA CARRERA PROFESIONAL: *Mary Lou Retton*

- Nació en Fairmont, Virginia Occidental.
- Fue la primera mujer estadounidense en ganar una medalla olímpica de oro en gimnasia.
- Fue elegida "Deportista del Año" en 1984.
- Ingresó al Salón de la Fama Internacional de Gimnasia en 1997.
- Trabaja en la junta directiva de la *Federación Estadounidense de Gimnasia* y en *Children's Miracle Network*.

Historia de los Estados Unidos

UNIDAD 2:
Historia de los Estados Unidos

A lo largo de su corta pero memorable historia, los Estados Unidos han defendido a sus ciudadanos y a millones de personas en el mundo entero mediante el uso de su fuerza militar progresiva y sus fuerzas de inteligencia. Tal como la historia cambia, también lo hace el rol de nuestro ejército.

Las mujeres han servido en las Fuerzas Armadas de los Estados Unidos desde 1775. Han atendido a los heridos, lavado ropas y cocinado para las tropas. En 1944, mientras las Fuerzas Aliadas combatían en la Segunda Guerra Mundial, las unidades del Cuerpo de Mujeres del Ejército (WAC, por su sigla en inglés) apoyaban a las tropas de combate. Pero fue recién en 2013 que el Departamento de Defensa autorizó a las mujeres a servir en igualdad de condiciones que sus contrapartes masculinas, lo cual quitó la última barrera hacia la igualdad en los servicios. Guerras recientes como la de Irak y la de Afganistán no contaban con frentes de batalla reales, y miles de mujeres soldado participaron en situaciones de combate. Para 2016, las mujeres estarán totalmente integradas en posiciones de frente de batalla del ejército.

La historia estadounidense es dinámica y siempre cambiante. La importancia de entender la historia de los Estados Unidos se extiende a la Prueba de Estudios Sociales GED®, que comprende el 20 por ciento de todas las preguntas. Como sucede con otras áreas de la Prueba de Estudios Sociales de GED®, las preguntas sobre la historia de los Estados Unidos evaluarán tu capacidad para interpretar textos e imágenes como tablas, gráficas y líneas cronológicas. La Unidad 2 te ayudará a prepararte para la Prueba de Estudios Sociales GED®.

U.S. Air Force

Contenido

UNIDAD 2

©Daniel Bendjy/Vetta/Getty Images

La historia estadounidense es dinámica, siempre cambiante. También lo son tus oportunidades profesionales cuando completas exitosamente tu certificación de GED®.

Relacionar la geografía con la historia

UNIDAD 2

TEMAS DE ESTUDIOS SOCIALES: II.G.b.1, II.G.b.5, II.G.c.1, II.G.c.2, II.G.c.3, II.G.d.1, II.G.d.2, II.G.d.3, II.G.d.4, I.USH.a.1, I.USH.b.6
PRÁCTICA DE ESTUDIOS SOCIALES: SSP.1.a, SSP.1.b, SSP.2.a, SSP.2.b, SSP.3.a, SSP.3.b, SSP.3.c, SSP.4.a, SSP.6.a, SSP.6.b, SSP.6.c

① Aprende la destreza

Para comprender cómo **relacionar la geografía con la historia**, primero debes analizar el contexto de un mapa físico, político o de otro tipo, y cómo ese contexto se conecta con un período o un suceso histórico. Todas las destrezas de interpretación de mapas que has aprendido te ayudarán a hacer estas conexiones.

Como sucede con otras áreas de la prueba de GED®, las preguntas sobre geografía e historia de los Estados Unidos evaluarán tu capacidad para interpretar la información en distintos niveles de conocimiento mediante el uso de destrezas complejas de lectura y razonamiento.

② Practica la destreza

Al practicar la destreza de relacionar la geografía con la historia, mejorarás tus capacidades de estudio y evaluación, especialmente en relación con la Prueba de Estudios Sociales GED®. Estudia el pasaje y el mapa que aparecen a continuación. Luego responde la pregunta.

LA ORDENANZA DEL NOROESTE

En 1787, el Congreso creó un territorio ubicado al oeste de Pennsylvania, al norte del río Ohio, al este del río Mississippi y al sur de los Grandes Lagos. La Ordenanza del Noroeste estableció un gobierno y la formación de tres a cinco estados.

"Se crearán en dicho territorio no menos de tres ni más de cinco estados; y los límites de los estados [...] se fijarán y establecerán de la siguiente manera [...] y se entiende y declara que los límites de estos tres estados quedarán sujetos a cambios [...] para formar uno o dos estados en la parte de dicho territorio que se encuentra al norte de una línea trazada de este a oeste y que atraviesa el extremo sur del lago Michigan".

TERRITORIO DEL NOROESTE EN 1787

ⓐ Observa los detalles del pasaje que se refieren al número mínimo y al número máximo de estados. ¿Cuántos estados se describen? ¿Hay alguna excepción posible? Ahora, compara y contrasta esta información con la información del mapa.

HACER SUPOSICIONES

Puedes suponer que las líneas de puntos que se muestran en el mapa representan los límites actuales de los estados creados por los artículos de la Ordenanza del Noroeste.

1. En última instancia, ¿cuántos estados completos se crearon en el Territorio del Noroeste?

A. tres
B. cuatro
C. cinco
D. seis

3 *Aplica la destreza*

⭐ Ítem en foco: **COMPLETAR LOS ESPACIOS**

INSTRUCCIONES: Estudia el mapa y lee el pasaje. Luego escribe tu respuesta en el recuadro que aparece a continuación.

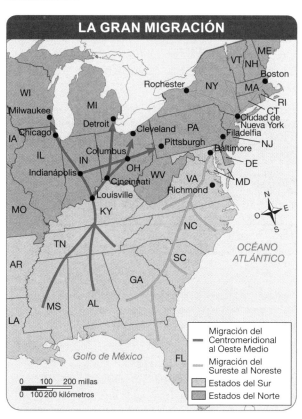

A principios del siglo XX, más de un millón de afroamericanos, empujados por la discriminación y las malas condiciones económicas en el sur rural, migraron hacia el norte y el oeste en un suceso que se conoció como La Gran Migración. Esta comenzó alrededor del 1916, disminuyó durante la Gran Depresión y aumentó de nuevo durante la Segunda Guerra Mundial y posteriormente. El mayor aumento de población afroamericana se dio en ciudades del norte como Nueva York, Chicago, Cleveland y Detroit. La manufactura y otros trabajos urbanos llevaron a los afroamericanos a estas ciudades. Este movimiento hacia las ciudades también produjo un aumento en la alfabetización y una explosión cultural de los afroamericanos. Muchos artistas, autores y músicos afroamericanos del sur llegaron a la ciudad de Nueva York porque se consideraba un centro cultural de los Estados Unidos.

2. El estado más oriental hacia el que migraron afroamericanos provenientes de Florida y Georgia durante la Gran Migración fue

_____ .

INSTRUCCIONES: Estudia el mapa y el pasaje, lee la pregunta y luego escribe tus respuestas en los recuadros que aparecen a continuación.

En 1845, el escritor John O'Sullivan proclamó que sería "el cumplimiento de nuestro destino manifiesto extender el continente otorgado por la Providencia". Al abrir senderos y extender los límites de los Estados Unidos hacia el oeste, cerca del océano Pacífico, los colonos demostraron que O'Sullivan tenía razón.

3. Lo más probable es que los colonos que llegaron a Los Ángeles, California, desde Independence, Missouri, lo hayan hecho a través del Sendero

de _____

y del Sendero de _____ .

Interpretar tablas

TEMAS DE ESTUDIOS SOCIALES: I.USH.b.1, II.USH.e, II.G.b.1, II.G.b.2, II.G.b.4, II.G.b.5, II.G.d.1, II.G.d.2, II.G.d.3
PRÁCTICA DE ESTUDIOS SOCIALES: SSP.1.a, SSP.1.b, SSP.2.b, SSP.6.a, SSP.6.b

① Aprende la destreza

Una forma de presentar datos, estadísticas y otros detalles de una manera clara y bien organizada es usar una **tabla**. Las tablas permiten a los autores presentar visualmente información que podría resultar demasiado larga o compleja de describir en un pasaje narrativo.

Las tablas organizan la información en **filas** y **columnas**. Las filas atraviesan la tabla de izquierda a derecha. Las columnas lo hacen de arriba hacia abajo de la tabla, desde el encabezamiento hasta el pie. Leer el título de una tabla, así como los encabezados de sus filas y columnas, puede ayudarte a interpretar y usar la información que se presenta en la tabla.

② Practica la destreza

Al practicar la destreza de interpretar tablas, mejorarás tus capacidades de estudio y evaluación, especialmente en relación con la Prueba de Estudios Sociales GED®. Examina la tabla y las estrategias que aparecen a continuación. Luego responde la pregunta.

ⓐ El título puede encontrarse arriba de la tabla, debajo de la tabla o en la primera fila de la tabla. El título identifica el tema de la tabla.

ⓑ Los encabezamientos de cada columna o cada fila identifican la información que se encuentra en esa parte de la tabla.

ⓐ POBLACIÓN ESTIMADA DE LA COLONIA DE VIRGINIA

ⓑ AÑO	ⓑ POBLACIÓN
1630	2,500
1650	18,700
1670	35,300
1690	53,000
1700	58,600
1720	87,800
1740	180,400
1750	231,000
1770	447,000
1780	538,000

CONSEJOS PARA REALIZAR LA PRUEBA

Los encabezamientos de las filas y las columnas de una tabla determinan cómo se relaciona la información en estas secciones. Observa que el año indicado en cada fila corresponde al número de población de la derecha.

1. ¿Los detalles de la tabla apoyan cuál de las siguientes conclusiones?

   A. Muchas personas dejaron Virginia para establecerse en otras colonias entre 1700 y 1750.
   B. La población colonial de Virginia alcanzó su nivel más alto antes de 1750.
   C. La población de Virginia se duplicó cada 20 años entre 1630 y 1690.
   D. La población de Virginia creció significativamente entre 1630 y 1780.

Aplica la destreza

★ Ítem en foco: **COMPLETAR LOS ESPACIOS**

INSTRUCCIONES: Estudia la tabla y lee las preguntas. Luego escribe tus respuestas en los recuadros que aparecen a continuación.

ORÍGENES DE LOS MIGRANTES A LAS COLONIAS AMERICANAS, 1700–1750

LUGAR	TOTAL
África	278,400
Irlanda	108,600
Alemania	84,500
Inglaterra/Gales	73,100
Inglaterra/Escocia	35,300
Otros	5,900
TOTAL	**585,800**

2. A partir de la tabla, ¿desde qué lugar que no sea Inglaterra llegó el mayor número de inmigrantes?

3. La inmigración de 278,400 africanos hacia las colonias americanas entre 1700 y 1750 probablemente se debió a

.

INSTRUCCIONES: Estudia la información que se presenta en la tabla, lee las preguntas y luego elige la **mejor** respuesta para cada pregunta.

LA GUERRA DE INDEPENDENCIA: COMPARACIÓN DE RECURSOS

	GRAN BRETAÑA	LAS TRECE COLONIAS
Población	Aproximadamente 12,000,000	Aproximadamente 2,800,000
Dinero	País más rico del mundo	Sin dinero para financiar una guerra
Ejército	Ejército numeroso y bien entrenado	Voluntarioso pero fuerza de voluntarios pobremente equipada
Líderes	Muchos oficiales expertos	Pocos oficiales con capacidad de liderazgo
Geografía	Territorio vasto y desconocido, sin suministros cercanos	Territorio conocido con suministros cercanos pero limitados

4. A partir de la tabla, ¿cuál de las siguientes opciones parecía ser el resultado más probable de la guerra?

   A. Las colonias ganarían.
   B. Los británicos ganarían.
   C. Se declararía una tregua.
   D. Las trece colonias se expandirían.

5. A partir de la tabla, ¿en qué área estaban más preparados los colonos?

   A. Contaban con la mayor cantidad de personas.
   B. Contaban con el presupuesto más alto.
   C. Contaban con muchos oficiales militares entrenados.
   D. Podían ubicar suministros con facilidad.

UNIDAD 2

Idea principal y detalles

TEMAS DE ESTUDIOS SOCIALES: I.USH.a.1, I.USH.b.1, I.E.a, I.E.b, I.CG.a.1, I.CG.b.2
PRÁCTICA DE ESTUDIOS SOCIALES: SSP.1.a, SSP.1.b, SSP.2.a, SSP.2.b, SSP.4.a, SSP.5.a, SSP.5.c, SSP.6.b, SSP.7.a

❶ Aprende la destreza

La **idea principal** es el punto más importante de un pasaje o un párrafo. La idea principal puede aparecer al principio, en el medio o al final de un pasaje o un párrafo. Una idea principal puede estar implícita o claramente expresada. Si está implícita, usa el razonamiento y los detalles de apoyo para determinar la idea principal. Si está claramente expresada, es probable que la encuentres en la **oración principal**, o la primera o última oración, de un párrafo dado.

Los **detalles de apoyo** proporcionan información o datos adicionales sobre la idea principal. Esos detalles incluyen datos, estadísticas, explicaciones, elementos gráficos y descripciones.

Como sucede con otras áreas de la prueba de GED®, las preguntas sobre la idea principal y los detalles de un pasaje evaluarán tu capacidad para interpretar la información en distintos niveles de conocimiento mediante el uso de destrezas complejas de lectura y razonamiento.

❷ Practica la destreza

Al practicar la destreza de identificar la idea principal y los detalles de apoyo, mejorarás tus capacidades de estudio y evaluación, especialmente en relación con la Prueba de Estudios Sociales GED®. Lee el texto y las estrategias que aparecen a continuación. Luego responde la pregunta.

ⓐ La idea principal expresa el punto clave de un pasaje; por lo general puede encontrarse en la oración principal.

ⓑ Los detalles de apoyo proporcionan información adicional sobre la idea principal.

Fragmento traducido de Sentido común, de Thomas Paine (1776):

La juventud de las Colonias, como suele decirse, lejos de ser un argumento en contra de la independencia, es un argumento a favor de ella. Somos lo suficientemente numerosos; si fuéramos más, estaríamos menos unidos. Vale la pena observar que, cuantas más personas hay en un país, más pequeños son sus ejércitos. En números militares, los antiguos superaban holgadamente a los modernos; y la razón es evidente: como el comercio es la consecuencia de la población, los hombres fueron tan absorbidos por él que no podían ocuparse de nada más. El comercio disminuye el espíritu tanto de patriotismo como de defensa militar. Suficientes ejemplos hay en la historia de que los más valientes logros siempre se alcanzaron antes de que se formara una nación.

USAR LA LÓGICA

Una manera que tiene el escritor para agregar detalles de apoyo a una idea principal es citar ejemplos de la historia que muestren un precedente anterior para sus argumentos.

1. ¿Qué detalle apoya mejor la idea principal de que los colonos debían buscar su independencia de Gran Bretaña?

   A. "si fuéramos más, estaríamos menos unidos"
   B. "el comercio es la consecuencia de la población"
   C. "los más valientes logros siempre se alcanzaron antes de que se formara una nación"
   D. "cuantas más personas hay en un país, más pequeños son sus ejércitos"

UNIDAD 2

❸ *Aplica la destreza*

★ Ítem en foco: **COMPLETAR LOS ESPACIOS**

INSTRUCCIONES: Estudia la tabla y lee la información del pasaje. Luego escribe tu respuesta en el recuadro que aparece a continuación.

COLONIAS	NÚMERO DE FIRMANTES
Connecticut	4
Delaware	3
Georgia	3
Maryland	4
Massachusetts	5
New Hampshire	3
Nueva Jersey	5
Nueva York	4
Carolina del Norte	3
Pennsylvania	9
Rhode Island	2
Carolina del Sur	4
Virginia	7

Un total de 56 hombres provenientes de las trece colonias que representaban a Nueva Inglaterra, las Colonias Centrales y las Colonias del Sur firmaron la Declaración de Independencia. Los firmantes tenían de 26 a 70 años de edad, y entre ellos había dos futuros presidentes: John Adams y Thomas Jefferson.

2. ¿Qué dos regiones coloniales estaban igualmente representadas en la firma de la Declaración de Independencia, lo cual sugería su poder e importancia?

INSTRUCCIONES: Lee los pasajes y las preguntas. Luego elige las **mejores** respuestas.

La guerra entre Gran Bretaña y sus colonias comenzó el 19 de abril de 1775, aunque pocos norteamericanos querían separarse de Gran Bretaña. En vez de eso, la mayoría de los colonos querían obtener derechos bajo el gobierno británico. Sin embargo, a medida que la guerra se desenvolvía, muchos norteamericanos comenzaron a querer libertad económica además de libertad personal.

El 12 de abril de 1776, los delegados de Carolina del Norte votaron por la independencia y, un mes después, se sumaron los delegados de Virginia. En junio de 1776, una comisión creó un documento titulado la Declaración de Independencia, que explicaba la necesidad de la independencia.

Fragmento de la Declaración de Independencia:

Consideramos evidentes estas verdades; que todos los hombres son creados iguales; que son dotados por su Creador de ciertos derechos inalienables; que entre éstos están la vida, la libertad y la búsqueda de la felicidad; que para garantizar estos derechos se instituyen entre los hombres los gobiernos, que derivan sus poderes legítimos del consentimiento de los gobernados. Que en el momento en que una forma de gobierno se haga destructora de estos

principios, el pueblo tiene el derecho a reformarla o abolirla e instituir un nuevo gobierno que se funde en dichos principios, y a organizar sus poderes en forma que a su juicio ofrezca las mayores probabilidades de alcanzar su seguridad y felicidad.

3. ¿Los detalles del pasaje apoyan cuál de las siguientes ideas principales?

   A. Después de que se desató la guerra en 1775, los colonos querían su independencia de Gran Bretaña.
   B. Los delegados de Carolina del Norte y de Virginia no se ponían de acuerdo respecto de la independencia.
   C. Los colonos se aproximaron cautelosamente a la independencia.
   D. Virginia lideró el movimiento por la independencia.

4. ¿Cuál es la idea principal de este fragmento de la Declaración de Independencia?

   A. Todos los hombres son dotados de derechos inalienables.
   B. La vida, la libertad y la búsqueda de la felicidad son libertades importantes.
   C. El Rey Jorge III del Gran Bretaña era un tirano.
   D. Las personas tienen el derecho de poner fin a gobiernos destructivos y formar nuevos.

Categorizar

TEMAS DE ESTUDIOS SOCIALES: I.USH.a.1, I.USH.b.1, I.USH.b.4, I.CG.a.1,
I.CG.b.3, I.CG.b.8, I.CG.b.9, II.G.b.1, II.G.d.1, II.G.d.2, II.G.d.3, II.G.d.4
PRÁCTICA DE ESTUDIOS SOCIALES: SSP.1.a, SSP.2.a, SSP.2.b, SSP.3.d, SSP.6.b

UNIDAD 2

1 Aprende la destreza

Una buena manera de organizar información sobre personas, lugares, fechas y sucesos es **categorizar** la información. Categorizar significa colocar información en un grupo de ítems similares o relacionados. Por ejemplo, cuando aprendes sobre un período en particular de la historia, puedes categorizar los sucesos en grupos como sucesos políticos, sucesos militares y sucesos económicos.

Al separar la información en categorías, puedes examinar mejor en qué se parecen y en qué se diferencian las cosas. Categorizar la información también puede ayudarte a entender patrones o tendencias a lo largo de los estudios sociales. Organizar información específica en categorías más grandes puede ayudarte a ver el panorama general.

Como sucede con otras áreas de la prueba de GED®, las preguntas sobre categorizar información evaluarán tu capacidad para interpretar la información en distintos niveles de conocimiento mediante el uso de destrezas complejas de lectura y razonamiento.

2 Practica la destreza

Al practicar la destreza de categorizar, mejorarás tus capacidades de estudio y evaluación, especialmente en relación con la Prueba de Estudios Sociales GED®. Estudia la tabla y la información que aparecen a continuación. Luego responde la pregunta.

a Las dos categorías principales que se muestran en esta tabla son Federalistas y Antifederalistas. Puedes usar el contenido de la tabla para determinar si otras personas o ideas deberían categorizarse como Federalistas o Antifederalistas.

b Las tablas son herramientas útiles para categorizar información. Aquí, la información sobre estos grupos ha sido categorizada de acuerdo con los puntos de vista sobre el gobierno, sobre la Constitución de los Estados Unidos y sobre sus líderes.

FEDERALISTAS Y ANTIFEDERALISTAS

Grupo	Puntos de vista sobre el gobierno	Puntos de vista sobre la Constitución	Líder
Federalistas	Apoyaban un gobierno nacional fuerte; querían una fuerza militar grande; apoyaban el comercio y la industria por sobre la agricultura; se oponían a la esclavitud.	Apoyaban la adopción de la Constitución.	Alexander Hamilton
Antifederalistas	Querían limitar el poder del gobierno nacional; creían que los estados debían conservar tanto poder como fuera posible; favorecían la agricultura por sobre el comercio y la industria; apoyaban la esclavitud.	Se oponían a la adopción de la Constitución.	Thomas Jefferson

USAR LA LÓGICA

Al categorizar información, determina las categorías más generales en que se puede agrupar esa información. Luego, puedes seguir agrupando cada parte de la información en categorías más específicas.

1. ¿Cuál de los siguientes enunciados podría categorizarse como un punto de vista antifederalista?

  A. La Constitución debe ser ratificada lo antes posible.

  B. El gobierno nacional debe ser capaz de hacer cumplir sus propias leyes.

  C. El trabajo de los agricultores de la nación es más importante que el de sus trabajadores fabriles.

  D. Los impuestos deben aumentarse para apoyar el crecimiento industrial.

INSTRUCCIONES: Estudia la información de los fragmentos, lee cada pregunta y luego elige la **mejor** respuesta para cada pregunta.

Fragmento traducido de EL FEDERALISTA N.° 2, de John Jay:

Hasta recientemente, ha sido una opinión aceptada y no contradicha que la prosperidad del pueblo de América dependía de que éste permaneciera firmemente unido, y los deseos, las plegarias y los esfuerzos de nuestros mejores y más sabios ciudadanos han estado constantemente dirigidos hacia ese objetivo. Pero ahora aparecen políticos que insisten en que esta opinión es errónea y que, en lugar de buscar la seguridad y la felicidad en la unión, debemos buscarla en una división de los Estados en confederaciones diferenciadas o estados soberanos.

Fragmento traducido de LAS CARTAS ANTIFEDERALISTAS DEL GRANJERO FEDERAL AL REPUBLICANO:

Existen ciertos derechos inalienables y fundamentales que, al formar el contrato social, deben ser explícitamente establecidos y fijados. Un pueblo libre y cultivado, al formar este contrato, no resignará todos sus derechos a aquellos que gobiernan, y fijará límites a sus legisladores y gobernantes.

2. ¿Qué dos categorías de individuos identifica John Jay en el primer fragmento?

   A. sus partidarios y los partidarios de Alexander Hamilton
   B. personas que creen en un gobierno central fuerte y personas que creen en gobiernos estatales fuertes
   C. el pueblo de América y políticos de Gran Bretaña
   D. partidarios de milicias estatales y partidarios de un ejército nacional grande

3. ¿De qué manera puede haber categorizado el autor del segundo fragmento a algunos ciudadanos de los Estados Unidos?

   A. Formaban un grupo que no era ni libre ni cultivado.
   B. Eran personas que no poseían derechos inalienables y fundamentales.
   C. Eran individuos que apoyaban un gobierno nacional fuerte.
   D. Eran personas que querían un gobierno con poderes limitados.

INSTRUCCIONES: Estudia la información del fragmento, lee cada pregunta y luego elige la **mejor** respuesta para cada pregunta.

Georgia era la colonia más al sur y limitaba con la Florida Española. En 1739, cuando Inglaterra y España estaban en guerra, los colonos repelieron con éxito una represalia de los españoles contra la colonia. Como defensa en contra de la posibilidad de una invasión, la ciudad de Savannah, Georgia, fue fortificada. Para los tiempos de la Guerra de Independencia, Georgia continuaba siendo la colonia menos poblada, y la mayor parte de su territorio era tierra salvaje.

Después de la Guerra de Independencia, muchos estados intentaron expandir sus territorios hacia el río Mississippi. En 1785, Georgia reclamó tierras en lo que hoy es Alabama y Mississippi. España había reclamado esas tierras primero y había ordenado a los colonos de Georgia que abandonaran el lugar. En 1789, compañías de tierras le compraron a la legislatura de Georgia parte de estas tierras en disputa, lo cual complicó aun más la cuestión de la propiedad. Para entonces, España todavía reclamaba una parte de ese territorio.

4. ¿En qué categoría podrían caber mejor los futuros estados de Alabama y de Mississippi?

   A. estados federalistas
   B. colonias inglesas
   C. colonias españolas
   D. estados del sur

5. ¿Cuál de las siguientes opciones podría ser una razón por la que Georgia categorizaba a España como una amenaza?

   A. Georgia era la colonia menos poblada en los tiempos de la Guerra de Independencia.
   B. La mayor parte del territorio de Georgia era tierra salvaje.
   C. Las fuerzas británicas y las españolas estaban en guerra por el territorio de Georgia.
   D. Georgia limitaba con Florida y previamente había sido atacada por los españoles.

6. ¿En qué categoría de relaciones exteriores cabe mejor la información del fragmento?

   A. españolas-estadounidenses
   B. inglesas-españolas
   C. inglesas-estadounidenses
   D. Georgia-Florida

Ordenar

TEMAS DE ESTUDIOS SOCIALES: I.USH.b.2, I.USH.b.6, I.USH.b.7, II.G.c.1, II.G.c.2, II.G.d.1, II.G.d.2, II.G.d.3, II.G.d.4
PRÁCTICA DE ESTUDIOS SOCIALES: SSP.1.a, SSP.1.b, SSP.2.b, SSP.3.a, SSP.3.b, SSP.3.c, SSP.6.b

1 Aprende la destreza

Al **ordenar** sucesos, los colocas en un orden, generalmente cronológico (del más antiguo al más reciente). Al comprender el orden en que ocurren los sucesos, puedes examinar cómo un suceso lleva a otro y produce un resultado determinado. La capacidad de ordenar sucesos te permite además reconocer cómo un suceso pasado puede afectar uno actual, lo cual podría llevar a un resultado futuro. De esta manera, **ordenar sucesos** puede ayudarte a hacer predicciones sobre resultados futuros.

Como sucede con otras áreas de la prueba de GED®, las preguntas sobre ordenar sucesos evaluarán tu capacidad para interpretar la información en distintos niveles de conocimiento mediante el uso de destrezas complejas de lectura y razonamiento.

2 Practica la destreza

Al practicar la destreza de ordenar, mejorarás tus capacidades de estudio y evaluación, especialmente en relación con la Prueba de Estudios Sociales GED®. Estudia el fragmento y las estrategias que aparecen a continuación. Luego responde la pregunta.

a El suceso final o resultado de una secuencia de sucesos a veces se describe al principio de un fragmento.

b Palabras como *primero, siguiente, posteriormente, finalmente* y otras similares dan pistas acerca del orden en que ocurren los sucesos. Las fechas también aportan pistas respecto de una secuencia.

a Hacia la década de 1840, solo un número muy pequeño de indígenas norteamericanos permanecía en el sur de los Estados Unidos, entre el océano Atlántico y el río Mississippi. La remoción de los indígenas norteamericanos de esta área se dio en gran parte a través de una serie de tratados y leyes impulsadas por el presidente Andrew Jackson. Después de asumir su cargo en 1829, Jackson instó al Congreso a aprobar la Ley de Remoción de los Indígenas de 1830. Esto le permitió a Jackson ofrecer a los indígenas norteamericanos territorios en el oeste a cambio de que abandonaran sus tierras natales en el este. Jackson también firmó numerosos tratados de remoción que obligaban a los indígenas norteamericanos a dejar su tierra natal.

Uno de estos grupos, la Nación cherokee, cuestionó políticas del gobierno en Georgia que limitaban sus libertades. La Corte Suprema dictaminó en 1832 que los grupos de indígenas norteamericanos no estaban sujetos a las leyes estatales.

b Posteriormente, Jackson negoció su propio tratado de remoción con un cacique cherokee. El Congreso aprobó el tratado en 1835. Cuando muchos cherokees se resistieron a abandonar sus tierras, Jackson ordenó una represalia militar.

b Finalmente, en 1838, las tropas de los Estados Unidos exigieron la salida de los cherokee hacia el Territorio Indígena a lo largo de un camino que se conoció como el Sendero de Lágrimas.

HACER SUPOSICIONES

Puedes suponer que la información histórica se presenta en orden cronológico. Sin embargo, también puede organizarse por temas, como Conflictos de los indígenas norteamericanos.

1. ¿Cuál de los siguientes sucesos ocurrió inmediatamente después de que Jackson asumiera como presidente?

   A. Jackson negoció un tratado de remoción con los cherokee.
   B. Los cherokee cuestionaron las políticas del gobierno que limitaban sus libertades.
   C. El Congreso aprobó la Ley de Remoción de los Indígenas de 1830.
   D. Las tropas de los Estados Unidos exigieron la salida de los cherokee a lo largo del Sendero de Lágrimas.

INSTRUCCIONES: Estudia la información que se presenta en el fragmento, el organizador gráfico y las preguntas. Luego elige la **mejor** respuesta para cada pregunta.

La Guerra de 1812 comenzó tras un largo período de crecientes tensiones entre Gran Bretaña y los Estados Unidos. Las tensiones se intensificaron cuando las fuerzas británicas interrumpieron el paso de embarcaciones estadounidenses que transportaban artículos hacia Europa. Sin embargo, otra causa importante del conflicto fue el deseo de los estadounidenses de obtener más tierras a lo largo de la frontera. Muchos colonos sospechaban que los británicos apoyaban a los indígenas norteamericanos en los conflictos que estos tenían con los colonos. Después de la Batalla de Tippecanoe en 1811, los colonos se volvieron más que ansiosos por expulsar del área a los británicos.

LA GUERRA DE 1812

Las fuerzas estadounidenses pierden una de las primeras batallas en Detroit.

↓

Oliver Hazard Perry lidera la victoria naval estadounidense en el Lago Erie.

↓

Tecumseh es asesinado durante la Batalla de Thames.

↓

Los británicos atacan Washington, D.C.; queman el Capitolio y la Casa Blanca.

↓

Las negociaciones de paz conducen al Tratado de Gante, lo cual pone fin a la guerra.

2. ¿Qué suceso precedió a la Guerra de 1812?

   A. la Batalla de Thames
   B. la Batalla de Tippecanoe
   C. el ataque británico a Washington, D.C.
   D. el Tratado de Gante

3. ¿Cuál de los siguientes sucesos debería colocarse según la lógica en el último lugar del organizador gráfico que muestra la secuencia de sucesos de la Guerra de 1812?

   A. Gran Bretaña cedió Canadá a los Estados Unidos.
   B. Los británicos derrotaron a las fuerzas de Andrew Jackson en la Batalla de Nueva Orleans.
   C. Los Estados Unidos se convirtieron en la nación más poderosa del mundo.
   D. El nacionalismo comenzó a crecer en los Estados Unidos.

INSTRUCCIONES: Estudia la información del fragmento, lee las preguntas y luego elige la **mejor** respuesta para cada pregunta.

Después de la Guerra de 1812, los estadounidenses tenían especial interés por las tierras del Oeste. Grandes áreas de tierras, aparte de las tierras de la Compra de Louisiana que fue agregada a los Estados Unidos en 1803, aún pertenecían a otros países. Gran Bretaña reclamaba el Territorio de Oregón; México reclamaba el del Suroeste y Texas. Muchos estadounidenses creían que todos estos territorios debían ser parte de los Estados Unidos.

Esta creencia intensificó el creciente sentimiento estadounidense de orgullo nacional, que apoyaba la idea conocida como Destino manifiesto. El Destino manifiesto significaba que los Estados Unidos tenían la obligación de llevar la democracia y el progreso al hemisferio occidental. Muchos estadounidenses creían que la mejor manera de lograr el Destino manifiesto era expandir el territorio de los Estados Unidos.

4. ¿Cuál de las siguientes situaciones sigue una secuencia correcta de sucesos?

   A. Destino manifiesto, Compra de Louisiana, Guerra de Independencia
   B. Guerra de Independencia, Compra de Louisiana, Guerra de 1812, Destino manifiesto
   C. Guerra de Independencia, Destino manifiesto, Guerra de 1812, Compra de Louisiana
   D. Destino manifiesto, Ley de Remoción de los Indígenas, Compra de Louisiana, Guerra de 1812

5. ¿Qué suceso podría seguir al sentimiento de orgullo nacional que los estadounidenses experimentaron después de la Guerra de 1812?

   A. Gran Bretaña y los Estados Unidos reclaman propiedad conjunta del Territorio de Oregón.
   B. Tiene lugar la Guerra contra la Alianza Franco-Indígena.
   C. Se experimenta un largo período de paz en toda la joven nación.
   D. Tiene lugar la Guerra de Secesión.

UNIDAD 2

Causa y efecto

① Aprende la destreza

TEMAS DE ESTUDIOS SOCIALES: I.USH.c.1, I.USH.c.2, II.G.b.1, II.G.b.3, II.G.b.4, II.G.b.5, II.G.c.1, II.G.c.2, II.G.d.3, I.E.a, I.CG.b.8, I.CG.d.2
PRÁCTICA DE ESTUDIOS SOCIALES: SSP.1.a, SSP.1.b, SSP.2.a, SSP.2.b, SSP.3.a, SSP.4.a, SSP.5.a, SSP.5.d

Una **causa** es una acción o un acontecimiento que hace que otro suceso ocurra. A veces, las causas están expresadas de manera directa en un texto. Otras veces, sin embargo, los autores pueden expresar de manera implícita las causas de ciertos sucesos o acontecimientos. Un **efecto** es algo que sucede como resultado de una causa. Sin la causa, el efecto resultante podría nunca haber ocurrido. Una única causa a menudo produce más de un efecto. De manera similar, pueden reunirse múltiples causas y provocar un único efecto. Al **identificar causas y efectos** en los textos de estudios sociales, puedes comprender mejor las conexiones entre los sucesos y comprender más profundamente lo que lees.

Como sucede con otras áreas de la prueba de GED®, entender causas y efectos evaluará tu capacidad para interpretar la información en distintos niveles de conocimiento mediante el uso de destrezas complejas de lectura y razonamiento.

② Practica la destreza

Al practicar la destreza de identificar causas y efectos, mejorarás tus capacidades de estudio y evaluación, especialmente en relación con la Prueba de Estudios Sociales GED®. Estudia el fragmento y las estrategias que aparecen a continuación. Luego responde la pregunta.

Durante los tiempos de la Guerra de Independencia, los estados del Norte y del Sur estaban unidos tras el objetivo común de obtener la independencia de Gran Bretaña. Sin embargo, a medida que el tiempo pasaba, las diferencias entre las dos regiones se agudizaban.

A principios del siglo XIX, el Sur continuaba siendo principalmente agricultor. La economía del Sur se centraba en las plantaciones y en el uso de trabajadores africanos esclavizados.

ⓐ Observa cómo el autor usa palabras y frases que indican causa y efecto, como *por otro lado*.

ⓐ La economía del Norte, por otro lado, presentaba sectores comerciales e industriales en crecimiento además de la agricultura.

ⓑ Estas diferencias causaban fricciones económicas e ideológicas entre el Norte y el Sur. Emergieron disputas sobre los derechos de los estados al tiempo que surgían preguntas sobre la moralidad y la legalidad de la esclavitud en los territorios de los Estados Unidos.

ⓑ Aquí, el autor afirma directamente que un suceso causó otro suceso.

USAR LA LÓGICA

Otras palabras y frases clave son *causó, afectó, llevó a* y *como resultado de*. Para confirmar una relación de causa y efecto, replantea los sucesos así: *"A" causó "B"*.

1. ¿Cuál es un efecto de las diferencias regionales que surgieron entre el Norte y el Sur durante la primera mitad del siglo XIX?

   A. Los estados del Norte apoyaban fuertemente los derechos de los estados.
   B. El Sur comenzó a usar el trabajo de personas esclavizadas.
   C. La economía del Norte se diversificaba cada vez más.
   D. Los agricultores del Norte comenzaron a establecer plantaciones.

UNIDAD 2

Ítem en foco: **COMPLETAR LOS ESPACIOS**

INSTRUCCIONES: Estudia el fragmento, lee las preguntas y luego escribe la respuesta para cada pregunta en los recuadros que aparecen a continuación.

Muchas personas aún debaten por qué los estadounidenses pelearon la Guerra de Secesión. Algunos historiadores afirman que la guerra fue sobre los derechos de los estados, mientras que otros creen que fue por la esclavitud. Sin embargo, no hubo ninguna confusión cuando el Sur bombardeó el Fuerte Sumter del Norte en 1861. El vicepresidente de los Estados Confederados, Alexander Stephens, dio su famoso "Discurso de la piedra angular" en marzo de 1861, poco antes del comienzo de la guerra.

Fragmento traducido del DISCURSO DE LA PIEDRA ANGULAR, de Alexander Stephen:

La nueva constitución ha dejado de lado, para siempre, todas las preguntas inquietantes relacionadas con nuestra particular institución de la esclavitud africana, pues existe entre nosotros el estatus del negro en nuestra forma de civilización. Esta fue la causa inmediata de la reciente ruptura y actual revolución.

Jefferson ya había anticipado esto al decir "la piedra sobre la que la vieja Unión se partiría". Él tenía razón. Lo que fue una conjetura para él es ahora un hecho. Pero si él realmente entendía la gran verdad sobre la que se apoyaba y se apoya esa roca puede ponerse en duda. Las ideas preponderantes que él y la mayoría de los líderes de estado contemplaban en la época de la formación de la vieja constitución eran que la esclavización de los africanos violaba las leyes de la naturaleza y que estaban mal en cuanto a principios, socialmente, moralmente y políticamente. Era un mal que ellos no sabían bien cómo tratar, pero la opinión general de los hombres de esa época era que, de alguna manera u otra, por orden de la Providencia, la institución se desvanecería y desaparecería. Esta idea, aunque no fue incorporada en la constitución, era la idea que predominaba en esa época. La Constitución, es cierto, aseguraba cada garantía esencial a la institución mientras esta durara y, por consiguiente, no se puede dirimir justamente ningún argumento contra las garantías constitucionales así aseguradas, apoyándose en el sentimiento general de la época. Sin embargo, esas ideas eran fundamentalmente

erróneas. Se apoyaban en la suposición de la igualdad de las razas. Esto era un error. Era un fundamento endeble, y el gobierno que se construyó sobre él se derrumbó cuando "llegó la tormenta y el viento sopló".

Nuestro nuevo gobierno está fundado sobre la idea exactamente opuesta; su fundamento, su "piedra angular", se apoya sobre la gran verdad de que el negro no es igual al hombre blanco; de que la subordinación de la esclavitud a la raza superior es su natural y normal condición. Este, nuestro nuevo gobierno, es el primero en la historia del mundo basado sobre esta gran verdad física, filosófica y moral. Esta verdad se ha desarrollado lentamente, como todas las demás verdades científicas. Ha sido así incluso entre nosotros.

2. ¿A qué se refería el presidente Thomas Jefferson cuando dijo: "la piedra sobre la que la vieja Unión se partiría"?

[ ]

3. Stephens afirma que Jefferson y otros antepasados norteamericanos creían que la esclavitud dejaría de existir porque

[ ].

4. La [ ],

según Stephens, garantiza que la esclavitud continuará existiendo.

5. La institución de la esclavitud, afirma Stephens, es una condición natural y normal porque el hombre blanco y las razas africanas son

[ ].

Interpretar líneas cronológicas

TEMAS DE ESTUDIOS SOCIALES: I.USH.c.3, I.USH.d.1, I.USH.d.2, I.USH.d.4,
I.USH.d.5, I.CG.b.8, I.CG.c.5, I.CG.d.2
PRÁCTICA DE ESTUDIOS SOCIALES: SSP.1.b, SSP.2.a, SSP.2.b, SSP.3.b, SSP.4.a,
SSP.6.b

1 Aprende la destreza

La capacidad de **interpretar líneas cronológicas** es una herramienta especialmente valiosa cuando se estudia historia. Las líneas cronológicas presentan secuencias de sucesos de forma visual. Visualizar sucesos de esta manera no solo te permite determinar el orden en que ocurren los sucesos, sino también los intervalos que se dan entre estos sucesos. Como las líneas cronológicas muestran sucesos clave en secuencia, es posible identificar tendencias históricas que conectan esos sucesos.

Como sucede con otras áreas de la prueba de GED®, las preguntas sobre interpretar líneas cronológicas evaluarán tu capacidad para interpretar la información en distintos niveles de conocimiento mediante el uso de destrezas complejas de lectura y razonamiento.

2 Practica la destreza

Al practicar la destreza de interpretar líneas cronológicas, mejorarás tus capacidades de estudio y evaluación, especialmente en relación con la Prueba de Estudios Sociales GED®. Estudia la información y la línea cronológica que aparecen a continuación. Luego responde la pregunta.

a Las fechas de referencia en una línea cronológica muestran los intervalos equivalentes entre los que se divide el período completo de tiempo de la línea cronológica. En este caso, la línea cronológica muestra el período de 1890 a 1920 dividido en intervalos de cinco años.

b Esta línea cronológica ilustra algunos de los sucesos históricos que tuvieron lugar durante los años que llevaron a la ratificación de la Decimonovena Enmienda, que otorgaba a las mujeres de los Estados Unidos el derecho al voto.

b FECHAS CLAVE EN LA LUCHA POR EL VOTO FEMENINO

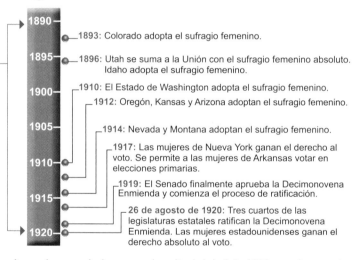

- **1893:** Colorado adopta el sufragio femenino.
- **1896:** Utah se suma a la Unión con el sufragio femenino absoluto. Idaho adopta el sufragio femenino.
- **1910:** El Estado de Washington adopta el sufragio femenino.
- **1912:** Oregón, Kansas y Arizona adoptan el sufragio femenino.
- **1914:** Nevada y Montana adoptan el sufragio femenino.
- **1917:** Las mujeres de Nueva York ganan el derecho al voto. Se permite a las mujeres de Arkansas votar en elecciones primarias.
- **1919:** El Senado finalmente aprueba la Decimonovena Enmienda y comienza el proceso de ratificación.
- **26 de agosto de 1920:** Tres cuartos de las legislaturas estatales ratifican la Decimonovena Enmienda. Las mujeres estadounidenses ganan el derecho absoluto al voto.

A comienzos de la segunda mitad del siglo XIX, muchas mujeres en los Estados Unidos trabajaban con el objetivo de obtener el derecho al voto. Organizaciones como la Asociación Nacional por el Sufragio Femenino y la Asociación Estadounidense por el Sufragio Femenino trabajaron para ganar este derecho a través de una enmienda de la Constitución Nacional y a través de enmiendas de las constituciones de los distintos estados. Susan B. Anthony (1820–1906) fue líder de la Asociación Nacional por el Sufragio Femenino. Después de que un número de estados otorgaran el derecho al voto, las mujeres comenzaron a usar su nuevo derecho para presionar por una enmienda nacional. En 1920, la Decimonovena Enmienda otorgó a las mujeres de todos los Estados Unidos el derecho al voto.

USAR LA LÓGICA

Las líneas cronológicas suelen mostrar una tendencia en los sucesos. Al repasar cada suceso y los sucesos que ocurrieron antes y después de cada uno, deberías poder ver la tendencia.

1. ¿Cuál de las siguientes inferencias puedes hacer sobre Susan B. Anthony?

   A. Votó en las elecciones presidenciales de 1920.
   B. Se opuso a las enmiendas contra la esclavitud y el movimiento antialcohólico.
   C. Viajó y dio conferencias sobre la importancia del sufragio femenino.
   D. Vivió en uno de los primeros estados en adoptar el sufragio femenino.

★ Ítem en foco: COMPLETAR LOS ESPACIOS

INSTRUCCIONES: Lee la información del fragmento y de la línea cronológica. Luego, lee cada pregunta y escribe tu respuesta en el recuadro que aparece a continuación.

FECHAS IMPORTANTES EN LOS ESTADOS UNIDOS DEL PERÍODO DE JIM CROW

Tras la Guerra de Secesión, la mayoría de los estados del Sur, así como otros estados fronterizos, aprobaron leyes que negaban derechos humanos básicos a los recientemente liberados afroamericanos. Un trovador blanco, popularmente conocido como Jim Crow, usaba una máscara negra y parodiaba las características de los afroamericanos. El mote "Jim Crow" llegó a comprender leyes, costumbres y comportamientos que los blancos mostraban cuando segregaban y degradaban a los afroamericanos.

Las leyes y prácticas de Jim Crow representaban la sesgada jerarquía racial que predominó durante las décadas posteriores a la Guerra de Secesión, con las personas blancas en la parte superior y los afroamericanos en la parte inferior.

Por ejemplo, durante el período de Jim Crow, se esperaba que una persona afroamericana se pasara de un asiento de la parte de adelante de un tren o un autobús a un asiento en la parte de atrás cuando subía una persona blanca. Era común que las fuentes para beber agua estuvieran separadas. Los partidarios de Jim Crow y de la segregación racial creían que si las dos razas compartían las instalaciones públicas, eso podría fomentar la igualdad social y temían que esto llevara a la destrucción de la cultura estadounidense.

Durante esta época, también era común que se separaran los hospitales, las prisiones, las iglesias, los cementerios, las escuelas públicas y privadas, los baños públicos y otras instalaciones públicas. Generalmente, las instalaciones para los afroamericanos eran bastante inferiores en calidad, y se encontraban en ubicaciones menos convenientes, eran más viejas, más pequeñas y más sucias. En muchos lugares, simplemente no había instalaciones disponibles para los afroamericanos, ni siquiera lugares para comer o sentarse, ni baños públicos.

2. Los afroamericanos de todos los estados obtuvieron el derecho al voto [   ] años después de que la Guerra de Secesión terminara.

3. El año [   ] fue notable por las prácticas de segregación racial en el gobierno de los Estados Unidos.

4. Los ciudadanos blancos que practicaban la segregación racial durante el período de Jim Crow no querían [   ] entre las razas.

5. El caso [   ] de la Corte Suprema aseguró mantener las instalaciones públicas iguales pero separadas entre las razas.

UNIDAD 2

INSTRUCCIONES: Estudia la información del fragmento y del mapa, lee las preguntas y luego elige la **mejor** respuesta para cada pregunta.

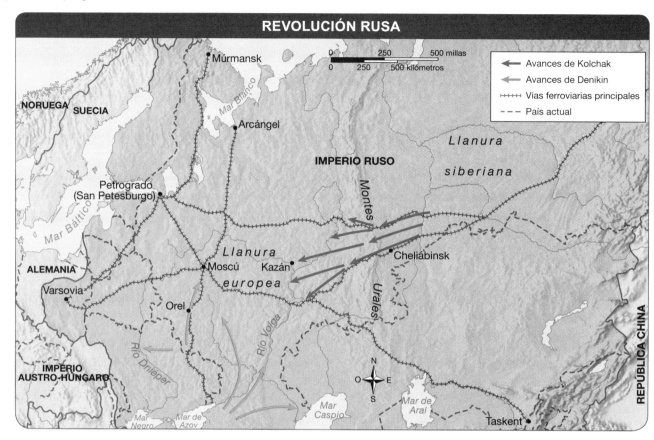

En 1917, durante las últimas etapas de la Primera Guerra Mundial, el conflicto social y económico llevó a la sociedad rusa a la crisis. En febrero de 1917, el zar Nicolás II abandonó el poder y un gobierno provisional asumió en su lugar. En octubre, los bolcheviques, liderados por Vladimir Lenin, derrocaron al gobierno provisional. Durante los dos años siguientes, Lenin y León Trotsky ayudaron a fortalecer el Ejército Rojo Bolchevique Ruso. En el bando opuesto del Ejército Rojo estaba el Ejército Blanco, liderado por generales como el almirante Kolchak y el general Denikin. El Ejército Blanco tuvo victorias militares sobre el Ejército Rojo en 1918 y a principios de 1919. Kolchak movió sus tropas a través de los Urales hacia Moscú y Denikin lo hizo desde el sur.

Sin embargo, la Guerra Civil Rusa comenzó a inclinarse en favor del Ejército Rojo durante el verano de 1919. El Ejército Rojo, a diferencia del Ejército Blanco, contaba con líneas sólidas de comunicación interna y un claro liderazgo. En última instancia, el Ejército Rojo sostuvo la creación del primer estado comunista del mundo, que finalmente se convirtió en la Unión de Repúblicas Socialistas Soviéticas (URSS). En las décadas posteriores, la URSS apoyó la extensión del comunismo alrededor del mundo. Los Estados Unidos veían al comunismo como una amenaza política e ideológica. Estas diferencias políticas prepararon el terreno para la Guerra Fría entre la Unión Soviética y los Estados Unidos.

1. ¿A qué se oponían los Estados Unidos en el período que siguió a la Revolución Rusa?

    A. al levantamiento del Ejército Rojo
    B. a la formación de la URSS
    C. a la derrota del Ejército Blanco
    D. a la extensión del comunismo

2. ¿Cuál fue un efecto de la Revolución Rusa sobre los Estados Unidos?

    A. la Primera Guerra Mundial
    B. la Guerra Civil
    C. la Guerra Fría
    D. la Segunda Guerra Mundial

INSTRUCCIONES: Estudia la tabla, lee las preguntas y luego elige la **mejor** respuesta para cada pregunta.

CENSO DE LOS ESTADOS UNIDOS, 1890: ORIGEN DE LOS CIUDADANOS INMIGRANTES

Norte de Europa	Oeste de Europa	Sur de Europa	Este de Europa
1. Irlanda: 1,871,509	1. Alemania: 2,784,894	1. Italia: 182,580	1. Rusia: 182,644
2. Inglaterra: 908,141	2. Austria: 123,271	2. Portugal: 15,996	2. Polonia: 147,440
3. Escocia: 242,231	3. Francia: 113,174	3. Islas Azores: 9,739	3. Checoslovaquia: 118,106
4. Gales: 100,079	4. Países Bajos: 107,349	4. España: 6,185	4. Hungría: 62,435
5. Escandinavia: 933,249	5. Suiza: 104,069	5. Grecia: 1,887	5. Turquía en Europa: 1,839
Total de las 5 áreas principales de la región: 4,055,209	3,232,757	216,387	512,464

3. Para 1890, ¿el mayor número de inmigrantes europeos habían llegado a los EE. UU. desde qué región europea?

   A. Norte
   B. Oeste
   C. Sur
   D. Este

4. Después de 1890, hubo un cambio en términos de región en la inmigración europea hacia los EE. UU. ¿Qué región europea con el menor número de inmigrantes para 1890 probablemente vio un aumento?

   A. Norte
   B. Oeste
   C. Sur
   D. Este

INSTRUCCIONES: Estudia la tabla y el fragmento, lee las preguntas y luego elige la **mejor** respuesta para cada pregunta.

MIEMBROS PERMANENTES DEL CONSEJO DE LA SOCIEDAD DE LAS NACIONES

Gran Bretaña
Francia
Italia
Japón
Alemania
URSS

La Sociedad de las Naciones fue una organización internacional que se estableció después de la Primera Guerra Mundial. Creada como parte del tratado de paz que puso fin a la guerra, el propósito de la Sociedad era preservar la paz internacional y evitar el estallido de futuros conflictos. El presidente de los Estados Unidos, Woodrow Wilson, era un ferviente defensor de la Sociedad de las Naciones. Sin embargo, muchos miembros del Congreso se opusieron a la idea de que los Estados Unidos se unieran a la organización. La Sociedad de las Naciones se esforzó por alcanzar sus objetivos mediante la protección de sus países miembro permanentes y de sus fronteras en contra de las naciones agresoras, el establecimiento de un tribunal mundial y el desarme.

5. ¿Qué inferencia puedes hacer a partir de la información del fragmento y de la tabla?

   A. La Sociedad de las Naciones permitía que solo las Naciones Aliadas y los países neutrales se unieran a la organización.
   B. Los Estados Unidos nunca se unieron a la Sociedad de las Naciones.
   C. El Consejo de la Sociedad de las Naciones incluía solo seis miembros permanentes.
   D. Woodrow Wilson se desempeñó como miembro del Tribunal de la Sociedad de las Naciones.

6. ¿Qué se puede inferir acerca del éxito a largo plazo de la Sociedad de las Naciones?

   A. Detuvo las invasiones por parte de naciones agresoras por más de 50 años.
   B. Las naciones miembro del Consejo gozaron de relaciones pacíficas durante muchas décadas.
   C. La Sociedad pasó a ser controlada por el Congreso de los Estados Unidos.
   D. No logró la paz protegiendo a sus miembros de naciones agresoras.

INSTRUCCIONES: Lee el fragmento y las preguntas, y luego elige la **mejor** respuesta para cada pregunta.

El primer ministro italiano Benito Mussolini coescribió el siguiente fragmento sobre el fascismo en 1932 como parte de una entrada de enciclopedia:

Para el fascismo, el crecimiento del imperio, es decir, la expansión de la nación, es una manifestación esencial de vitalidad y su opuesto es una señal de decadencia. Los pueblos que se levantan, o que se levantan de nuevo después de un período de decadencia, son siempre imperialistas, y el renunciamiento es una señal de deterioro y muerte. El fascismo es la doctrina que mejor se adapta para representar las tendencias y aspiraciones de un pueblo, como el pueblo de Italia, que se levanta de nuevo después de muchos siglos de humillación y servidumbre a manos de naciones extranjeras [...] porque nunca antes ha sido tan necesario para la nación tener autoridad, dirección y orden. Si cada época tiene su doctrina que la caracteriza, existen miles de señales que apuntan al fascismo como la doctrina que caracteriza a nuestra época.

7. ¿Cuál de las siguientes opciones es la idea principal que transmiten Mussolini y Gentile?

   A. Italia necesita levantarse de nuevo como una potencia mundial.
   B. El fascismo es el origen de siglos de humillación y servidumbre de Italia a manos de naciones extranjeras.
   C. La doctrina del fascismo es igual a la decadencia.
   D. La doctrina del fascismo es clave para que Italia se levante de nuevo como una nación fuerte.

8. Además del fascismo, ¿qué otra forma totalitaria de gobierno tuvo un rol clave en los sucesos de la Segunda Guerra Mundial?

   A. el federalismo
   B. el socialismo
   C. la democracia
   D. el nazismo

9. ¿Cuál de las siguientes opciones representa un error de razonamiento que comete Mussolini en este fragmento?

   A. Apela a las creencias de su público.
   B. Hace afirmaciones absolutas y universales.
   C. Se concentra en el pueblo de Italia.
   D. Define terminología.

INSTRUCCIONES: Estudia la tabla y el fragmento, lee la pregunta y luego elige la **mejor** respuesta.

17 TERRITORIOS SIN GOBIERNO PROPIO, 2013

TERRITORIO	Administración	Población
ÁFRICA: Sahara Occidental	en disputa	531,000
ATLÁNTICO Y CARIBE: Anguila	Reino Unido	15,500
ATLÁNTICO Y CARIBE: Islas Bermudas	Reino Unido	62,000
ATLÁNTICO Y CARIBE: Islas Vírgenes Británicas	Reino Unido	28,103
ATLÁNTICO Y CARIBE: Islas Caimán	Reino Unido	55,500
ATLÁNTICO Y CARIBE: Islas Falkland (Malvinas)	Reino Unido	2,500
ATLÁNTICO Y CARIBE: Isla de Montserrat	Reino Unido	5,000
ATLÁNTICO Y CARIBE: Santa Helena	Reino Unido	5,396
ATLÁNTICO Y CARIBE: Islas Turcas y Caicos	Reino Unido	31,458
ATLÁNTICO Y CARIBE: Islas Vírgenes Estadounidenses	Estados Unidos	106,405
EUROPA: Gibraltar	Reino Unido	29,752
ASIA Y PACÍFICO: Samoa Americana	Estados Unidos	55,519
ASIA Y PACÍFICO: Guam	Estados Unidos	159,358
ASIA Y PACÍFICO: Nueva Caledonia	Francia	252,000
ASIA Y PACÍFICO: Polinesia Francesa	Francia	271,000
ASIA Y PACÍFICO: Las Islas Pitcairn	Reino Unido	50
ASIA Y PACÍFICO: Tokelau	Nueva Zelanda	1,411

De un.org, 2013

Cuando se fundaron las Naciones Unidas en 1945, aproximadamente un tercio de la población mundial vivía en territorios coloniales. En la actualidad, menos de dos millones de personas viven bajo regímenes coloniales en los 17 territorios que aún no tienen un gobierno propio.

10. ¿Qué administrador gobierna el mayor número de las 17 colonias que aún no tienen un gobierno propio?

    A. el Reino Unido
    B. los Estados Unidos
    C. Francia
    D. Nueva Zelanda

INSTRUCCIONES: Estudia la tabla y el fragmento, lee las preguntas y luego escribe tus respuestas en los recuadros que aparecen a continuación.

VÍCTIMAS DEL HOLOCAUSTO

Región	# de muertos	Región	# de muertos
África	526	Hungría	305,000
Albania	200	Italia	8,000
Austria	65,000	Letonia	85,000
Bélgica	24,387	Lituania	135,000
Checoslovaquia	277,000	Luxemburgo	700
Dinamarca	77	Holanda	106,000
Estonia	4,000	Noruega	728
Francia	83,000	Polonia	3,001,000
Alemania	160,000	Rumania	364,632
Grecia	71,301	Unión Soviética	1,500,000
Yugoslavia	67,122	TOTAL: 6,258,673	

El Partido Nazi llegó al poder en Alemania en marzo de 1933 y Adolf Hitler fue dictador de Alemania. Los nazis fueron eficientes en culpar al pueblo judío por el desastre económico de Alemania después de la Primera Guerra Mundial. Este sentimiento antisemita y el poder absoluto de Hitler le permitieron llevar a cabo lo que él llamó la "solución final".

Con las victorias alemanas al principio de la Segunda Guerra Mundial, los judíos quedaron atrapados en Europa. En 1941, unidades asesinas nazis arrasaron la Unión Soviética y mataron a más de un millón de judíos. En 1942, se construyeron campos de concentración y exterminio por toda Europa a lo largo de las vías ferroviarias principales. Los nazis ejecutaron y cremaron de manera sistemática a otros 3.5 millones de judíos. Finalmente, más de seis millones de judíos murieron a manos de los nazis.

11. Después de Polonia y la Unión Soviética, ¿qué región tuvo el mayor número de víctimas del Holocausto?

12. De acuerdo con la información, ¿cómo transportaban los nazis a los judíos hacia los campos?

13. ¿De qué manera categorizaba Adolf Hitler su exterminación sistemática del pueblo judío?

INSTRUCCIONES: Estudia el mapa y el fragmento, lee las preguntas y luego escribe tus respuestas en los recuadros que aparecen a continuación.

CAMPOS DE INTERNACIÓN DE JAPONESES

En febrero de 1942, el presidente Franklin D. Roosevelt ordenó que todos los estadounidenses de ascendencia japonesa fueran llevados a campos de internación. La decisión de Roosevelt se basó en temor al espionaje, racismo entre los estadounidenses y preocupación por la seguridad nacional. Esta acción se llevó a cabo tan solo dos meses después de que los japoneses bombardearan Pearl Harbor el 7 de diciembre de 1941, lo cual obligó a los Estados Unidos a entrar oficialmente en la Segunda Guerra Mundial. Más de 120,000 ciudadanos estadounidenses, muchos de los cuales habían nacido en los Estados Unidos y nunca habían estado en Japón, fueron enviados a uno de los diez campos de tipo militar ubicados en siete estados.

14. ¿El temor a qué actividad usó el presidente Roosevelt para justificar sus acciones de febrero de 1942?

15. Según la ubicación de los campos que se muestran en el mapa, ¿en qué parte de los Estados Unidos inferirías que vivía la mayoría de los estadounidenses de ascendencia japonesa en 1942?

16. ¿Qué problema, que aún preocupa a los Estados Unidos en la actualidad, motivó la protesta histérica que apoyaba la internación?

INSTRUCCIONES: Estudia la información de la tabla y del fragmento, lee las preguntas y luego elige la **mejor** respuesta para cada pregunta.

LA LEY *GI BILL*

Causa
Los veteranos de guerra que regresaban a los EE. UU. de la Segunda Guerra Mundial enfrentaban el desempleo, la baja educación y la pobreza.

Efecto
El 22 de junio de 1944, el presidente Franklin D. Roosevelt firmó la ley *GI Bill*, que fue administrada por la Administración de Veteranos de Guerra (VA, por sus siglas, en inglés) para ayudar a los veteranos a reinsertarse en la sociedad. La ley establecía: • pagos de 20 dólares semanales. • fondos libres de impuestos para educación universitaria. • préstamos para viviendas, granjas o empresas.

La ley *GI Bill* ha sido proclamada como una de las leyes más importantes producidas por el gobierno federal, ya que tuvo impacto social, económico y político sobre los Estados Unidos.

17. ¿Cuál de las siguientes opciones es la causa principal para la aprobación de la ley *GI Bill*?

   A. Franklin D. Roosevelt fue responsable de que los Estados Unidos entraran en la Segunda Guerra Mundial.
   B. Los veteranos desempleados necesitaban educación, capacitación y asistencia habitacional.
   C. La Administración de Veteranos de Guerra necesitaba sumar trabajadores a su fuerza laboral.
   D. Las universidades no contaban con números suficientes de estudiantes.

18. ¿Cuál de las siguientes opciones es el efecto más importante de la ley *GI Bill* para los veteranos de guerra?

   A. Se creó la Administración de Veteranos.
   B. Los veteranos de guerra recibieron beneficios fiscales.
   C. Los veteranos de guerra recibieron beneficios referentes a la educación, al trabajo y a la vivienda.
   D. Franklin D. Roosevelt fue reelecto como presidente.

INSTRUCCIONES: Estudia la información de la línea cronológica, lee la pregunta y luego elige la **mejor** respuesta.

LA GUERRA FRÍA (1947–1989)

1945

1946–1947: Los Estados Unidos adoptan una política de contención para combatir a la Unión Soviética en la Guerra Fría

1950

1947: El Plan Marshall sienta las bases de un programa integral para reconstruir Europa en un esfuerzo para combatir la propagación del comunismo

1955

1950: Los Estados Unidos proporcionan ayuda militar a Corea del Sur para combatir a las fuerzas comunistas en el Norte

1960

1955: Los Estados Unidos proporcionan ayuda militar a Vietnam del Sur para combatir a las fuerzas comunistas en el Norte

1965

1961: Conflicto entre los Estados Unidos y Cuba/Unión Soviética por la colocación de misiles que amenazan con iniciar un intercambio nuclear

1970

1975

1980

1985

1990

1989: Cae el Muro de Berlín, símbolo de la división política de Europa

19. Durante la Guerra Fría, ¿cómo intentaron los Estados Unidos contener al comunismo?

   A. Permitieron a la Unión Soviética colocar misiles en Cuba.
   B. Se opusieron al derrumbamiento del Muro de Berlín.
   C. Adoptaron políticas para apartarse de Europa y Asia.
   D. Brindaron ayuda para la reconstrucción europea y para los conflictos militares orientales.

UNIDAD 2

INSTRUCCIONES: Lee el fragmento y las preguntas, y luego elige la **mejor** respuesta para cada pregunta.

Las pérdidas financieras y físicas de Gran Bretaña durante la Primera Guerra Mundial y la Segunda Guerra Mundial eran inmensas, y la antigua potencia mundial ya no tenía la capacidad de proporcionar asistencia monetaria ni militar a países como Grecia y Turquía, que habían sufrido pérdidas muy graves durante las guerras. En Grecia tenía lugar una guerra civil, y Turquía necesitaba asistencia financiera. Dada la cercanía de ambos países a la Unión Soviética comunista, parecía posible que ambos cayeran bajo su creciente poder regional.

Funcionarios del gobierno de los Estados Unidos debatieron la teoría del dominó, que predecía que si una nación caía bajo el poder del comunismo soviético, los estados vecinos debilitados también lo harían. El presidente Harry S. Truman acordó tratar el tema en una sesión conjunta del Congreso, que sería transmitida a toda la nación.

El 12 de marzo de 1947, en un discurso ahora conocido como la Doctrina Truman, el Presidente declaró que era obligación de Estados Unidos asistir a cualquier país amenazado por el comunismo:

"Creo que debe ser la política de los Estados Unidos apoyar a los pueblos libres que están resistiendo los intentos de subyugación por minorías armadas o por presiones exteriores. Creo que debemos asistir a los pueblos libres para que construyan su propio destino a su propia manera. Creo que nuestra ayuda debe ser primordialmente económica y financiera, la cual es esencial para obtener estabilidad económica y procesos políticos ordenados".

Truman pidió 400 millones de dólares para asistir a Grecia y Turquía. El Congreso aprobó el pedido del Presidente y lo convirtió en ley el 22 de mayo de 1947.

20. ¿Cuál fue la justificación del presidente Truman para pedir asistencia financiera para Turquía y Grecia?

A. El Presidente quería que los Estados Unidos tomaran el lugar de Gran Bretaña como potencia mundial.
B. El Presidente quería que estos países fueran democráticos.
C. Estos países habían caído bajo el poder de la Unión Soviética y se habían convertido en países comunistas.
D. Estos países se encontraban debilitados, estaban cerca de la Unión Soviética y eran vulnerables al comunismo.

21. ¿Qué efecto de la teoría del dominó preocupaba a los líderes del gobierno de los Estados Unidos?

A. Los Estados Unidos podrían tener que apoyar a países que anteriormente tenían el apoyo de Gran Bretaña.
B. Si una nación caía bajo el comunismo, otra nación vecina débil también podría caer.
C. Si los Estados Unidos proporcionaban ayuda financiera a un país, otros países vecinos débiles esperarían la misma ayuda.
D. Pequeños países como Grecia y Turquía no podrían gobernarse a sí mismos apropiadamente.

INSTRUCCIONES: Lee el fragmento y las preguntas, y luego elige la **mejor** respuesta para cada pregunta.

El gobierno comunista de Alemania Oriental construyó el Muro de Berlín en 1961 para impedir que los alemanes del este se escaparan de la nación comunista hacia la nación democrática de Alemania Occidental. Las tropas de Alemania Oriental custodiaban con firmeza el muro para evitar que las personas lo cruzaran. Mientras que algunos ciudadanos lograron cruzar esta frontera, muchas personas perdieron la vida intentando cruzar hacia Berlín Occidental. Sin embargo, para el verano de 1989, el gobierno de Hungría comenzó a permitir a los alemanes del este viajar a través de Hungría para llegar a Austria y Alemania Occidental. Esta situación hizo que el muro perdiera su utilidad. Para el otoño de 1989, el gobierno de Alemania Oriental se encontraba casi desmoronado. El 9 de noviembre de 1989, el gobierno otorgó a los ciudadanos la libertad para cruzar la frontera hacia Alemania Occidental. En 1990, el muro fue derribado, y Alemania Oriental y Alemania Occidental se reunificaron para formar una sola nación.

22. ¿Cuál de los siguientes enunciados es la idea principal del fragmento?

A. El Muro de Berlín tenía el apoyo de la mayoría de los alemanes del este.
B. El Muro de Berlín era una línea de división hostil entre el comunismo y la democracia.
C. Los alemanes del este veían a Alemania Occidental como una nación hostil.
D. Los alemanes del este dirigieron sus esfuerzos para escapar a través de Hungría.

23. ¿Durante cuántos años estuvieron divididas Alemania Oriental y Alemania Occidental por el Muro de Berlín?

A. 38 años
B. 35 años
C. 29 años
D. 25 años

INSTRUCCIONES: Estudia el mapa y el fragmento, lee las preguntas y luego elige la **mejor** respuesta para cada pregunta.

OTAN Y EL PACTO DE VARSOVIA: 1949–1991

Después de la Segunda Guerra Mundial, el presidente Truman adoptó una política de contención y construyó una red mundial de alianzas anticomunistas. La primera red fue la Organización del Tratado del Atlántico Norte, u OTAN. Como resultado del bloqueo soviético a la ciudad de Berlín, que estaba dentro de la parte de Alemania controlada por la Unión Soviética, y el consecuente Bloqueo de Berlín en junio de 1948, el presidente Truman anunció su intención de proporcionar ayuda militar a Europa Occidental.

Los Estados Unidos y Canadá, junto con diez países de Europa Occidental, firmaron el Tratado del Atlántico Norte que creó la OTAN el 4 de abril de 1949 para contrarrestar la amenaza de la Unión Soviética. Los diez países europeos firmantes eran Bélgica, Dinamarca, Francia, Islandia, Italia, Luxemburgo, Holanda, Noruega, Portugal y el Reino Unido. El pilar de la OTAN era que todos los miembros acordaban acudir en ayuda de cualquier otro miembro que fuera atacado. La OTAN comprometía a los Estados Unidos mediante tratado a acudir en defensa de Europa Occidental. También aseguraba que los Estados Unidos no buscarían una política de aislamiento, tal como lo habían hecho después de la Primera Guerra Mundial cuando intentaron no intervenir en asuntos europeos. La OTAN continuó expandiéndose cuando a los países originales se sumaron Turquía y Grecia en 1952, la República Federal de Alemania en 1955 y España en 1975. En la actualidad, hay 28 países como miembros independientes.

La remilitarización de Alemania Occidental sirvió de excusa a la Unión Soviética para formar el equivalente comunista de la OTAN: el Pacto de Varsovia. El Pacto

de Varsovia fue firmado por Albania, Bulgaria, Checoslovaquia, la República Democrática de Alemania, Hungría, Polonia, Rumania y la Unión Soviética en Varsovia, Polonia, el 14 de mayo de 1955. Este tratado militar comprometía a sus firmantes a acudir en ayuda de los otros miembros en el caso de que uno de ellos resultara víctima de una agresión extranjera. Si bien el Pacto de Varsovia se basó en la igualdad total de las naciones miembro y en que ningún país miembro podía interferir en los asuntos internos de otro país miembro, pronto se convirtió en una poderosa herramienta política para la Unión Soviética. El único desertor legal después de la formación del Pacto fue Albania, que se retiró en 1968, como protesta por la invasión de Checoslovaquia por parte de la Unión Soviética. Tras la progresiva pérdida de poder de la URSS en la década de 1980 y la subsiguiente caída del comunismo, el Pacto de Varsovia se disolvió oficialmente en 1991.

24. Después de los doce países originales, ¿cuántos países más se unieron a la OTAN?

    A. 4
    B. 10
    C. 16
    D. 28

25. ¿A qué amenaza de la Unión Soviética se debió la creación de la OTAN?

    A. la invasión de Checoslovaquia
    B. el puente aéreo de Berlín
    C. la firma del Pacto de Varsovia
    D. el bloqueo de Berlín

26. ¿En qué se diferenció la política exterior que adoptaron los Estados Unidos después del fin de la Primera Guerra Mundial y el fin de Segunda Guerra Mundial?

    A. Se hizo aislacionista.
    B. Estuvo dispuesto a intervenir en asuntos europeos.
    C. Apoyó a la Unión Soviética.
    D. No se comprometió a defender a Europa Occidental.

27. ¿Por qué no continúa vigente el Pacto de Varsovia?

    A. El comunismo y la Unión Soviética se derrumbaron.
    B. Los países miembro del Pacto de Varsovia se unieron a la OTAN.
    C. La URSS declaró nulo el Pacto.
    D. Checoslovaquia fue invadida.

UNIDAD 2

El presidente Ronald Reagan dio el siguiente discurso en el Muro de Berlín en junio de 1987. El Muro de Berlín dividía Berlín Occidental, controlada por la democracia, de Berlín Oriental, controlada por el comunismo, y del resto de Alemania Oriental. En su discurso, el presidente Reagan se dirigió al líder soviético, Mijaíl Gorbachov:

"Y ahora los soviéticos pueden, de manera limitada, llegar a entender la importancia de la libertad. Nos llegan muchas noticias desde Moscú acerca de una nueva política de reformas y apertura…

¿Es este el comienzo de profundos cambios en el estado soviético? ¿O solo se trata de gestos simbólicos cuya intención es despertar falsas esperanzas en Occidente o fortalecer el sistema soviético sin pretender cambiarlo? […] Hay una señal que los soviéticos pueden ofrecer que sería inequívoca, que haría avanzar radicalmente la causa por la libertad y la paz.

Secretario general Gorbachov, si usted busca la paz, si usted busca la prosperidad para la Unión Soviética y para Europa Oriental, si usted busca liberalización, ¡acérquese a esta puerta! ¡Señor Gorbachov, abra esta puerta! ¡Señor Gorbachov, derribe este muro!"

28. ¿Cuál de las siguientes opciones resume mejor el objetivo que el presidente Reagan tenía al dar este discurso?

    A. alentar a los líderes soviéticos a reconocer la importancia de la libertad
    B. proponer un tratado entre los Estados Unidos y la Unión Soviética
    C. criticar las políticas comunistas implementadas en Europa Oriental
    D. proclamar el apoyo estadounidense a Alemania Occidental

29. ¿Qué acción simbólica quiere el presidente Reagan que ejecute el secretario general Gorbachov?

    A. despertar falsas esperanzas en Occidente
    B. realizar gestos simbólicos
    C. adoptar una nueva política de reforma
    D. destruir el Muro de Berlín

En 1989, mientras las naciones de toda Europa Oriental comenzaban el proceso de transición del comunismo hacia formas democráticas de gobierno, Mijaíl Gorbachov y la Unión Soviética eligieron no intervenir. Esto permitió que en naciones como Hungría, Polonia y Bulgaria se llevaran adelante reformas democráticas. Las muchas reformas que implementó Gorbachov permitieron que se desarrollara una oposición al comunismo dentro de la Unión Soviética. En 1990, repúblicas soviéticas individuales comenzaron a afirmar su propia soberanía por sobre el régimen soviético. Hacia agosto de 1991, un golpe fallido por parte de líderes comunistas conservadores hizo que el apoyo del pueblo a las reformas democráticas se intensificara. Hacia noviembre de 1991, el Partido Comunista se había disuelto. Boris Yeltsin, un líder prodemocrático, negoció la formación de la Comunidad de Estados Independientes. Gorbachov renunció el 25 de diciembre de 1991 y, al día siguiente, la Unión Soviética se disolvió oficialmente.

30. ¿Qué evidencia apoya mejor la idea de que no todos los ciudadanos de Europa Oriental apoyaban la reforma democrática?

    A. Líderes conservadores intentaron hacer un golpe contra el gobierno soviético.
    B. Las reformas de Gorbachov permitieron una creciente oposición.
    C. Los gobiernos democráticos llegaron al poder en naciones como Hungría y Polonia.
    D. La Unión Soviética decidió no intervenir en conflictos externos.

31. Antes de esta época, ¿de qué manera era más probable que la Unión Soviética manejara el descontento político en Europa Oriental?

    A. evitando intervenir en los asuntos internos de los demás países de Europa Oriental
    B. usando la fuerza militar para detener alzamientos
    C. mediando con soluciones pacíficas
    D. buscando la ayuda de los Estados Unidos

UNIDAD 3

Michael J. Fox

De la misma manera que él se mantuvo firme en su idea de conseguir el certificado de GED®, Michael J. Fox cree que el esfuerzo intenso y continuo de los representantes electos puede ayudar a encontrar la causa de la enfermedad de Parkinson.
©Alex Wong/Hulton Archive/Getty Images

Michael J. Fox soñaba con ser actor. Y tuvo dificultades cuando era estudiante. En cuanto tuvo un poco de éxito en el cine y la televisión de su ciudad natal Edmonton, Canadá, Fox abandonó la escuela secundaria en el último año para dedicarse a la carrera de actuación en los Estados Unidos. Sin embargo, su camino educativo acababa de comenzar.

Durante los años 80, Fox alcanzó el estrellato y ganó premios por su papel como "Alex P. Keaton" en la serie de televisión *Lazos familiares*. Fox también fue aclamado en películas como *Volver al futuro*. De todos modos, la idea de continuar con su educación seguía dando vueltas. Gracias a la insistencia de su hijo de cuatro años, Fox adquirió su certificado de GED® en 1995.

Tres años más tarde, Fox anunció a todo el mundo que le habían diagnosticado la enfermedad de Parkinson, un trastorno que afecta el sistema nervioso y para el que no se conoce ninguna cura. En lugar de correrse de la mirada pública, Fox transformó ese desafío en una oportunidad para generar conciencia sobre la enfermedad y recaudar fondos. En 1999, Fox presentó una declaración ante el Congreso para abogar por la inversión de más dinero en la investigación del mal de Parkinson. En el año 2000, abandonó su famoso programa de televisión *Spin City* y creó la Fundación Michael J. Fox para la investigación de la enfermedad de Parkinson. Al poco tiempo, la fundación anunció su sociedad con el Instituto Nacional de Salud para identificar los rasgos físicos que indiquen la presencia del mal de Parkinson.

RESUMEN DE LA CARRERA PROFESIONAL: *Michael J. Fox*

- Ganó 3 premios Emmy y un Globo de Oro.

- Escribió 3 libros que tuvieron un gran éxito de ventas.

- Creó la Fundación Michael J. Fox para la investigación de la enfermedad de Parkinson, que para el año 2012 llevaba recaudados más de $250 millones.

- En 2010, el Instituto Karolinska de Suecia lo condecoró con un título honorífico en Medicina.

- Recibió un gran número de premios humanitarios por su trabajo y fue nombrado Oficial de la Orden de Canadá en el año 2010.

La educación cívica y el gobierno

Unidad 3:
La educación cívica y el gobierno

En los Estados Unidos se adopta una forma democrática de gobierno. En una democracia, los líderes representan los intereses de los ciudadanos que los eligieron. Como ciudadanos estadounidenses, tenemos diversos derechos y obligaciones. Cada vez que votas para elegir representantes y líderes y por algún tema en particular, ejerces uno de esos derechos. Asimismo, como ciudadanos, también tenemos ciertas responsabilidades. Una de ellas incluye el hecho de mantenernos informados sobre los sucesos actuales.

La importancia de la educación cívica y el gobierno se extiende a la prueba de Estudios Sociales GED® en la que esta sección comprende el 50 por ciento de todas las preguntas. Como sucede con otras áreas de las Pruebas de GED®, la sección de educación cívica y el gobierno evaluará tu capacidad para interpretar la información en distintos niveles de conocimiento mediante el uso de destrezas complejas de lectura y razonamiento. En la Unidad 3, la presentación de diversas destrezas de pensamiento crítico, combinada con instrucciones especializadas sobre textos, tablas y gráficas, te ayudará a prepararte para la prueba de Estudios Sociales GED®.

Contenido

UNIDAD 3

La Constitución de los Estados Unidos, escrita en 1787, ratificada en 1788 y en vigencia desde 1789, es la carta gubernamental escrita vigente más antigua del mundo. Las primeras palabras de la Constitución ("Nosotros, el pueblo de los Estados Unidos") afirman que el gobierno de los Estados Unidos existe para servir a sus ciudadanos.

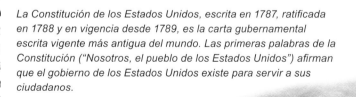

©webking/iStockphoto.com

Interpretar diagramas

TEMAS DE ESTUDIOS SOCIALES: I.CG.a.1, I.CG.b.1, I.CG.b.5, I.CG.b.8
PRÁCTICA DE ESTUDIOS SOCIALES: SSP.1.a, SSP.6.b

UNIDAD 3

1 Aprende la destreza

Los **diagramas** difieren de otros tipos de organizadores gráficos, como las tablas o las gráficas, porque pueden mostrar la relación que existe entre las diferentes partes de la información. Por ejemplo, los diagramas pueden mostrar una secuencia, similitudes y diferencias y otras comparaciones. Los autores muchas veces usan los diagramas para presentar o resumir de manera concisa la información sobre los estudios sociales. Al aprender cómo **interpretar diagramas**, podrás maximizar tu comprensión de la información que se presenta en esos recursos visuales.

Como sucede con otras áreas de la prueba de GED®, las preguntas sobre cómo interpretar diagramas evaluarán tu capacidad para interpretar la información en distintos niveles de conocimiento mediante el uso de destrezas complejas de lectura y razonamiento.

2 Practica la destreza

Al practicar la destreza de interpretar diagramas, mejorarás tus capacidades de estudio y evaluación, especialmente en relación con la Prueba de Estudios Sociales GED®. Estudia el diagrama que aparece a continuación. Luego responde la pregunta.

a El formato de un diagrama brinda pistas sobre su objetivo y el tipo de información que incluye. Un diagrama de Venn muestra en qué se parecen y en qué se diferencian dos temas.

b Presta atención a los títulos y a los encabezamientos de los diagramas. ¿Qué información puedes aprender de ellos? Aquí, el encabezamiento que está arriba de los dos círculos principales y los encabezamientos que están en el interior identifican los temas que se van a comparar y contrastar.

LAS MONARQUÍAS DE LOS SIGLOS XII Y XIII

a

Inglaterra b **b** **Francia b**

Inglaterra
- Se establece el nuevo sistema de justicia que instaura el derecho consuetudinario en Inglaterra.
- La Carta Magna obligó al rey a otorgar mayor autoridad a los barones en 1215.
- En 1264 se estableció el Parlamento.

Ambos países
- Gobierno centralizado
- Oficializaron las normas para los vasallos.
- Aumentaron la riqueza a partir de nuevos sistemas impositivos.

Francia
- En años anteriores, el rey solo tenía autoridad en el área cercana a París.
- Bajo el reinado de Felipe II, se reclamaron tierras a Inglaterra.
- Felipe II estableció una administración apta para facilitar la recaudación de impuestos.

CONSEJOS PARA REALIZAR LA PRUEBA

Cuando tengas que usar un diagrama en una evaluación, primero debes echar un vistazo a las preguntas que se relacionan con el diagrama. Determina qué información tendrás que ubicar en el diagrama para responder correctamente estas preguntas.

1. ¿De qué manera Francia fortaleció su monarquía, a diferencia de Inglaterra?

    A. Francia centralizó su gobierno nacional.
    B. Francia estableció un nuevo sistema de justicia.
    C. Francia aumentó la riqueza a partir de un nuevo sistema impositivo.
    D. Francia reclamó nuevos territorios para la nación.

Aplica la destreza

⭐ Ítem en foco: **MENÚ DESPLEGABLE**

INSTRUCCIONES: El pasaje que aparece a continuación está incompleto. Usa la información del diagrama para completarlo. En cada ejercicio con menú desplegable, elige la opción que **mejor** complete la oración.

Thomas Hobbes
Las personas nacen con derechos naturales, pero están dominadas por pasiones destructivas y el interés personal. Para garantizar la seguridad y disminuir los conflictos, las personas deben establecer un contrato social en el que se someten completamente a un gobierno firme con un líder poderoso y sabio.

John Locke
Las personas nacen con derechos naturales a la vida, a la libertad y a la propiedad. Nadie puede privar a las personas de esos derechos ni se puede renunciar a ellos. El pueblo establece un contrato social con el gobierno para que se cumpla la voluntad de la mayoría. El gobierno puede ser destituido si intenta privar a alguien de algún derecho.

Colaboradores del pensamiento político estadounidense

Charles-Louis Montesquieu
El poder del rey debe estar equilibrado por una legislatura firme. Sin embargo, el mejor gobierno es aquel en el que los poderes ejecutivo, legislativo y judicial son independientes, para que ningún organismo gubernamental ni su líder sean demasiado poderosos.

Jean-Jacques Rousseau
Las personas tienen derechos naturales, pero crean gobiernos para proteger la vida, la libertad y la propiedad. La mayoría no siempre toma decisiones sabias, pero el mejor gobierno es aquel en el que las personas hacen leyes para gobernarse a sí mismas.

2. En los siglos XVII y XVIII, escritores y filósofos como John Locke y Jean-Jacques Rousseau desarrollaron nuevas maneras de pensar acerca del gobierno y los derechos individuales. Sus ideas influyeron en los sucesos que resultaron en la Guerra de Independencia. Y también influyeron en varios documentos importantes de los comienzos de la historia de nuestro país. Estos documentos incluyen la Declaración de Independencia y la Constitución de los Estados Unidos.

Conocidos como pensadores de la época de la Ilustración, Locke y Rousseau afirmaban que las personas nacían con [2. Menú desplegable 1] naturales. También afirmaban que el poder del gobierno venía [2. Menú desplegable 2]. El acuerdo entre el gobierno y los gobernados se denominaba [2. Menú desplegable 3]. Si un gobierno intentaba privar a las personas de sus derechos, el acuerdo se rompía. En ese caso, Locke afirmaba que las personas tenían el derecho de [2. Menú desplegable 4]. Si bien todos los pensadores de la época de la Ilustración creían en los derechos individuales, las ideas sobre el gobierno que planteaba [2. Menú desplegable 5] diferían mucho de las ideas de los otros tres pensadores.

Opciones de respuesta del menú desplegable

2.1 A. inteligencias
B. gobiernos
C. derechos
D. deberes

2.2 A. de los líderes
B. del pueblo
C. del poder ejecutivo
D. del clero

2.3 A. derecho natural
B. estudio social
C. poder central
D. contrato social

2.4 A. rebelarse
B. votar
C. someterse
D. quejarse

2.5 A. Hobbes
B. Locke
C. Montesquieu
D. Rousseau

UNIDAD 3

Interpretar la Constitución

TEMAS DE ESTUDIOS SOCIALES: I.CG.b.2, I.CG.b.3, I.CG.b.5, I.CG.b.8, I.CG.c.1, I.CG.c.2, I.CG.c.3, I.CG.c.4, I.CG.d.1, I.CG.d.2, I.USH.a.1
PRÁCTICA DE ESTUDIOS SOCIALES: SSP.1.a, SSP.2.a, SSP.4.a

1 Aprende la destreza

La **Constitución de los Estados Unidos** incluye un preámbulo y siete artículos con 27 enmiendas que se han agregado desde que se escribió por primera vez. La Constitución describe la estructura básica del gobierno federal y los principios bajo los que rige dicho gobierno. Como la Constitución describe estos principios de manera general, es importante **interpretar la Constitución** para entender de qué manera sus principios se aplican al funcionamiento diario de nuestro gobierno nacional.

Como sucede con otras áreas de la prueba de GED®, las preguntas sobre cómo interpretar la Constitución evaluarán tu capacidad para interpretar la información en distintos niveles de conocimiento mediante el uso de destrezas complejas de lectura y razonamiento.

2 Practica la destreza

Al practicar la destreza de interpretar la Constitución, mejorarás tus capacidades de estudio y evaluación, especialmente en relación con la Prueba de Estudios Sociales GED®. Estudia el fragmento y las estrategias que aparecen a continuación. Luego responde la pregunta.

El siguiente es un fragmento del preámbulo de la Constitución de los Estados Unidos. Un *preámbulo* es una introducción a un escrito de mayor longitud.

Como los artículos originales de la Constitución de los Estados Unidos se redactaron a fines del siglo XVIII, incluyen términos que pueden resultar confusos o desconocidos.

a Las primeras palabras del preámbulo identifican la perspectiva desde la cual se escribió la Constitución. Con esta frase, los autores de la Constitución indican que ellos escribieron este documento en nombre de todas las personas de los Estados Unidos.

a Nosotros, el pueblo de los Estados Unidos, con el objeto de formar una unión más perfecta, **b** establecer la justicia, asegurar la tranquilidad nacional, proveer la defensa común, promover el bienestar general y asegurar los beneficios de la libertad para nosotros y nuestra posteridad, decretamos y establecemos esta Constitución para los Estados Unidos de América.

b Estas frases representan ejemplos de los principios generales que se incluyen en la Constitución de los Estados Unidos.

CONSEJOS PARA REALIZAR LA PRUEBA

Cuando interpretes la información de la Constitución, busca frases y términos conocidos que puedan brindar pistas sobre el significado de los conceptos desconocidos.

1. ¿Cuál de las siguientes opciones describe mejor el significado de la frase "asegurar la tranquilidad nacional"?

A. establecer un sistema judicial justo
B. proteger los derechos de las personas
C. mantener la paz dentro del país
D. ayudar a todos los ciudadanos a alcanzar el éxito

Aplica la destreza

INSTRUCCIONES: El pasaje que aparece a continuación está incompleto. Usa la información del fragmento para completarlo. En cada ejercicio con menú desplegable, elige la opción que **mejor** complete la oración.

Fragmento del Artículo I de la Constitución de los Estados Unidos:

Sección 7. Todo proyecto de ley cuyo fin sea la recaudación de impuestos deberá originarse en la Cámara de Representantes; pero el Senado podrá proponer reformas o estar de acuerdo con ellas de la misma manera que lo hace con otros proyectos.

Todo proyecto de ley aprobado por la Cámara de Representantes y el Senado se presentará al presidente de los Estados Unidos antes de convertirse en ley; si lo aprueba, lo firmará; de lo contrario, lo devolverá, junto con sus objeciones, a la cámara en que se originó el proyecto, donde se incorporarán todas las objeciones en el diario y se procederá a reconsiderar el proyecto. Si después de dicha reconsideración, las dos terceras partes de esa cámara están de acuerdo en aprobar el proyecto, se remitirá, acompañado de las objeciones, a la otra cámara, que también lo reconsiderará y, si lo aprueban dos tercios de la cámara, se convertirá en ley.

2. La Sección 7 del Artículo I de la Constitución de los Estados Unidos explica de qué manera las dos cámaras [2. Menú desplegable 1] pueden [2. Menú desplegable 2] . Esta sección establece que ciertos tipos de proyectos de ley solo se pueden originar en la Cámara de Representantes. Por ejemplo, el Senado no puede proponer una ley que [2. Menú desplegable 3] . La Sección 7 también explica de qué manera el Congreso puede ignorar el veto del presidente mediante [2. Menú desplegable 4] .

Opciones de respuesta del menú desplegable

2.1 A. del Congreso
B. de la Cámara de Representantes
C. del Senado
D. del presidente

2.2 A. recaudar impuestos
B. vetar proyectos de ley
C. aprobar proyectos de ley
D. agregar enmiendas

2.3 A. cambie el sistema de asistencia médica del país
B. establezca nuevos estándares de educación federal
C. brinde asistencia financiera para los estudiantes universitarios
D. imponga un impuesto sobre la gasolina

2.4 A. la aprobación de dos tercios de ambas cámaras
B. la aprobación unánime de la cámara en que se originó el proyecto
C. la aprobación de dos tercios de la cámara en que se originó el proyecto
D. la aprobación del presidente de la Cámara y el vicepresidente

UNIDAD 3

INSTRUCCIONES: Estudia el fragmento, lee la pregunta y luego elige la **mejor** respuesta.

NOVENA ENMIENDA

La enumeración de ciertos derechos en la Constitución no implica la negación ni el menosprecio de otros derechos del pueblo.

3. ¿Cuál de las siguientes afirmaciones ofrece la mejor interpretación de la Novena Enmienda?

A. La Constitución enumera todos los derechos que se otorgan a los ciudadanos.
B. El gobierno de los Estados Unidos tiene poderes inherentes que no se describen en la Constitución.
C. Cada estado tiene la autoridad de delegar derechos a sus ciudadanos.
D. El hecho de que la Constitución describa ciertos derechos no significa que los ciudadanos no tengan otros derechos adicionales.

TEMAS DE ESTUDIOS SOCIALES: I.CG.a.1, I.CG.b.2, I.CG.b.3, I.CG.b.4, I.CG.b.7, I.CG.b.8, I.CG.b.9, I.CG.d.1
PRÁCTICA DE ESTUDIOS SOCIALES: SSP.1.a, SSP.1.b, SSP.2.a, SSP.2.b, SSP.3.c, SSP.9.b, SSP.9.c

1 Aprende la destreza

Resumir significa volver a exponer brevemente con tus propias palabras los puntos principales de un pasaje o de un recurso visual. Al leer sobre sucesos históricos, muchas veces verás una gran cantidad de información detallada. Al resumir, puedes determinar cuáles son los detalles importantes y cuáles no para comprender los sucesos y las relaciones entre ellos.

Como sucede con otras áreas de la prueba de GED®, las preguntas sobre cómo resumir evaluarán tu capacidad para interpretar la información en distintos niveles de conocimiento mediante el uso de destrezas complejas de lectura y razonamiento.

2 Practica la destreza

Al practicar la destreza de resumir, mejorarás tus capacidades de estudio y evaluación, especialmente en relación con la Prueba de Estudios Sociales GED®. Lee el pasaje y las estrategias que aparecen a continuación. Luego responde la pregunta.

a Busca los puntos importantes en un pasaje y piensa en las maneras de volver a exponerlos con tus propias palabras.

b Al resumir, descarta los detalles que carezcan de relevancia o importancia. En cambio, concéntrate en aquellos detalles que sean importantes para comprender el tema central del pasaje.

La *Carta Magna* es un documento político escrito en 1215 en el que se aclara la relación entre el rey de Inglaterra y sus señores feudales. El documento se escribió hace casi 1,000 años, pero sigue siendo importante en la actualidad. La *Carta Magna* sentó las bases para la creación de importantes derechos que tienen los ciudadanos de Gran Bretaña y los Estados Unidos.

b Los señores feudales ingleses estaban resentidos con el rey por la manera en que se impartía la justicia y por el abuso de su poder sobre ellos. Ante la sublevación de los señores feudales, el rey aceptó limitar su poder. Por ejemplo, el rey acordó que:

Ningún hombre libre podrá ser detenido o encarcelado o privado de sus derechos o de sus bienes, ni puesto fuera de la ley ni desterrado(...) sino en virtud de sentencia judicial [*sic*] de sus pares y con arreglo a la del reino. No(...) negaremos ni retrasaremos a nadie el derecho a la justicia.

En esta sección de la *Carta Magna*, los eruditos establecen el origen del derecho a juicio por jurado y de una declaración de los derechos y la libertad individual. También incluye la idea (inusual para aquel entonces) de que incluso un gobernante está sujeto a la ley.

USAR LA LÓGICA

Usa la lógica para clasificar la información y determinar si se trata de una idea principal o de un detalle. Piensa en qué parte de la información está el tema principal del pasaje y cuál es un hecho específico que respalda un tema más extenso.

1. ¿Cuál de las siguientes afirmaciones es el **mejor** resumen del pasaje anterior?

   A. Con la *Carta Magna*, un grupo de señores feudales obligaron a un rey tirano a satisfacer sus exigencias.
   B. La *Carta Magna* fue un paso importante en el desarrollo del concepto de derechos individuales.
   C. La *Carta Magna* protegió los derechos de los reyes por encima de sus señores feudales.
   D. La *Carta Magna* fue la primera constitución que garantizó un gobierno representativo.

⭐ Ítem en foco: **RESPUESTA EXTENDIDA**

INSTRUCCIONES: Lee la información y la pregunta, luego escribe tu respuesta en las líneas que aparecen a continuación. Consulta la Unidad 3 y la Unidad 4 de Razonamiento a través de las Artes del Lenguaje en el Libro del estudiante y el Cuaderno de ejercicios para obtener información detallada sobre la lectura, la escritura y la edición de respuestas extendidas.

Durante el verano de 1787, los delegados de 12 estados se reunieron en Philadelphia para intentar corregir algunos problemas con los Artículos de la Confederación para que fuesen más viables para la nueva nación. Los delegados determinaron que los Artículos eran demasiado débiles e imperfectos para modificarse; entonces, crearon un plan nuevo, un plan con un gobierno federal mucho más fuerte. Ese septiembre, la nueva Constitución que habían redactado se presentó en todos los estados para su ratificación. Para que entrara en vigencia, solamente 9 de los 13 estados tenían que ratificarla.

Sin embargo, muchas personas se opusieron a la Constitución acusando que no protegía los derechos individuales frente a un gobierno federal ahora más poderoso. Unos pocos estados, como Delaware, Nueva Jersey y Pennsylvania, ratificaron la Constitución a los pocos meses. Sin embargo, varios estados se negaron a hacerlo sin las protecciones de los derechos individuales. Muchos otros estados la aprobaron, pero con la condición de que se agregara una "Declaración de Derechos". La Constitución entró en vigencia cuando New Hampshire se transformó en el noveno estado en ratificar el documento el 21 de junio de 1788. Aun así, muchos estados, como Virginia, Nueva York y Carolina del Norte, seguían negando la ratificación. Finalmente, se aprobó la Constitución con muy pocos votos. El último estado en mantener la negativa, Rhode Island, no ratificó la Constitución hasta mayo de 1790, después de que todos los demás estados ya lo habían hecho.

2. Escribe un resumen de la información que se presenta en el pasaje anterior. En tu respuesta, analiza los argumentos sobre de qué manera todos los estados finalmente ratificaron la nueva Constitución. Incluye evidencia relevante y específica del pasaje, y también tu propio conocimiento de las circunstancias en las que se dio la ratificación de la nueva Constitución, para justificar tu análisis. Completar esta tarea puede llevarte 25 minutos. Puedes usar otra hoja de papel para completar tu respuesta.

UNIDAD 3

Comparar y contrastar

TEMAS DE ESTUDIOS SOCIALES: I.CG.b.7, I.CG.c.1, I.USH.c.3, I.USH.c.4
PRÁCTICA DE ESTUDIOS SOCIALES: SSP.1.a, SSP.1.b, SSP.2.a, SSP.2.b, SSP.3.d

1 Aprende la destreza

Cuando **comparas** dos o más elementos, consideras tanto las similitudes como las diferencias entre ellos. El estudio de la historia, la geografía, la educación cívica, el gobierno y otros temas de estudios sociales muchas veces requiere que compares los detalles sobre las personas, los lugares y los sucesos.

Contrastar significa concentrarse únicamente en las diferencias entre los elementos. Si te concentras en cuáles son los aspectos en que se parecen y en cuáles se diferencian las cosas, obtienes una comprensión más profunda del material que lees.

Como sucede con otras áreas de la prueba de GED®, las preguntas sobre cómo comparar y contrastar evaluarán tu capacidad para interpretar la información en distintos niveles de conocimiento mediante el uso de destrezas complejas de lectura y razonamiento.

2 Practica la destreza

Al practicar la destreza de comparar y contrastar, mejorarás tus capacidades de estudio y evaluación, especialmente en relación con la Prueba de Estudios Sociales GED®. Lee el pasaje y las estrategias que aparecen a continuación. Luego responde la pregunta.

a Puedes encontrar información para comparar y contrastar en textos y en recursos visuales, como tablas y gráficas. Puedes suponer que la mayoría de los elementos paralelos que se describen en un texto o en un recurso visual pueden compararse y contrastarse, por ejemplo, dos planes o dos sistemas de creencia.

a Cuando la Guerra de Secesión llegaba a su fin, el presidente Abraham Lincoln comenzó a considerar cómo debía reconstruirse el país. Su plan de reconstrucción del Sur de los Estados Unidos requería condiciones amplias que permitieran sanar el país con la menor animosidad posible entre el Norte y el Sur. **b** Por otro lado, los republicanos radicales en el Congreso se opusieron firmemente a este plan. Ellos creían que la Confederación debía recibir sanciones rigurosas por las dificultades ocasionadas por la Guerra de Secesión.

b Las palabras y las frases como *asimismo, de la misma manera, del mismo modo, por otro lado* y *sin embargo* generalmente indican que un autor compara o contrasta información.

PRÁCTICAS DE CONTENIDOS

Practicar las estrategias de comparar y contrastar te preparará para describir personas, lugares y sucesos y las relaciones que existen entre ellos, un aspecto clave de la prueba de Estudios Sociales GED®.

1. Al comparar o contrastar los planes del presidente Lincoln y los republicanos radicales, ¿cuál de las siguientes afirmaciones es correcta?

A. Los dos planes tenían como objetivo reconstruir la nación lo más rápido posible.

B. Los dos planes planteaban sanciones rigurosas similares para la Confederación.

C. Los planes planteaban objetivos distintos respecto de cómo avanzar después de la Guerra de Secesión.

D. Los dos planes delegaron la mayoría de la responsabilidad de la Reconstrucción en los gobiernos estatales.

INSTRUCCIONES: Estudia la información, lee las preguntas y luego elige la **mejor** respuesta.

No hubo en la historia de los Estados Unidos un período más tumultuoso que los doce años que siguieron a la Guerra de Secesión, el período que se conoció como la Reconstrucción. Las razones son obvias, en retrospectiva. Algunas personas querían que el Sur pagara por sus acciones; tenían una actitud disciplinaria. Otros, sin embargo, deseaban una mano "sanadora" más gentil para volver a unir al país. El nuevo presidente, Andrew Johnson, pertenecía a este último grupo. El presidente Johnson apoyó las opiniones de quien había sido recientemente asesinado, Abraham Lincoln.

El Norte y el grupo de políticos del Sur conocidos como republicanos radicales, querían conceder todos los derechos a los esclavos recién liberados mientras que la mayoría del Sur se mantenía en su objetivo de preservar su forma de vida social y económica. Los republicanos radicales rechazaron la estrategia indulgente del presidente Johnson. Y finalmente, lo desacreditaron. Sus acciones estuvieron a un solo voto del Senado de destituir al presidente Johnson de su cargo.

La guerra devastó el Sur y muchas ciudades como Atlanta, en Georgia, y Columbia, en Carolina del Sur, quedaron completamente destruidas por los incendios. Un porcentaje importante de sureños fueron asesinados o resultaron heridos durante la guerra, por lo que el Sur no quedó en condiciones de reconstruirse por sus propios medios. Llevaría años restaurar las ciudades y reparar los daños que sufrieron las industrias y la economía, pero estas necesidades apremiantes generaron oportunidades de obtener ganancias extraordinarias y de explotar a aquellos que habían quedado debilitados por la guerra. Muchos habitantes del Norte se trasladaron al Sur para aprovecharse maliciosamente de esas oportunidades. En aquella época, la protección contra ese tipo de explotación no era tan numerosa ni efectiva como lo es en la actualidad.

En 1873, una depresión económica grave en los Estados Unidos dificultó significativamente la **resolución** del Norte, que era más poderoso económicamente, de garantizar la ayuda para la reconstrucción del Sur. El ex general del Norte, Ulysses S. Grant, era presidente en ese momento. Grant retiró las tropas que protegían al Sur de los abusos y dejó desamparados a los sureños, que tuvieron que valerse por sí mismos. Esta situación provocó la manifestación de poderosos intereses políticos y económicos de los habitantes del Sur, entre ellos algunos grupos radicales como el Ku Klux Klan. El Sur se transformó en una sociedad dividida desde el punto de vista racial, que no cambió hasta la aparición del Movimiento por los derechos civiles en los años 60.

La reconstrucción fue un momento crucial para los Estados Unidos. Las decisiones que se tomaron y las acciones que se llevaron a cabo en aquel momento tuvieron efectos prolongados. Por ende, el período de la posguerra presenta muchísimas oportunidades para comparar y contrastar.

2. ¿Quiénes crees que tenían intereses más similares?

    A. los republicanos radicales y los esclavos recién liberados
    B. Andrew Johnson y los republicanos radicales
    C. los esclavos recién liberados y los oportunistas maliciosos
    D. el presidente Grant y los esclavos recién liberados

3. ¿Quiénes crees que tenían intereses más diferentes?

    A. los oportunistas maliciosos y los esclavos recién liberados
    B. los republicanos radicales y el presidente Johnson
    C. los norteños, en general, y el presidente Grant
    D. el presidente Johnson y el presidente Lincoln

4. ¿Cuál de las siguientes opciones puede reemplazar la palabra *resolución* para dar una interpretación más precisa del texto?

    A. *intento*
    B. *solución*
    C. *determinación*
    D. *duda*

INSTRUCCIONES: Estudia la información, lee la pregunta y luego elige la **mejor** respuesta.

En junio de 1863, el general de los Estados Confederados, Robert E. Lee, dirigió sus tropas a Pennsylvania, con el objetivo de tomar por la fuerza el centro ferroviario de Harrisburg. Mientras marchaban por Pennsylvania, Lee prohibió a sus tropas que saquearan granjas y destruyeran viviendas. En cambio, sus tropas pagaban, con dinero confederado inútil, por los alimentos que tomaban. En mayo de 1864, el general de la Unión, General William T. Sherman, comenzó a dirigirse a Georgia. Sherman incentivó a sus hombres a que saquearan alimentos y ganado de las granjas por las que pasaban.

5. ¿En qué sentido las acciones de los dos generales fueron similares?

    A. Los dos exigieron a sus tropas que hicieran juramentos de lealtad.
    B. Los dos ordenaron a sus tropas que tomaran el control de las líneas de ferrocarril.
    C. Los dos tenían tropas que recogían provisiones de las personas locales.
    D. Los dos ordenaron a sus tropas que construyeran caminos.

UNIDAD 3

Tablas, gráficas y diagramas de flujo

TEMAS DE ESTUDIOS SOCIALES: I.CG.b.7, I.CG.b.8, I.CG.c.1, I.CG.c.2, I.CG.c.6, I.CG.d.2, II.E.c.7, II.G.b.3, I.USH.d.4
PRÁCTICA DE ESTUDIOS SOCIALES: SSP.1.a, SSP.1.b, SSP.2.a, SSP.2.b, SSP.3.a, SSP.3.b, SSP.3.c, SSP.6.b, SSP.6.c, SSP.10.a, SSP.10.b

UNIDAD 3

① Aprende la destreza

Las **tablas**, las **gráficas** y los **diagramas de flujo** son maneras de presentar información de manera visual. Al igual que las tablas, las gráficas pueden presentar una gran cantidad de información numérica en un espacio relativamente pequeño. En estudios sociales, los autores muchas veces usan estos recursos para presentar información que sería demasiado extensa si se describiera en un pasaje narrativo. Un diagrama de flujo es una gráfica que describe una secuencia. Comunica los pasos de un proceso de manera rápida mediante un texto explicativo conciso.

Como sucede con otras áreas de la prueba de GED®, las preguntas sobre tablas, gráficas y diagramas de flujo evaluarán tu capacidad para interpretar la información en distintos niveles de conocimiento mediante el uso de destrezas complejas de lectura y razonamiento.

② Practica la destreza

Al practicar la destreza de interpretar tablas, gráficas y diagramas de flujo mejorarás tus capacidades de estudio y evaluación, especialmente en relación con la Prueba de Estudios Sociales GED®. Estudia la información que aparece a continuación. Luego responde la pregunta.

ⓐ El título de una gráfica indica la información que contiene. Esta gráfica muestra los cambios en el número de fábricas que había en Illinois entre los años 1880 y 1900.

ⓑ Cada gráfica presenta dos ejes. En esta gráfica lineal, los rótulos muestran que el eje de la *y* indica el número de fábricas y el eje de la *x* muestra el año en el que se registró la información.

eje de la *y*

eje de la *x*

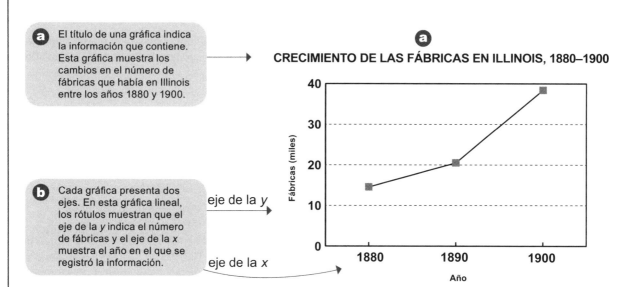

ⓐ

CRECIMIENTO DE LAS FÁBRICAS EN ILLINOIS, 1880–1900

USAR LA LÓGICA

Para interpretar una gráfica, busca de qué manera se relacionan los dos ejes entre sí en ciertos puntos. Para hallar cuántas fábricas había en 1890, busca ese año en el eje de la **x** y busca el número de fábricas en el eje de la **y**.

1. Durante la década de 1890, ¿qué sucedió con el número de fábricas que había en Illinois?

A. Aumentó muy poco.
B. Disminuyó muy poco.
C. Se mantuvo prácticamente igual.
D. Aumentó desmesuradamente.

❸ Aplica la destreza

INSTRUCCIONES: Estudia el diagrama de flujo, lee las preguntas y luego elige la **mejor** respuesta.

SUCESOS QUE LLEVARON A LA APROBACIÓN DE LA LEY PENDLETON DE REFORMA DEL SERVICIO CIVIL

Charles Guiteau le escribe al presidente James A. Garfield para solicitar un puesto de mayor jerarquía en su nuevo gobierno.

↓

El presidente Garfield no responde la carta, lo que enfurece a Guiteau.

↓

Guiteau le dispara al presidente Garfield, como resultado de la falta de cortesía.

↓

Cuando muere el presidente Garfield, Chester A. Arthur asume la presidencia.

↓

El asesinato del presidente Garfield ayuda a centrar la atención en la necesidad de una reforma en el proceso por el cual las personas obtienen empleos federales.

↓

El Congreso aprueba la Ley Pendleton de Reforma del Servicio Civil, que forma la Comisión de Servicio Civil.

↓

A partir de entonces, muchos empleos federales se pueden obtener solamente por mérito y no por conexiones políticas.

2. A partir de la información que se presenta en el diagrama de flujo, ¿cuál de los siguientes sucesos resultó en la presidencia de Chester A. Arthur?

   A. la aprobación de la Ley Pendleton de Reforma del Servicio Civil
   B. la elección de Chester A. Arthur
   C. el asesinato del presidente James Garfield
   D. la solicitud de Charles Guiteau de un empleo en el gobierno

3. ¿De qué manera se vio afectada la reforma civil con la muerte del presidente Garfield?

   A. El Congreso aprobó una ley que reemplazó muchos empleos que se obtenían por influencias por empleos que se obtenían por mérito.
   B. Los empleos no podían obtenerse mediante la Comisión de Servicio Civil.
   C. La Ley Pendleton de Reforma del Servicio Civil fue rechazada por un margen muy pequeño.
   D. A partir de ese momento, todos los empleos federales se podían obtener únicamente por conexiones políticas.

4. ¿Cuál de las siguientes afirmaciones ofrece la mejor razón para exponer toda esta información en un diagrama de flujo y no en una gráfica?

   A. En las gráficas no se puede usar texto.
   B. El eje de la *x* y el eje de la *y* son difíciles de mostrar en un diagrama de flujo.
   C. Hay demasiada información para una gráfica.
   D. Por lo general, las gráficas muestran números, mientras que los diagramas de flujo muestran textos.

INSTRUCCIONES: Estudia el diagrama de flujo, lee las preguntas y luego elige la **mejor** respuesta.

EL SUCESO	EL CASO	PRIMERA SENTENCIA	SEGUNDA SENTENCIA
En 1890, un afroamericano llamado James Plessy se sentó en un vagón destinado únicamente para gente blanca. Se le indicó que se retirara, se negó y fue arrestado.	El caso de Plessy llegó a la Corte Suprema de los Estados Unidos. Sus abogados alegaron que el vagón "exclusivo para blancos" era una violación de la Decimocuarta Enmienda.	Con una sentencia de siete votos contra uno en el caso *Plessy* contra *Ferguson* (1896), la Corte resolvió que las instalaciones iguales, pero separadas, para afroamericanos y blancos no violaban la Decimocuarta Enmienda.	Con una sentencia unánime en el caso *Brown* contra *Consejo de Educación* (1954), la Corte Suprema de los Estados Unidos resolvió que las instalaciones iguales, pero separadas, violaban la Decimocuarta Enmienda y anuló así la sentencia del caso Plessy.

5. ¿Qué llevó al caso *Plessy* contra *Ferguson*?

   A. James Plessy se sentó en un vagón reservado para pasajeros blancos.
   B. Había vagones para cada grupo étnico.
   C. Hubo una resolución en el caso de *Brown* contra *Consejo de Educación*.
   D. El Congreso de los Estados Unidos aprobó la Decimocuarta Enmienda de la Constitución.

6. ¿Cuáles son los dos niveles de gobierno que estaban en conflicto en la sentencia del caso *Plessy*?

   A. el gobierno federal y el gobierno estatal
   B. el gobierno estatal y el gobierno local
   C. el gobierno estatal y el gobierno del condado
   D. dos partes del gobierno federal

UNIDAD 3

LECCIÓN
6

Hacer inferencias

TEMAS DE ESTUDIOS SOCIALES: I.CG.b.8, I.CG.c.2, I.CG.c.5, I.CG.d.2, II.CG.e.2, I.USH.d.2, II.USH.f.4, II.USH.f.7
PRÁCTICA DE ESTUDIOS SOCIALES: SSP.1.b, SSP.2.a, SSP.2.b, SSP.6.b

UNIDAD 3

1 Aprende la destreza

Una **inferencia** es una suposición lógica basada en hechos o evidencia. Cuando haces una inferencia, combinas dos o más datos con tus conocimientos para determinar un significado posible. De esta manera, **hacer una inferencia** es como armar las piezas de un rompecabezas.

Incluso antes de haber ensamblado todo el rompecabezas, puedes comenzar a determinar cómo se verá. Cuando estudies información histórica, podrás hacer inferencias para comprender mejor las conexiones entre las personas, los lugares y los sucesos que en un principio podrían no ser evidentes.

Como sucede con otras áreas de la prueba de GED®, las preguntas sobre cómo hacer inferencias evaluarán tu capacidad para interpretar la información en distintos niveles de conocimiento mediante el uso de destrezas complejas de lectura y razonamiento.

2 Practica la destreza

Al practicar la destreza de hacer inferencias, mejorarás tus capacidades de estudio y evaluación, especialmente en relación con la Prueba de Estudios Sociales GED®. Estudia la información que aparece a continuación. Luego responde la pregunta.

a Esta oración expone las intenciones del presidente Wilson acerca de la participación de los Estados Unidos en la Primera Guerra Mundial. Este dato se puede combinar con otro para hacer una inferencia.

Después de que Woodrow Wilson asumiera como presidente en 1913, su primer mandato estuvo dominado por el estallido de la Primera Guerra Mundial en Europa. **a** Durante todo su primer mandato, el propósito del presidente Wilson fue mantener a los Estados Unidos en una posición neutral. La tensión aumentó cuando los submarinos alemanes atacaron a las naves estadounidenses. Gran Bretaña también se entrometió con las naves estadounidenses cuando intentaba bloquear a Alemania. A pesar de estos incidentes, el presidente Wilson se esforzó por mantener a los Estados Unidos al margen de la guerra. **b** En su campaña de reelección de 1916, el presidente Wilson se postuló con la consigna "Él nos mantuvo al margen de la guerra". El presidente Wilson ganó las elecciones y comenzó su segundo mandato en 1917.

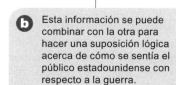

b Esta información se puede combinar con la otra para hacer una suposición lógica acerca de cómo se sentía el público estadounidense con respecto a la guerra.

USAR LA LÓGICA

Al hacer una inferencia, asegúrate de que tu suposición lógica esté respaldada por datos que se puedan encontrar fácilmente. Si bien una inferencia es una suposición, debe tener altas probabilidades de resultar verdadera.

1. ¿Qué puedes inferir acerca de los sentimientos del público estadounidense con respecto a la participación en la Primera Guerra Mundial durante el primer mandato del presidente Wilson?

A. La mayoría de los estadounidenses creían que los Estados Unidos debían apoyar el bloqueo británico.

B. Muchos estadounidenses apoyaban la política de neutralidad del presidente Wilson.

C. Los estadounidenses estaban indignados por el enfoque diplomático del presidente Wilson en materia de política exterior.

D. La mayoría de los estadounidenses esperaban que los Estados Unidos se vengaran de la pérdida de naves estadounidenses.

③ Aplica la destreza

INSTRUCCIONES: Estudia la información, lee las preguntas y elige la **mejor** respuesta.

En una época en la que los "derechos de la mujer" eran una idea llamativa para muchos estadounidenses, dos mujeres valientes se convirtieron en las primeras líderes del movimiento a favor del sufragio femenino. Elizabeth Cady Stanton (1815–1902) ya era una participante activa del movimiento en contra de la esclavitud cuando, en 1840, se impidió que ella y otras delegadas asistieran a una convención en contra de la esclavitud. A raíz de esto, Stanton comenzó a hacer campañas a favor de los derechos de la mujer y fue una organizadora fundamental de la primera Convención de Seneca Falls en 1848. Después de conocer a Susan B. Anthony (1820–1906), las dos mujeres formaron la Asociación Nacional para el Sufragio Femenino y trabajaron para obtener el derecho de votar a través de enmiendas a las constituciones estatales y nacionales.

En su intento por desafiar la falta de sufragio femenino, Susan B. Anthony votó en las elecciones presidenciales de 1872. Entonces, la arrestaron y la llevaron a juicio. El juez ordenó al jurado que la declarara culpable e impuso una multa de $100. Cuando se rehusó a pagar, el juez no la condenó a cumplir una pena en prisión, lo que acabó efectivamente con sus posibilidades de apelar. Una pena en prisión habría permitido que el movimiento que estaba a favor del sufragio apelara la decisión y elevara la controversia sobre los derechos al voto femenino a la Corte Suprema de los Estados Unidos.

Hacia el año 1900, las mujeres podían votar solo en cuatro estados, pero la campaña por una enmienda constitucional nacional continuó. Cuando se ratificó la Decimonovena Enmienda en 1920, todas las mujeres de los Estados Unidos finalmente obtuvieron el derecho al voto.

2. ¿Cuál de las siguientes inferencias puedes hacer acerca de Elizabeth Cady Stanton?

   A. Se opuso al movimiento que estaba en contra de la esclavitud.
   B. Dio discursos sobre el sufragio femenino.
   C. Trabajó para lograr la reforma carcelaria.
   D. Le resultaba difícil trabajar con otras personas.

3. ¿Qué puedes inferir acerca del sufragio femenino en los Estados Unidos antes de 1920?

   A. Las mujeres tenían prohibido votar en cualquier elección que tuviera lugar en los Estados Unidos.
   B. Solo las mujeres blancas tenían el derecho de votar en todos los Estados Unidos.
   C. Las mujeres de algunos estados podían votar para gobernador, pero las mujeres de otros estados no podían hacerlo.
   D. Las mujeres que participaban del movimiento que estaba a favor del sufragio podían votar gracias a su activismo político.

INSTRUCCIONES: Estudia la tabla, lee las preguntas y elige la **mejor** respuesta.

LÍDERES DEL MOVIMIENTO A FAVOR DEL SUFRAGIO FEMENINO

LÍDER	LOGROS
Lucretia Mott (1793–1880)	Fue una activista tanto en el movimiento en contra de la esclavitud como en el movimiento a favor de los derechos de la mujer. Junto con otras personas, entre ellas Elizabeth Cady Stanton, Lucretia Mott organizó la Convención de Seneca Falls en 1848. En 1866, se convirtió en la primera presidenta de la Asociación Estadounidense por la Igualdad de Derechos, que luchaba por la igualdad de las mujeres y de los afroamericanos.
Elizabeth Cady Stanton (1815–1902)	Fue una de las fundadoras del movimiento por los derechos de la mujer en los Estados Unidos y ayudó a planificar la primera Convención de Seneca Falls. Junto con Matilda Joslyn Gage, Elizabeth Cady Stanton escribió la Declaración de Derechos de las Mujeres de los Estados Unidos en 1876.
Lucy Stone (1818–1893)	Fue una de las primeras activistas del movimiento a favor de los derechos de la mujer y del movimiento en contra de la esclavitud. Su discurso en la Convención de Seneca Falls de 1852 influenció a Susan B. Anthony. Más adelante en su carrera política, Lucy Stone trabajó con Frederick Douglass para apoyar la aprobación de la Decimoquinta Enmienda.
Susan B. Anthony (1820–1906)	Formó parte del movimiento en contra de la esclavitud y, luego, Elizabeth Cady Stanton la incorporó al movimiento que estaba a favor de los derechos de la mujer. Junto con Stanton, Susan B. Anthony formó la Asociación Nacional por el Sufragio Femenino en 1869.

4. ¿Qué información puedes inferir a partir de la tabla?

   A. Muchos líderes que lucharon por los derechos de las mujeres también apoyaron los derechos de los afroamericanos.
   B. Los hombres y las mujeres no trabajaron juntos para ampliar los derechos dentro de los Estados Unidos.
   C. Elizabeth Cady Stanton y Lucy Stone nunca se conocieron personalmente.
   D. Todos los que apoyaban el sufragio femenino estaban en el Norte después de la Guerra de Secesión.

5. ¿Qué inferencia puedes hacer acerca de los registros de votación de estas líderes del sufragio femenino?

   A. Todas las mujeres fueron arrestadas por intentar votar en algún momento de sus vidas.
   B. Aunque no podían votar a nivel nacional, todas las mujeres podían votar en sus propios estados.
   C. Las mujeres únicamente apoyaban el derecho a votar de las mujeres blancas a nivel nacional.
   D. Ninguna de las mujeres votó en una elección presidencial.

Interpretar caricaturas políticas

TEMAS DE ESTUDIOS SOCIALES: I.CG.c.1, I.CG.c.3, I.CG.d.2, II.CG.e.2, II.CG.e.3
PRÁCTICA DE ESTUDIOS SOCIALES: SSP.1.a, SSP.1.b, SSP.2.a, SSP.2.b, SSP.5.a, SSP.5.b, SSP.6.b

UNIDAD 3

① Aprende la destreza

Las **caricaturas políticas** son dibujos cuyo propósito es hacer declaraciones políticas o sociales. Estas caricaturas comunican las opiniones de los artistas que las dibujan. Estos individuos, conocidos como **caricaturistas políticos**, con frecuencia usan sus destrezas editoriales y el humor o la sátira para decir algo importante. Los caricaturistas políticos también pueden usar una **caricatura**, es decir, una representación exagerada de las características físicas de una cosa o de una persona, para presentar un punto de vista. **Interpretar caricaturas políticas** puede darte un conocimiento valioso y directo sobre las diferentes maneras en que las personas percibían los sucesos históricos en la época en que acontecían.

Como sucede con otras áreas de la prueba de GED®, la destreza de interpretar caricaturas políticas evaluará tu capacidad para interpretar información en distintos niveles de conocimiento mediante el uso de destrezas complejas de lectura y razonamiento.

② Practica la destreza

Al practicar la destreza de interpretar caricaturas políticas, mejorarás tus capacidades de estudio y evaluación, especialmente en relación con la Prueba de Estudios Sociales GED®. Estudia la información que aparece a continuación. Luego responde la pregunta.

a Los símbolos a menudo ayudan a transmitir el significado de las caricaturas políticas mediante el uso de imágenes y palabras, como el filo del hacha (voto) que se introduce en el árbol (taberna) y lo tala.

b Las caricaturas políticas generalmente incluyen rótulos que identifican los elementos que se muestran en la caricatura. Las leyendas que pueden aparecer debajo de una caricatura ayudan a aclarar su significado.

c El hombre que está a la derecha del árbol es la caricatura de un político. Es la persona que expresa las palabras que se encuentran en la parte inferior de la caricatura.

El Partido de la Prohibición se formó a mediados del siglo XIX y luchó durante varios años para prohibir la producción, la venta y el transporte de bebidas alcohólicas. Es el partido político minoritario más antiguo de los Estados Unidos que sigue existiendo. Ocasionalmente, ha nominado candidatos para ocupar puestos estatales y locales en casi todos los estados.

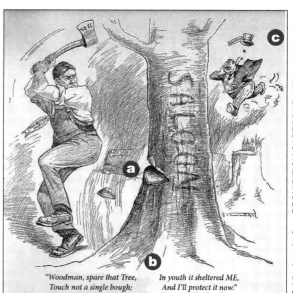

"Woodman, spare that Tree, / Touch not a single bough; / In youth it sheltered ME, / And I'll protect it now."

Public domain, from PROHIBITION CARTOONS, 1904, published by The Defender Publishing Company, New York

En la caricatura, el político le pide al leñador (representante del Partido de la Prohibición) que no tale ese árbol (la taberna) que lo refugió en su juventud y que ahora él quiere proteger.

HACER SUPOSICIONES

Las caricaturas políticas expresan comentarios u opiniones editoriales. Al examinar las palabras, las ilustraciones o los símbolos de las caricaturas políticas, ten en cuenta de qué manera estos elementos expresan el punto de vista del artista.

1. ¿Cuál de los siguientes enunciados indica el punto de vista del caricaturista sobre la Prohibición a través de la representación de los dos personajes de la caricatura?

A. El caricaturista cree que los políticos tienen un interés legítimo en la Prohibición.

B. El caricaturista cree que el Partido de la Prohibición hace bien en intentar prohibir el alcohol.

C. El caricaturista teme que el Partido de la Prohibición esté intentando alcanzar sus metas de manera imprudente.

D. El caricaturista sugiere que muchos políticos apoyan el trabajo del Partido de la Prohibición.

3 Aplica la destreza

INSTRUCCIONES: Estudia la información y las caricaturas, lee las preguntas y elige la **mejor** respuesta.

Después de la caída de la bolsa de valores de 1929, el presidente Herbert Hoover buscó minimizar los efectos de la caída sobre la economía de los Estados Unidos. Los agricultores estadounidenses estaban ganando mucho menos que antes y no podían pagar sus hipotecas ni sus cuentas. Sin estos pagos, los bancos rurales quebraron. Después de 1932, la sequía azotó la región del Medio Oeste, lo que sumó más problemas en la agricultura de los que ya existían. Las industrias quebraron y las fábricas y las tiendas cerraron.

Entre 1929 y 1933, colapsaron 5,000 bancos estadounidenses, se ejecutó una de cada cuatro granjas y desaparecieron un promedio de 100,000 empleos por semana. Hacia 1932, más de 12 millones de estadounidenses quedaron sin empleo. Parte del plan del presidente Hoover para mejorar la economía nacional incluía trabajar con líderes sindicales y empresarios.

"LES ASEGURAMOS QUE NADIE SUFRIRÁ HAMBRE NI FRÍO EN LOS ESTADOS UNIDOS."

2. ¿Cuál de los siguientes enunciados describe mejor la descripción de la caricatura de las declaraciones del presidente Hoover sobre los problemas que enfrentaban los estadounidenses?

   A. La caricatura muestra al presidente dirigiendo la economía del país nuevamente a la estabilidad.
   B. La caricatura muestra al presidente desconectado de las necesidades de la población.
   C. La caricatura muestra al presidente inseguro del curso de acción correcto para mejorar la economía.
   D. La caricatura muestra al presiente cauteloso de apoyar a las grandes empresas durante la crisis.

3. ¿Cuál de las siguientes situaciones identifica el caricaturista como una de las consecuencias de la caída económica?

   A. El caricaturista piensa que el pleno empleo fue consecuencia de la caída.
   B. El caricaturista predice que Herbert Hoover será elegido como próximo presidente.
   C. El caricaturista señala el hambre y el frío como consecuencias de la caída.
   D. El caricaturista afirma que el hambre y el frío se han eliminado como consecuencia de la caída.

INSTRUCCIONES: Estudia la información y la caricatura, lee las preguntas y elige la **mejor** respuesta.

En febrero de 1937, el presidente Franklin Delano Roosevelt propuso una ley que aumentaría el número de jueces de la Corte Suprema de los Estados Unidos de 9 a 15. Por cada juez que superara la edad de 70 años (un total de seis en ese momento), el presidente estaría autorizado para designar un nuevo juez. Esto habría modificado una corte que había abolido algunos de los programas propuestos en el Nuevo Acuerdo. Después de seis meses de audiencias y debates en el Congreso, el plan del presidente fracasó.

4. ¿Cómo representa el artista el comportamiento del presidente Roosevelt en esta caricatura política?

   A. Su comportamiento se representa como esperanzado.
   B. Su comportamiento se representa como enfadado.
   C. Su comportamiento es un poco triste y consternado.
   D. Su comportamiento es frío y calculador.

5. ¿Cuál de los siguientes enunciados representa mejor la descripción que se hace en la caricatura del intento del presidente Roosevelt de modificar la Corte Suprema de EE. UU.?

   A. La Corte Suprema de EE. UU. no apoyaba la petición del presidente Roosevelt.
   B. El presidente Roosevelt tenía justificativos para intentar modificar la Corte Suprema de EE. UU.
   C. La Corte Suprema de EE. UU. estaba dispuesta a cooperar con el presidente Roosevelt.
   D. El presidente Roosevelt deseaba abolir la Corte Suprema de EE. UU.

Sacar conclusiones

TEMAS DE ESTUDIOS SOCIALES: I.CG.c.1, I.CG.c.2, I.CG.c.3, II.CG.e.2
PRÁCTICA DE ESTUDIOS SOCIALES: SSP.1.a, SSP.1.b, SSP.2.a, SSP.2.b, SSP.3.c,
SSP.9.a, SSP.9.b, SSP.9.c

1 *Aprende la destreza*

Ya has aprendido que una inferencia es una suposición lógica basada en hechos o evidencia. Si combinas varias inferencias para dar una opinión, puedes **sacar conclusiones**. La capacidad para sacar conclusiones te permite desarrollar nuevas ideas acerca del material de estudios sociales. De esta manera, puedes lograr una comprensión más profunda de la información que necesitas. También puedes recurrir a tus conocimientos previos para sacar conclusiones.

Como sucede con otras áreas de la prueba de GED®, las preguntas sobre como sacar conclusiones evaluarán tu capacidad para interpretar la información en distintos niveles de conocimiento mediante el uso de destrezas complejas de lectura y razonamiento.

2 *Practica la destreza*

Al practicar la destreza de sacar conclusiones, mejorarás tus capacidades de estudio y evaluación, especialmente en relación con la Prueba de Estudios Sociales GED®. Estudia la información que aparece a continuación. Luego responde la pregunta.

a Mientras leas, busca datos sobre los cuales puedas formular preguntas como: ¿De qué manera obtienen sus posiciones las personas que están en la línea de sucesión?

b Recuerda que una inferencia es como un rompecabezas que se debe armar combinando dos o más datos. Luego, estas suposiciones lógicas se pueden combinar para formar una conclusión mayor.

Cuando se escribió la Constitución, sus autores dejaron en manos del Congreso gran parte de la responsabilidad de decidir la manera en que se organizaría el nuevo gobierno. **a** Uno de los temas centrales más apremiantes era determinar el orden de sucesión ante cualquier suceso desafortunado que pudiera ocurrirle al presidente. El Segundo Congreso tomó medidas mediante la aprobación de la Ley de Sucesión Presidencial, que coloca al vicepresidente en el cargo si el presidente no puede cumplir funciones. En su formato original, la ley colocaba al presidente pro témpore del Senado en primer lugar en la línea de sucesión después del vicepresidente, y al presidente de la Cámara en segundo lugar. Estos dos cargos son elegidos por el voto ciudadano.

Desde entonces, la línea de sucesión se ha modificado dos veces. Primero, en 1866, se modificó de manera tal que los miembros del gabinete presidencial, que son <u>designados por el presidente</u>, fueran los sucesores por orden de rango, después del vicepresidente. El presidente de la Cámara y el presidente pro témpore ya no estaban en la línea. La lógica fue que nunca un presidente pro témpore había sido presidente, mientras que sí lo habían sido seis ex secretarios de estado. En 1947, la línea de sucesión se volvió a modificar para adoptar su formato actual: si el presidente muere, el vicepresidente es el próximo en la línea de sucesión, seguido por el presidente de la Cámara y el presidente pro témpore del Senado y, luego, por los miembros del gabinete.

HACER SUPOSICIONES

Para responder esta pregunta, haz suposiciones a partir de la información dada. Busca información sobre las diferencias entre los miembros del gabinete, el presidente pro témpore y el presidente de la Cámara.

1. ¿Qué conclusión puedes sacar sobre la razón más probable por la que se modificó la línea de sucesión en 1947, que colocaba a los miembros del gabinete detrás del presidente de la Cámara y del presidente pro témpore?

A. Los miembros del gabinete no están calificados de la misma manera para ocupar el cargo de presidente.
B. El presidente de la Cámara está más calificado que los miembros del gabinete para ocupar el cargo de presidente.
C. El presidente pro témpore está más calificado que los miembros del gabinete para ocupar el cargo de presidente.
D. El presidente de la Cámara y el presidente pro témpore son funcionarios elegidos por sufragio y los miembros del gabinete son designados por el presidente.

UNIDAD 3

3 *Aplica la destreza*

★ Ítem en foco: **RESPUESTA EXTENDIDA**

INSTRUCCIONES: Lee la información y la pregunta, luego escribe tu respuesta en las líneas que aparecen a continuación. Consulta la Unidad 3 y la Unidad 4 de Razonamiento a través de las Artes del Lenguaje en el Libro del estudiante y el Cuaderno de ejercicios para obtener información detallada sobre la lectura, la escritura y la edición de respuestas extendidas. Puedes usar otra hoja de papel para completar tu respuesta.

En un intento por evitar una huelga nacional de trabajadores de la industria del acero que suponía que pondría en peligro la defensa nacional, el presidente Harry S. Truman emitió una orden ejecutiva en abril de 1952 para controlar y operar la mayor parte de las acerías del país. Esta orden no se basaba en ninguna autoridad legal específica sino más bien en los poderes conferidos al presidente por la Constitución y las leyes de los Estados Unidos. El Secretario de Comercio emitió la orden y el presidente rápidamente informó estos sucesos al Congreso. Sin embargo, el Congreso no hizo nada y manifestó que la orden no había sido sancionada ni por la Constitución ni por las leyes estadounidenses, dado que no existía ningún estatuto que implícita o explícitamente autorizara al presidente a apoderarse de las acerías. El Congreso manifestó correctamente que el poder que el presidente Truman intentaba ejercer era el poder legislativo, que la Constitución de los Estados Unidos otorga únicamente al Congreso. Las acerías interpusieron una demanda en el tribunal de distrito de los Estados Unidos, que dictaminó que las acciones de Truman eran inconstitucionales. El tribunal emitió una orden restrictiva preliminar que impidió que se ejecutara la orden del presidente. Poco después, la Corte Suprema de los Estados Unidos ratificó la sentencia.

2. ¿Qué conclusión puedes sacar sobre el hecho de que el poder presidencial pudiera apoderarse de la propiedad privada antes de 1952? En tu respuesta, desarrolla un argumento acerca de las acciones del presidente Truman y los consiguientes fallos dictados por la Corte Suprema de los Estados Unidos. Incluye evidencia relevante y específica del pasaje y de tus propios conocimientos de esta cuestión persistente. Completar esta tarea puede llevarte 25 minutos aproximadamente.

_____

_____

_____

_____

_____

_____

_____

_____

_____

_____

_____

_____

_____

UNIDAD 3

Determinar el punto de vista

TEMAS DE ESTUDIOS SOCIALES: I.CG.b.1, I.CG.b.6, I.CG.b.8, I.CG.c.2, II.CG.e.1, II.CG.e.3 , II.CG.f
PRÁCTICA DE ESTUDIOS SOCIALES: SSP.1.a, SSP.1.b, SSP.4.a, SSP.5.a, SSP.5.b, SSP.7.a

❶ Aprende la destreza

El **punto de vista** de un autor es la perspectiva desde la que se escribe sobre un tema. Cuando **determinas el punto de vista**, comprendes mejor el texto. Identifica el tema o la idea principal del texto y ten en cuenta el propósito del autor. Luego piensa en las distintas perspectivas que el autor puede tener sobre un tema. Estos pasos te ayudarán a aclarar el punto de vista del autor.

Como sucede con otras áreas de la prueba de GED®, las preguntas sobre cómo determinar el punto de vista evaluarán tu capacidad para interpretar la información en distintos niveles de conocimiento mediante el uso de destrezas complejas de lectura y razonamiento.

❷ Practica la destreza

Al practicar la destreza de determinar puntos de vista, mejorarás tus capacidades de estudio y evaluación, especialmente en relación con la Prueba de Estudios Sociales GED®. Estudia la información que aparece a continuación. Luego responde la pregunta.

El proyecto de pruebas Apollo-Soyuz fue el primer vuelo espacial internacional. En 1975, una nave espacial estadounidense, llamada Apollo, se acopló a una nave soviética, llamada Soyuz. Hasta ese momento, las dos naciones habían competido por el éxito en el espacio, pero durante esta prueba, las tripulaciones realizaron experimentos conjuntos. Este hito en la exploración espacial marcó el comienzo de muchas asociaciones internacionales en el espacio.

El siguiente pasaje corresponde a una carta que el presidente Gerald Ford escribió al secretario general soviético, Leonid Brezhnev, poco tiempo después de que los astronautas regresaran a la Tierra:

a Mientras leas el pasaje, ten en cuenta el propósito del autor y piensa en cómo ese propósito se relaciona con su punto de vista.

Los miembros de la tripulación de la misión Apollo-Soyuz han viajado juntos sobre nuestro planeta por miles de millas. (...) Estos hombres valientes se dieron la mano y trabajaron juntos mientras orbitaban la Tierra. Ahora, en el viaje conjunto por la Unión Soviética y pronto por los Estados Unidos, demuestran los frutos de nuestra cooperación desde el punto de vista humano.

b Para determinar el punto de vista de un autor, busca afirmaciones o pasajes que expresen opiniones. Si las consideras en conjunto, estas opiniones te ayudarán a identificar el punto de vista del autor.

Confío en que estará de acuerdo en que no debemos conformarnos con estos logros tan importantes y que debemos seguir trabajando juntos para ampliar los horizontes y el conocimiento humano en el espacio y garantizar la paz y el acuerdo entre las naciones de la Tierra.

Una vez más, lo saludo y envío mis más sinceros deseos de que continuemos fomentando esta cooperación que beneficia a ambas partes y mantengamos buenas relaciones entre nuestros países.

CONSEJOS PARA REALIZAR LA PRUEBA

Busca en el texto palabras o frases "cargadas de emociones", es decir, palabras o frases que generen respuestas emocionales en el lector y que puedan ser pistas para determinar el punto de vista del autor.

1. ¿Cuál de las siguientes afirmaciones describe **mejor** el punto de vista del presidente Ford?

   A. Las tripulaciones de la misión Apollo-Soyuz tendrían que hacer una gira mundial.
   B. Los proyectos espaciales conjuntos pueden beneficiar a las generaciones futuras.
   C. Los líderes de los dos países merecen que se los felicite.
   D. La competencia es una manera de garantizar un mejor acuerdo.

INSTRUCCIONES: Estudia la información, lee la pregunta y luego elige la **mejor** respuesta.

Fragmento del Informe del Secretario General sobre el estado de derecho y la justicia de transición en las sociedades que sufren o han sufrido conflictos:

En 1945, después de que terminara la Segunda Guerra Mundial, un grupo de 51 naciones fundó la Organización de las Naciones Unidas. En la actualidad, la organización cuenta con 193 estados miembros. A través de su carta constitutiva, la Organización de las Naciones Unidas brinda un foro para que sus estados miembros expresen sus puntos de vista y tomen medidas sobre diversos problemas mundiales. La organización es famosa por su trabajo para mantener la paz, prevenir conflictos y brindar asistencia humanitaria y también por su afán por hacer el mundo más seguro.

Para la Organización de las Naciones Unidas, el estado de derecho se refiere a un principio de gobierno según el cual todas las personas, instituciones y entidades, públicas y privadas, incluido el propio Estado, están sometidas a unas leyes que se promulgan públicamente, se hacen cumplir por igual y se **aplican** con independencia, además de ser compatibles con las normas y los principios internacionales de derechos humanos. Asimismo, exige que se adopten medidas para garantizar el respeto de los principios de primacía de la ley, igualdad ante la ley, rendición de cuentas ante la ley, equidad en la aplicación toma de decisiones, legalidad, no arbitrariedad, y transparencia procesal y legal.

2. El fragmento describe **mejor** el punto de vista de la Organización de las Naciones Unidas sobre

   A. la transparencia legal.
   B. la separación de poderes.
   C. los derechos humanos.
   D. el estado de derecho.

3. ¿Para qué se escribió este pasaje?

   A. para persuadir
   B. para educar e informar
   C. para dar una opinión
   D. como un artículo de fondo o comentario

4. ¿Cuál de las siguientes opciones puede reemplazar el uso que hace el autor de la palabra *aplican* en este pasaje?

   A. *negocian*
   B. *administran*
   C. *deciden legalmente*
   D. *hacen cumplir*

INSTRUCCIONES: Estudia la información, lee la pregunta y luego elige la **mejor** respuesta.

Fragmento traducido del artículo "John Kerry candidato a presidente", *The New York Times*, 17 de octubre de 2004:

John Kerry tiene muchas ideas firmes y convincentes y, en ciertos casos, innovadoras sobre la energía, que tienen como objetivo abordar el calentamiento global y la dependencia del petróleo. Kerry defiende desde hace mucho tiempo la redución del déficit. En el Senado, trabajó con John McCain para recomponer las relaciones entre los Estados Unidos y Vietnam y lideró investigaciones sobre cómo se ha manipulado el sistema financiero para permitir el lavado de dinero obtenido por drogas y por el financiamiento de actividades terroristas. Kerry siempre ha entendido que, en los problemas mundiales, el papel de los Estados Unidos es el de líder de una comunidad dispuesta de naciones, y no el de dominación absoluta.

Recordamos los últimos cuatro años con el corazón casi destrozado, por las vidas que se perdieron inútilmente y por las oportunidades que se malgastaron con tanta indiferencia. Una y otra vez, la historia invitó a George W. Bush a desempeñar un papel heroico, y una y otra vez eligió el camino equivocado. Estamos convencidos de que al país le irá mejor con John Kerry como presidente.

Votar para presidente es un acto de fe. Un candidato puede explicar minuciosamente sus posturas y terminar gobernando con un Congreso hostil que no lo deje actuar. Un desastre puede cambiar radicalmente los planes más minuciosos. Lo único que pueden hacer los ciudadanos es combinar las conjeturas con la esperanza, examinar lo que hicieron los candidatos en el pasado, sus prioridades evidentes y su carácter en general. Es por estos tres aspectos que respaldamos con entusiasmo la candidatura de John Kerry como presidente.

5. ¿En qué sección de *The New York Times* esperarías encontrar este artículo?

   A. en la sección de Educación
   B. en la sección de Noticias del mundo
   C. en las páginas de Opinión
   D. en las páginas de Noticias locales

6. ¿Cuál de las siguientes afirmaciones expresa **mejor** el punto de vista del escritor?

   A. George W. Bush ha tomado decisiones heroicas.
   B. George W. Bush puede guiar al país hacia un futuro mejor.
   C. John Kerry hace conocer sus posturas.
   D. John Kerry es un buen candidato por su trayectoria y su carácter.

UNIDAD 3

LECCIÓN 10 — Analizar fuentes de información

TEMAS DE ESTUDIOS SOCIALES: I.CG.b.5, I.CG.c.1, I.CG.c.2, I.CG.c.3, I.CG.c.6
PRÁCTICA DE ESTUDIOS SOCIALES: SSP.1.a, SSP.1.b, SSP.2.a, SSP.5.a, SSP.6.b

UNIDAD 3

❶ Aprende la destreza

Cuando aprendas sobre estudios sociales, a menudo tendrás que **analizar** muchos tipos diferentes de **fuentes de información**. Las **fuentes primarias** son versiones originales de sucesos escritas por personas que vivieron la experiencia en aquel momento, como testigos presenciales. Estas fuentes pueden incluir discursos, documentos, entradas de un diario y cartas. Las fuentes secundarias interpretan las fuentes primarias. Las enciclopedias, los artículos periodísticos y los libros de historia son **fuentes secundarias**. Es importante distinguir entre fuentes primarias y secundarias para entender el propósito del autor y su punto de vista. Recuerda que todas las fuentes tienen un grado de **parcialidad**. Por eso, asegúrate de hacer una evaluación crítica de las fuentes.

Como sucede con otras áreas de la prueba de GED®, las preguntas sobre como analizar fuentes de información evaluarán tu capacidad para interpretar la información en distintos niveles de conocimiento mediante el uso de destrezas complejas de lectura y razonamiento.

❷ Practica la destreza

Al practicar la destreza de analizar fuentes de información, mejorarás tus capacidades de estudio y evaluación, especialmente en relación con la Prueba de Estudios Sociales GED®. Estudia la información que aparece a continuación. Luego responde la pregunta.

a Si las personas están intentando promover algo, tienen una parcialidad a favor de ello. Si están en contra, se inclinan en su contra.

b Los títulos, etiquetas, descripciones, etc., pueden proveer pistas sobre la confiabilidad y la parcialidad. La información de un sitio de Internet con dominio *.gov* es por lo general más confiable, pero puede igualmente expresar alguna parcialidad.

CONSEJOS PARA REALIZAR LA PRUEBA

Todas las fuentes tienen un grado de parcialidad. La mayoría de los trabajos académicos (fuentes secundarias) intentan poner a prueba una tesis histórica y deben reconocer la parcialidad en las fuentes primarias que usan.

El 17 de noviembre de 2010 (en su cumpleaños número 61), [John] Boehner fue elegido por sus colegas para ocupar el cargo de presidente designado de la Cámara de Representantes y el 5 de enero de 2011 prestó juramento en el 112.º Congreso de los Estados Unidos para convertirse en el presidente número 53 de la Cámara de Representantes. John fue reelecto por la Cámara el 3 de enero de 2013, para cumplir un segundo mandato como presidente en el 113.º Congreso.

Bajo su dirección, la mayoría de la Cámara de Representantes ha trabajado para que el proceso legislativo sea más abierto y para garantizar que las prioridades de los estadounidenses se vean reflejadas en las prioridades de los legisladores. John lideró la campaña para crear un conjunto de reformas firmes y convincentes que requieren que los proyectos de ley se publiquen en Internet por lo menos tres días antes de una votación, que facilitan la reducción de gastos, que requieren que se apruebe una ley para nombrar su autoridad en la Constitución, entre otras.

John además lideró la Cámara de republicanos para adoptar la primera prohibición de "fondos asignados": el gasto secreto de los fondos que se usan para ganar votos al que se opuso desde sus primeros días en el Congreso. En la actualidad, el presidente de la Cámara, Boehner, tiene como objetivos acabar con las barreras del gobierno para la creación de puestos de trabajo en el sector privado y el crecimiento económico, reducir los gastos del gobierno, reformar el Congreso y volver a construir los lazos de confianza entre el pueblo estadounidense y sus representantes en Washington.

Fragmento traducido de speaker.gov, visitado en 2013

1. ¿De qué manera muestra parcialidad este fragmento?

   A. El autor está a favor del cargo de presidente de la Cámara.
   B. El autor está en contra de los republicanos.
   C. El autor está a favor del presidentede la Cámara, John Boehner.
   D. El autor está en contra de la trayectoria de John Boehner.

INSTRUCCIONES: Estudia la información, lee la pregunta y luego elige la **mejor** respuesta.

Fragmento traducido de *Encyclopedia Britannica Online*, Corte Suprema de los Estados Unidos:

Originariamente, el sistema judicial federal estaba compuesto únicamente por los tribunales de primera instancia y la Corte Suprema. Cuando el país creció en tamaño, y debido a la ausencia de tribunales de apelación intermedios, también aumentó la cantidad de casos que aguardaban su revisión. Además, la fidelidad hacia los precedentes de la Corte Suprema variaba considerablemente entre los tribunales inferiores. Para solucionar este problema, el Congreso aprobó la Ley del Tribunal de Apelaciones de Circuito (1891), que establecía nueve tribunales intermedios una autoridad final sobre las apelaciones de los tribunales federales de primera instancia, excepto cuando el caso en cuestión fuera de interés público excepcional. La Ley Judicial de 1925 (conocida vulgarmente como la Ley de los Jueces), que fue propuesta por el propio tribunal, llevó las reformas más allá y limitó en gran medida la jurisdicción obligatoria (que requería que la Corte Suprema revisara los casos) y extendió las clases de casos que podía aceptar el tribunal según su propio criterio mediante la emisión de una orden de revisión de sentencia. En 1988, se aprobaron más cambios, cuando el Congreso aprobó la legislación que requería que la Corte Suprema atendiera apelaciones de casos que involucraran la redistribución legislativa y las leyes federales para los derechos civiles y antimonopolio. Actualmente, hay 12 circuitos judiciales geográficos y un tribunal de apelaciones para el circuito federal, ubicado en Washington D.C. Aproximadamente el 98% de los casos federales finaliza con la sentencia de uno de los tribunales de apelaciones de menor instancia.

2. ¿Cómo describirías la información de esta fuente?

   A. La información es imparcial.
   B. La información es antigua.
   C. La información es vehemente.
   D. La información es parcial.

3. Para confirmar la información de esta fuente, ¿cuál de los siguientes sitios de organizaciones sería **mejor** usar?

   A. el sitio del periódico *The Washington Post*
   B. el sitio de la Universidad de Georgetown
   C. el sitio de la Asociación de Jueces de los Estados Unidos
   D. el sitio de la Corte Suprema de los Estados Unidos

INSTRUCCIONES: Estudia la información, lee la pregunta y luego elige la **mejor** respuesta.

POBLACIÓN DE CHICAGO, 1970–2010

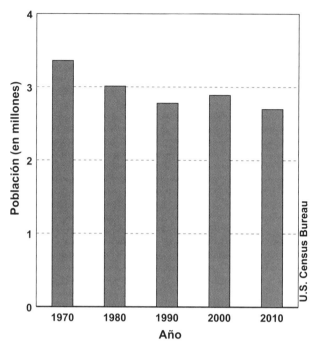

Fuente: Oficina del Censo de los Estados Unidos

4. ¿Cuál es la fuente de información que se presenta en esta gráfica?

   A. la ciudad de Chicago
   B. una entidad del gobierno federal
   C. una enciclopedia
   D. una revista nacional

5. ¿Cuál de las siguientes afirmaciones se puede considerar un ejemplo de una interpretación parcial de esta gráfica?

   A. La población de Chicago ha disminuido con el tiempo.
   B. La población de Chicago era mayor en 1970 que en 2010.
   C. La causa de la disminución en la población fue el aumento de la violencia entre los ciudadanos de ingresos muy bajos.
   D. La población de Chicago ha disminuido durante varias décadas por muchas razones.

Generalizar

TEMAS DE ESTUDIOS SOCIALES: I.CG.b.5, I.CG.c.1, I.CG.c.2, I.CG.c.3, I.CG.c.6
PRÁCTICA DE ESTUDIOS SOCIALES: SSP.1.a, SSP.1.b, SSP.2.a, SSP.7.a, SSP.7.b

① Aprende la destreza

Cuando **generalizas**, haces una afirmación amplia que puede aplicarse a grupos enteros de personas, lugares, sucesos y demás. Estas afirmaciones contienen normalmente frases como *por lo general, todo, todos, muchos, pocos, generalmente* y *en general*, entre otras. Generalizar puede resultar útil cuando tienes que sacar una conclusión sobre algo. Por ejemplo, uno puede hacer la siguiente generalización: *la mayoría de los estadounidenses creen en los principios de la democracia*. Sin embargo, antes de hacer una **generalización**, tienes que asegurarte de que la información que uses para justificarla sea válida.

Como sucede con otras áreas de la prueba de GED®, las preguntas sobre cómo generalizar evaluarán tu capacidad para interpretar la información en distintos niveles de conocimiento mediante el uso de destrezas complejas de lectura y razonamiento.

② Practica la destreza

Al practicar la destreza de generalizar mejorarás tus capacidades de estudio y evaluación, especialmente en relación con la prueba de GED®. Estudia la información que aparece a continuación. Luego responde la pregunta.

a Observa detalladamente las ideas para ver cómo están relacionadas. Aquí, el autor relaciona el acceso a la electricidad con la pobreza.

b Examina el texto para buscar hechos o evidencias que un autor puede incluir y que justificarían una generalización o varias generalizaciones.

USAR LA LÓGICA

Cuando te encuentres con generalizaciones, puedes clasificarlas en válidas o inválidas. Una generalización válida está respaldada por datos y ejemplos. Una generalización inválida es aquella que no tiene justificación.

Fragmento traducido del artículo "Dar forma a la política estadounidense de energía mundial", Oficina de Recursos Energéticos, Departamento de Estado de los Estados Unidos:

¿Por qué se necesita un departamento de recursos energéticos?

El mundo funciona con electricidad y las personas necesitan suministros de energía confiables, asequibles y sustentables. La energía satisface nuestras necesidades más básicas y alimenta las tecnologías que pueden garantizar nuestro futuro. Pero más de mil millones de personas en el mundo todavía no tienen acceso a la electricidad. Si ignoramos sus necesidades, consolidamos su pobreza. **a** Si expandimos su acceso a la energía sin hacerla sustentable, aceleramos los impactos en el medio ambiente y la competencia por los escasos recursos.

El departamento se encarga de dar forma al compromiso energético internacional de los Estados Unidos, al influenciar cómo avanzan los países hacia un futuro energético más limpio y al proteger nuestra infraestructura energética y nuestras rutas de tránsito. Este esfuerzo requiere relaciones diplomáticas firmes con los principales consumidores y proveedores. Tenemos que prever los cambios en los mercados energéticos y trabajar con organizaciones internacionales para estabilizar esos mercados y fortalecer la capacidad de administrarlos. Las inversiones en fuentes de energía en crecimiento seguras y más limpias se verán reflejadas en mejoras en la salud, en una mayor sostenibilidad económica, en medio ambientes más seguros y en un aumento de la seguridad nacional. **b**

Fragmento traducido de state.gov, visitado en 2013

1. ¿Cuál de las siguientes generalizaciones está respaldada por el fragmento?

    A. La mayoría de los países generalmente producen energía más limpia que los Estados Unidos.

    B. Los medio ambientes seguros para vivir solo están disponibles para aquellos que tienen electricidad.

    C. Las personas que no tienen acceso a la electricidad por lo general viven en la pobreza.

    D. La Oficina de Recursos Energéticos trabaja principalmente en energías de combustibles fósiles.

UNIDAD 3

3 Aplica la destreza

INSTRUCCIONES: Estudia la información, lee la pregunta y luego elige la **mejor** respuesta.

Fragmento traducido de "¿Quién puede declarar la guerra?", *The New York Times*, 15 de diciembre de 1990:

De acuerdo con el gobierno de Bush, el hecho de que la Constitución otorgue al Congreso, y solamente al Congreso, la facultad de "declarar la guerra" no impide que el presidente comience una guerra por sus propios medios. El Congreso puede tener opiniones interesantes y su respaldo resulta conveniente, argumentan. Pero si el presidente decidiera atacar Irak, su aprobación no es obligatoria, incluso si el ataque es, como dicen en el gobierno, repentino, masivo y contundente.

(…) El presidente, como comandante en jefe, está autorizado a declarar la guerra. Los presidentes enérgicos se las han arreglado para provocar guerras ejecutivas, por lo general porque el Congreso se ha mostrado reticente a aseverar su poder. Pero esas fallas no cambiaron la Constitución.

El asistente del fiscal general, Stuart Gerson, hizo el argumento más audaz y escueto para el poder ejecutivo. Bajo la cláusula de la facultad para declarar la guerra, le dijo al juez Harold Greene en el juicio de los miembros del Congreso que cualquier poder podía iniciar una guerra: "Cada poder puede avanzar a favor de la beligerancia por encima del otro poder: el presidente comienza la guerra y el Congreso la declara".

"El presidente no le niega al Congreso su facultad para declarar la guerra", expresó Gerson, y continuó su argumento sobre el momento oportuno. "La Constitución no dice que la guerra se debe declarar antes de que se produzcan hostilidades. Así, el Congreso podrá ejercer su derecho de declarar la guerra incluso después de que el presidente la haya declarado primero".

2. ¿Cuál de las siguientes generalizaciones hace el autor en este pasaje?

   A. No se necesita aprobación del Congreso para que el presidente declare la guerra.
   B. Los presidentes enérgicos por lo general aprovechan al máximo el poder ejecutivo.
   C. El Congreso normalmente está dispuesto a declarar la guerra.
   D. El presidente únicamente puede declarar la guerra después de que el Congreso la haya autorizado.

INSTRUCCIONES: Estudia la información, lee la pregunta y luego elige la **mejor** respuesta.

Todos los estados tienen asambleas legislativas compuestas por representantes electos que analizan cuestiones presentadas por el gobernador o introducidas por sus miembros para crear una legislación que se transforme en ley. La asamblea legislativa también aprueba un presupuesto estatal e inicia legislaciones impositivas y acusaciones en un juicio político. Estos últimos forman parte de un sistema de equilibrio de poderes y control mutuo entre los tres poderes del gobierno que refleja el sistema federal y previene el abuso de poder.

Excepto el estado de Nebraska, todos los estados tienen una legislatura bicameral formada por dos cámaras: una cámara alta más pequeña y una cámara baja más grande. Juntas, las dos cámaras crean leyes estatales y cumplen con otras responsabilidades gubernamentales. (Nebraska es el único estado que tiene una sola cámara en su legislatura). La cámara alta más pequeña se denomina Senado, y los miembros cumplen sus funciones durante períodos más largos, por lo general durante cuatro años. La cámara baja más grande se denomina Cámara de Representantes, pero en algunos estados se denomina Asamblea o Cámara de Delegados. Los miembros cumplen sus funciones durante períodos más cortos, por lo general durante dos años.

Fragmento traducido de whitehouse.gov, visitado en 2013

3. ¿Cuál de las siguientes generalizaciones se puede hacer sobre los estados?

   A. Todos los estados tienen diferentes sistemas de equilibrio de poderes.
   B. Todos los estados tienen legislaturas unicamerales.
   C. Todos los estados tienen legislaturas bicamerales.
   D. Los estados tienen gobiernos que actúan de manera similar al gobierno federal.

4. "Todos los estados tienen asambleas legislativas compuestas por representantes electos que analizan cuestiones presentadas por el gobernador o introducidas por sus miembros para crear una legislación que se transforme en ley".

   ¿Cuál de las siguientes palabras indica que esta es una generalización?

   A. todos
   B. analizan
   C. presentadas
   D. crear

UNIDAD 3

Identificar problemas y soluciones

TEMAS DE ESTUDIOS SOCIALES: I.CG.b.1, I.CG.b.3, I.CG.b.5, I.CG.c.1, I.CG.c.2, I.CG.c.3, I.CG.c.6
PRÁCTICA DE ESTUDIOS SOCIALES: SSP.1.a, SSP.1.b, SSP.2.a, SSP.5.a

❶ Aprende la destreza

Todos los días, la gente trabaja para solucionar **problemas** en sus hogares, sus escuelas, sus lugares de trabajo y sus comunidades. El primer paso para resolver un problema es **identificar el problema** correctamente para determinar la mejor manera de solucionarlo. Al determinar una **solución**, es importante identificar un número de alternativas posibles y evaluar las ventajas y las desventajas de cada una.

Como sucede con otras áreas de la prueba de GED®, las preguntas sobre cómo identificar problemas y soluciones evaluarán tu capacidad para interpretar la información en distintos niveles de conocimiento mediante el uso de destrezas complejas de lectura y razonamiento.

❷ Practica la destreza

Al practicar la destreza de identificar problemas y soluciones, mejorarás tus capacidades de estudio y evaluación, especialmente en relación con la Prueba de Estudios Sociales GED®. Estudia el pasaje que aparece a continuación. Luego responde la pregunta.

ⓐ En este pasaje, el Secretario del Tesoro, Henry Paulson, describe un problema económico. Examina los detalles y los ejemplos que da Paulson para explicar el problema con claridad.

ⓑ En esta sección, Paulson describe una solución para este problema. No todas las soluciones son simples. Los problemas difíciles requieren soluciones complejas.

USAR LA LÓGICA

Cuando leas sobre estudios sociales, es posible que el texto no establezca específicamente el problema y la solución. Tal vez tengas que usar la información dada para hacer inferencias sobre posibles soluciones.

Fragmento traducido de una declaración del Secretario del Tesoro, Henry M. Paulson, 19 de septiembre de 2008:

ⓐ El punto débil subyacente en nuestro sistema financiero actual son los activos hipotecarios no líquidos que han perdido su valor a medida que han avanzado los ajustes del mercado inmobiliario. Estos activos no líquidos están trabando el flujo de crédito que es fundamental para nuestra economía. Cuando el sistema financiero funciona como debe ser, el dinero y los capitales fluctúan hacia y desde el sector doméstico y empresarial para pagar créditos para la vivienda, créditos escolares e inversiones para generar empleos. Como los activos hipotecarios no líquidos bloquean el sistema, la obstrucción de nuestros mercados financieros tiene el potencial para generar efectos significativos en nuestro sistema financiero y en nuestra economía.

ⓑ (...) El gobierno federal debe implementar un programa que retire los activos no líquidos que están deprimiendo nuestras instituciones financieras y amenazando a nuestra economía. (...) En primer lugar, para brindar una financiación adicional fundamental a los mercados hipotecarios (...) En segundo lugar, para aumentar la disponibilidad de capitales para nuevos créditos para la vivienda (...) Estos dos pasos brindarán una ayuda económica para los activos hipotecarios, pero no son suficientes.

1. ¿Cuál de las siguientes opciones es el problema principal que se trata en este fragmento?

   A. los créditos para la vivienda
   B. los activos no líquidos
   C. los mercados hipotecarios
   D. los préstamos escolares

UNIDAD 3

INSTRUCCIONES: Estudia la información, lee cada pregunta y luego elige la **mejor** respuesta.

Fragmento traducido de la Ley de Áreas Silvestres de 1964:

Para garantizar que el crecimiento de una población, acompañada de la expansión de los asentamientos y la mecanización creciente, no ocupe ni modifique todas las áreas de los Estados Unidos y sus posesiones, y por no tener tierras designadas para la preservación y la protección en su estado natural, se declara mediante la presente que la política del Congreso será asegurar a los estadounidenses de generaciones presentes y futuras los beneficios de un recurso duradero de la naturaleza. Para dicho propósito, se establece un Sistema Nacional para la Preservación de las Áreas Silvestres, que estará compuesto por áreas federales designadas por el Congreso como "áreas silvestres", y se estable que estas zonas serán administradas para el uso y el goce de los estadounidenses de manera que permanezcan **intactas** y puedan usarse y gozarse en el futuro como áreas silvestres(...).

2. ¿Cuál de los siguientes problemas se resume en este fragmento?

   A. la deforestación por parte de la industria de la madera
   B. la pérdida del hábitat de la flora y la fauna que están amenazadas
   C. las complicaciones financieras por las regulaciones de la tala de árboles
   D. la pérdida de las áreas silvestres por el crecimiento y el desarrollo

3. ¿De qué manera esta ley propone resolver el problema?

   A. mediante la creación de nuevos parques nacionales
   B. mediante la creación de áreas silvestres protegidas
   C. mediante la protección de varias especies de la flora y la fauna
   D. mediante la creación de pequeñas comunidades en las áreas silvestres

4. ¿Con cuál de los siguientes términos se puede reemplazar la palabra *intactas* para dar una interpretación más precisa del texto?

   A. *ilimitadas*
   B. *fijas*
   C. *inalteradas*
   D. *estables*

INSTRUCCIONES: Estudia la información, lee cada pregunta y luego elige la **mejor** respuesta.

Fragmento de la Vigesimosegunda Enmienda de la Constitución de los Estados Unidos (1951):

Artículo 1: No se elegirá a ninguna persona para el cargo de presidente más de dos veces, y no se elegirá para el cargo de presidente más de dos veces a ninguna persona que haya desempeñado el cargo de presidente o actuado como tal durante más de dos años de un período para el cual se haya elegido como presidente a otra persona. Pero el presente artículo no se aplicará a ninguna persona que estuviera ejerciendo el cargo de presidente cuando el Congreso propuso el artículo, ni impedirá que la persona que esté desempeñando el cargo de presidente o que esté actuando como tal durante el período en el cual dicho artículo **entre en vigor** desempeñe el cargo de presidente o ejerza como tal durante el resto de dicho período.

5. ¿Qué problema trata esta enmienda?

   A. un orden de sucesión confuso para la presidencia
   B. el aumento de poder del poder ejecutivo
   C. la falta de límites de mandatos para la presidencia
   D. el conflicto entre el presidente y el Congreso

6. ¿Qué suceso histórico es más probable que haya impulsado la creación de esta enmienda?

   A. la presidencia de Franklin D. Roosevelt
   B. la renuncia del presidente Richard M. Nixon
   C. el asesinato del presidente John F. Kennedy
   D. la elección de Lyndon B. Johnson

7. ¿Cuál de las siguientes opciones puede reemplazar la frase *entre en vigor* para dar una interpretación más precisa del texto?

   A. *se complete*
   B. *se haga operístico*
   C. *se haga público*
   D. *sea promulgado*

Mapas con fines específicos

TEMAS DE ESTUDIOS SOCIALES: I.CG.c.1, I.CG.c.3, II.G.c.1, II.G.c.3, II.G.d.1, II.G.d.3
PRÁCTICA DE ESTUDIOS SOCIALES: SSP.1.a, SSP.2.a, SSP.4.a, SSP.6.b, SSP.6.c, SSP.8.a

1 Aprende la destreza

Los **mapas con fines específicos** tienen muchas similitudes con los mapas políticos. Estos dos tipos de mapas muestran límites políticos como ciudades, estados, regiones y países. Sin embargo, los mapas con fines específicos muestran características adicionales que no aparecen en los mapas políticos. Estas características pueden incluir elementos como distritos electorales, productos y recursos, y población. Los mapas con fines específicos por lo general usan símbolos que representan elementos clave.

Como sucede con otras áreas de la prueba de GED®, las preguntas sobre los mapas con fines específicos evaluarán tu capacidad para interpretar la información en distintos niveles de conocimiento mediante el uso de destrezas complejas de lectura y razonamiento.

2 Practica la destreza

Al practicar la destreza de interpretar mapas con fines específicos, mejorarás tus capacidades de estudio y evaluación, especialmente en relación con la Prueba de Estudios Sociales GED®. Estudia el mapa y la información que aparecen a continuación. Luego responde la pregunta.

a Este mapa muestra características políticas asociadas con el mapa político. Estas características incluyen los límites de los Estados Unidos y también la ubicación de las ciudades donde se encuentran las delegaciones de la Reserva Federal.

b Además de las características políticas, el mapa muestra los límites de los 12 distritos de la Reserva Federal. La adición de esta capa extra de información hace que este recurso visual sea un mapa con fines específicos.

DISTRITOS DEL SISTEMA DE LA RESERVA FEDERAL DE EE.UU.

9 Minneapolis

12 San Francisco

Chicago 7

Cleveland 2 Boston

Kansas City

10 4 3 Nueva York

St. Louis Philadelphia

8 5 Richmond

11 6 Atlanta

Dallas

Alaska y Hawái forman parte del distrito de San Francisco.

CONSEJOS PARA REALIZAR LA PRUEBA

Cuando tengas que interpretar un mapa con fines específicos en una prueba, estudia el título del mapa y los contenidos para identificar el propósito del mapa. Intenta resumir ese propósito en una o dos oraciones.

1. ¿En qué distrito del Sistema de la Reserva Federal está ubicado el estado de California?

A. en el Distrito 5
B. en el Distrito 8
C. en el Distrito 10
D. en el Distrito 12

INSTRUCCIONES: Estudia el mapa, lee las preguntas y luego elige la **mejor** respuesta.

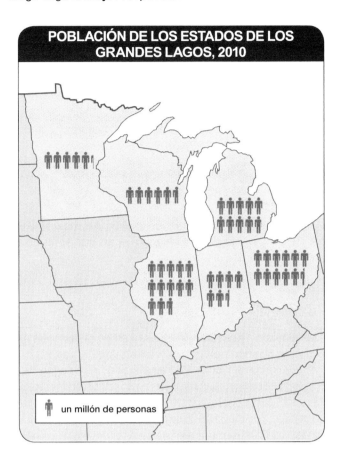

POBLACIÓN DE LOS ESTADOS DE LOS GRANDES LAGOS, 2010

👤 un millón de personas

INSTRUCCIONES: Estudia el mapa, lee las preguntas y luego elige la **mejor** respuesta.

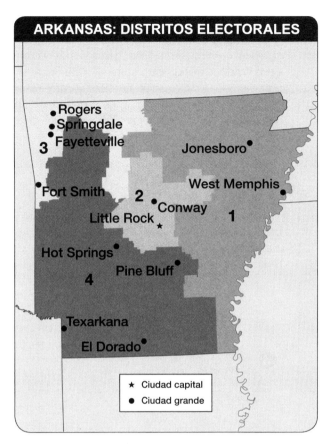

ARKANSAS: DISTRITOS ELECTORALES

★ Ciudad capital
● Ciudad grande

2. ¿Qué estado de esta región tenía la mayor población en 2010?

   A. Ohio
   B. Illinois
   C. Michigan
   D. Wisconsin

3. ¿Qué estado comparte el límite norte del estado con la mayor población?

   A. Wisconsin
   B. Michigan
   C. Minnesota
   D. Indiana

4. ¿Cuál de las siguientes afirmaciones es correcta a partir de la información del mapa?

   A. Minnesota tenía menos de 5 millones de habitantes.
   B. Wisconsin tenía una población mayor que la de Indiana.
   C. Ohio y Michigan tenían una población conjunta de más de 20 millones de habitantes.
   D. Los dos estados más habitados comparten un límite o frontera.

La Cámara de Representantes de los Estados Unidos tiene 435 miembros. El número de miembros que se asignan a cada estado está basado en su población, que se determina cada 10 años mediante un censo nacional. Según el Censo de 2010, cada distrito electoral tiene ahora 710,767 habitantes. En 2000, tenían 647,000.

5. ¿En qué se parecen los distritos electorales de este mapa?

   A. Tienen la misma área.
   B. Tienen el mismo número de ciudades grandes.
   C. Tienen aproximadamente la misma población.
   D. Tienen los mismos tipos de industrias.

6. ¿Qué información aprendiste a partir del pasaje que no se puede encontrar en el mapa?

   A. el número de ciudades grandes que hay en el estado
   B. la base sobre la que se realiza el censo en los distritos
   C. el número de distritos que hay en el estado
   D. la base sobre la que se calcula el número de distritos

UNIDAD 3

Hechos y opiniones

TEMAS DE ESTUDIOS SOCIALES: I.CG.a.1, II.CG.e.1, II.CG.e.3, II.CG.f
PRÁCTICA DE ESTUDIOS SOCIALES: SSP.2.a, SSP.5.b, SSP.7.a

1 Aprende la destreza

Un **hecho** es un enunciado que puede ser verdadero o falso, mientras que una **opinión** es un punto de vista o una creencia que no puede catalogarse como verdadera o falsa. Cuando leas sobre estudios sociales, con frecuencia te encontrarás con hechos u opiniones. La capacidad de distinguir entre **un hecho y una opinión** te permitirá evaluar la precisión de la información que lees y determinar el punto de vista o la parcialidad del autor.

Como sucede con otras áreas de la prueba de GED®, las preguntas sobre hechos y opiniones evaluarán tu capacidad para interpretar la información en distintos niveles de conocimiento mediante el uso de destrezas complejas de lectura y razonamiento.

2 Practica la destreza

Al practicar la destreza de reconocer hechos y opiniones, mejorarás tus capacidades de estudio y evaluación, especialmente en relación con la Prueba de Estudios Sociales GED®. Lee el pasaje y las estrategias que aparecen a continuación. Luego responde la pregunta.

Fragmento traducido de un debate vicepresidencial, Joe Biden, 2012:

a En el ejemplo, el orador usa evidencia estadística que permite demostrar si los enunciados son verdaderos o falsos. En estudios sociales, los hechos por lo general se usan para justificar o desacreditar argumentos.

La clase media pagará menos y aquellas personas que ganen un millón de dólares o más comenzarán a contribuir un poco más. Permítanme darles un ejemplo concreto: continuar con la reducción de impuestos que promulgó Bush. Estamos abogando por dejar expirar las ventajas de la reducción de impuestos a los sectores más adinerados. De la reducción de impuestos que promulgó Bush, 800 millones, es decir, [casi] mil millones de dólares se destinan a personas que ganan un mínimo de un millón de dólares. No le vemos ninguna justificación en la situación económica que estamos.

b Oraciones convincentes o expresiones muy emotivas como estas brindan pistas al lector de que el orador o el autor está expresando una opinión.

Y como si eso fuera poco, hicieron otra reducción de impuestos de $5 billones en la que todos los estudios dicen que, de hecho, (...) $250 millones; sí, $250,000 por año a esas 120,000 familias y van a aumentar los impuestos en $2,000 por año a las personas que tengan ingresos medios y que tengan un hijo. Esto no es lo que se debe hacer. No es necesario. La clase media ha sufrido muchísimos problemas. La gran crisis económica de 2008 los aplastó. Necesitan ayuda en este momento. Las últimas personas que necesitan ayuda son las 120,000 familias por otra reducción de impuestos de $500 mil millones durante los próximos 10 años.

USAR LA LÓGICA

Si una evidencia puede demostrar de manera lógica que un enunciado es verdadero, lo más probable es que sea un hecho. Si no puedes encontrar evidencias que demuestren si un enunciado es verdadero o falso, lo más probable es que sea una opinión.

1. ¿Cuál de las siguientes ideas en las declaraciones de Biden expresa una opinión más que un hecho que pueda ser comprobado?

A. Se deben dejar expirar las ventajas de la reducción de impuestos a los más ricos.

B. De la reducción de impuestos que promulgó Bush, casi mil millones se destinan a personas que ganan un mínimo de un millón de dólares.

C. Se propone otra reducción impositiva de $5 billones.

D. Una reducción en los impuestos a los sectores más adinerados resultará en un aumento impositivo para la clase media.

3 Aplica la destreza

INSTRUCCIONES: Estudia la información, lee cada pregunta y luego elige la **mejor** respuesta.

En los Estados Unidos se ha desatado un debate entre los defensores y los opositores del sistema del Colegio Electoral. Algunos críticos sostienen que este sistema está desactualizado debido a los cambios que ha sufrido el gobierno de los Estados Unidos con el paso del tiempo. Originariamente, los fundadores planearon que el gobierno de la nación tomara la forma de una república, en la que los ciudadanos elegían funcionarios para que gobernaran por ellos. Sin embargo, con el tiempo, el gobierno evolucionó y se convirtió en una democracia, en la que se espera que los funcionarios electos gobiernen de acuerdo con los deseos de la población.

Además, los opositores plantean que con el sistema del Colegio Electoral puede suceder que un candidato gane la candidatura para presidente y al mismo tiempo pierda el voto popular. Esto ha ocurrido en tres elecciones presidenciales. Los opositores creen que esto coarta la voluntad de la mayoría.

2. ¿Cuál de las siguientes opciones es un hecho que citaría un defensor del Colegio Electoral para justificar su postura?

    A. Han sido solo tres las veces en que el Colegio Electoral no ha logrado elegir al ganador del voto popular.
    B. El Colegio Electoral hace que sea necesario realizar campañas más extensas en todos los estados para que más votantes puedan ver y escuchar a los candidatos.
    C. El Colegio Electoral se fundó hace muchos años.
    D. El Colegio Electoral es necesario para preservar el sistema bipartidista.

3. ¿Cuál de las siguientes opciones es una de las principales opiniones de los opositores del sistema del Colegio Electoral?

    A. El sistema del Colegio Electoral es parcial.
    B. El Colegio Electoral está controlado por un único partido.
    C. El Colegio Electoral ya no resulta necesario.
    D. El Colegio Electoral es demasiado caro.

4. Según este fragmento, ¿qué puedes determinar sobre la opinión del autor sobre este tema?

    A. El autor presenta las opiniones de los opositores del Colegio Electoral pero no adopta ninguna postura respecto del tema.
    B. El autor cree que el presidente debería ser elegido por los votos en las legislaturas estatales.
    C. El autor cree que el Colegio Electoral debe reformarse y elegir al presidente.
    D. El autor cree que el presidente debe ser elegido mediante audiencias electorales.

INSTRUCCIONES: Estudia la información, lee cada pregunta y luego elige la **mejor** respuesta.

Public Domain

"REGÍSTRESE Y VOTE AL PARTIDO DEMÓCRATA POR LA PAZ Y LA SEGURIDAD"

5. ¿Por qué es probable que los carteles de campaña como este incluyeran opiniones?

    A. Tienen como objetivo publicitar las creencias de expertos.
    B. Intentan conmover a los votantes.
    C. Se realizan para confundir a los miembros del Colegio Electoral.
    D. Intentan promocionar las plataformas partidistas de los candidatos.

6. ¿Qué hecho podría usar un opositor para refutar las opiniones de este cartel?

    A. Roosevelt llevó al país a la Segunda Guerra Mundial.
    B. Roosevelt tenía 62 años cuando se postuló para la reelección de 1944.
    C. Roosevelt ya fue presidente tres veces.
    D. Truman reemplazó al vicepresidente anterior de Roosevelt.

7. ¿Cuál sería la **mejor** fuente para buscar información imparcial y precisa sobre la fórmula Roosevelt-Truman para refutar las opiniones que se expresan en el cartel?

    A. la Liga de Resistentes a la Guerra
    B. el Museo Nacional de Historia Estadounidense
    C. el Club de Jóvenes Demócratas
    D. el Comité Nacional Republicano

UNIDAD 3

Lógica o razonamiento incorrecto

TEMAS DE ESTUDIOS SOCIALES: I.CG.b.7, I.CG.b.8, I.CG.c.1, I.CG.c.2, I.CG.d.2
PRÁCTICA DE ESTUDIOS SOCIALES: SSP.5.a, SSP.6.b, SSP.7.a, SSP.7.b

1 Aprende la destreza

Las generalizaciones son afirmaciones amplias y válidas para un grupo entero de individuos, objetos o sucesos. Una generalización se considera inválida si no está respaldada con hechos. Dicha generalización también se conoce como **generalización apresurada** y es un ejemplo de **lógica o razonamiento incorrecto.**

Como sucede con otras áreas de la prueba de GED®, las preguntas sobre cómo identificar lógica o razonamiento incorrecto evaluarán tu capacidad para interpretar la información de distintos niveles de conocimiento mediante el uso de destrezas complejas de lectura y razonamiento.

2 Practica la destreza

Al practicar la destreza de reconocer lógicas y razonamientos incorrectos, mejorarás tus capacidades de estudio y evaluación, especialmente en relación con la Prueba de Estudios Sociales GED®. Estudia la información que aparece a continuación. Luego responde la pregunta.

Lilly Ledbetter trabajó para Goodyear Tire and Rubber Company durante 19 años. Cerca del momento de su jubilación, descubrió que durante años la compañía le había pagado mucho menos de lo que cobraban los hombres en el mismo puesto. Demandó a Goodyear por discriminación de género y ganó el juicio, pero Goodyear apeló. El tribunal de apelaciones anuló la victoria de Ledbetter. Estaba de acuerdo en que había habido discriminación, pero el tribunal estableció que Ledbetter no había presentado la demanda a tiempo. Según el tribunal, debería haber presentado la demanda dentro de los 180 días posteriores a la acción discriminatoria, es decir, inmediatamente después de la primera vez que Ledbetter había recibido una paga menor. Ledbetter declaró que no lo podría haber hecho, porque por muchos años, no supo que se le estaba pagando menos.

a Puedes encontrar lógica incorrecta en las afirmaciones de profesionales, funcionarios públicos y hasta en las sentencias judiciales. Esta decisión de cinco contra cuatro muestra que cuatro magistrados estuvieron en desacuerdo con la lógica de la mayoría.

Con la esperanza de que se hiciera justicia, Ledbetter apeló ante la Corte Suprema de los Estados Unidos. En el juicio *Ledbetter* contra *Goodyear Tire and Rubber Company*, la Corte también se inclinó hacia el lado de Goodyear en una decisión de cinco votos contra cuatro. Para corregir este error, el Congreso cambió la ley. Aprobó la Ley Lilly Ledbetter de Pago Justo a comienzos de 2009. Esta ley permite que las víctimas de la discriminación presenten demandas sin importar cuánto tiempo les haya llevado descubrirlo. El 29 de enero de 2009, se convirtió en la primera legislación que el presidente recientemente electo, Barack Obama, promulgó como ley.

b En este caso, la lógica incorrecta de una decisión del tribunal se corrigió mediante un cambio en la legislación.

HACER SUPOSICIONES

Por lo general, puedes suponer que una decisión oficial usa razonamiento y lógica. Cuando busques razonamientos incorrectos, busca las fallas en los argumentos utilizados para respaldar la decisión.

1. ¿Cuál de las siguientes opciones resume el problema del razonamiento incorrecto en la decisión del tribunal?

A. Una persona no puede denunciar discriminación en el pago dentro de los 180 días siguientes a su inicio si no sabe lo que está sucediendo.

B. Nadie puede jamás denunciar una discriminación en el pago, porque los empleadores siempre mantienen en secreto los salarios comparativos.

C. Si el reclamo se realizó demasiado tarde, se considera que no hubo discriminación en el pago.

D. El tribunal debería haber reconocido que 180 días no son suficientes para hacer un reclamo por discriminación.

⭐ Ítem en foco: **COMPLETAR LOS ESPACIOS**

INSTRUCCIONES: Estudia la información y la caricatura política. Luego lee cada pregunta y escribe tus respuestas en los recuadros que aparecen a continuación.

Muchos creen que deben existir leyes de control de armas más estrictas. Otros piensan que las leyes necesitan una aplicación más estricta. Muchas personas que no desean un mayor control de las leyes de armas creen que su derecho de poseer armas está protegido por la Segunda Enmienda de la Constitución de los Estados Unidos, que establece que: *Siendo necesaria una milicia bien regulada para la seguridad de un estado libre, no se violará el derecho del pueblo a poseer y portar armas.*

©Glenn Foden/Artizans

En el famoso caso de 2008 *District of Columbia* contra *Heller*, la Corte Suprema de los EE. UU. ratificó la sentencia de un tribunal de apelaciones de distrito que establecía que ciertas partes de la Ley de Regulación para el Control de las Armas de Fuego del año 1975 eran inconstitucionales. Este hecho evitó que la mayoría de los residentes de Washington D.C. adquirieran armas de manera legal.

2. En la caricatura, el arma de la izquierda representa

    .

3. El tribunal con la última palabra sobre la constitucionalidad de una ley es

    .

4. ¿Qué insinúa el caricaturista acerca de la violencia con armas de fuego?

INSTRUCCIONES: Estudia la información, lee cada pregunta, luego elige la **mejor** respuesta.

Fragmento traducido del Decreto 9066, 1942:

Considerando que la continuación exitosa de la guerra requiere todo tipo de protección posible contra el espionaje y el sabotaje de materiales, instalaciones y servicios de defensa nacional (…) autorizo y ordeno por medio del presente al Secretario de Guerra (…) a prescribir áreas militares (…) de las que cualquier y toda persona puede ser excluida, y en tal respecto, el derecho de toda persona de ingresar, permanecer o salir se verá afectado por las restricciones que el Secretario de Guerra o el comandante militar correspondiente impongan según su criterio.

Fragmento traducido del Decreto 9066, emitido por el presidente Franklin D. Roosevelt luego del bombardeo a Pearl Harbor, el 19 de febrero de 1942

5. ¿Cuál de las siguientes opciones expresa **mejor** la generalización apresurada de este decreto?

    A. La guerra hace que los ciudadanos renuncien a libertades personales.
    B. Todos los comandantes militares deben recibir la autoridad absoluta durante tiempos de guerra.
    C. Los gobiernos nunca pueden establecer áreas militares.
    D. Todas las personas cuyos ancestros provengan de una nación enemiga pueden ser consideradas sospechosas.

6. ¿Cuál de las siguientes opciones es un ejemplo de lógica incorrecta que se pudo haber usado para respaldar el decreto?

    A. Una mayoría de votantes elige a sus funcionarios electos.
    B. Todas las reglas están hechas para transgredirse.
    C. Toda acción tiene una reacción igual y opuesta.
    D. Los Artículos de la Confederación precedieron a la Constitución de los Estados Unidos.

UNIDAD 3

Evaluar información

TEMAS DE ESTUDIOS SOCIALES: II.CG.e.1, II.CG.e.3, II.CG.f
PRÁCTICA DE ESTUDIOS SOCIALES: SSP.1.a, SSP.1.b, SSP.2.a, SSP.3.d, SSP.5.a,
SSP.5.b, SSP.7.a, SSP.7.b

1 Aprende la destreza

De la misma manera que has aprendido a analizar fuentes de información, también necesitarás evaluar la información que encuentres en estas diversas fuentes. Para **evaluar información**, tienes que examinarla detenidamente y buscar propósitos, parcialidades, lógicas o razonamientos incorrectos, y hechos u opiniones para poder establecer una opinión sobre su calidad. Esta destreza combina muchas otras que has aprendido previamente.

Como sucede con otras áreas de la prueba de GED®, las preguntas sobre cómo evaluar información evaluarán tu capacidad para interpretar la información de distintos niveles de conocimiento mediante el uso de destrezas complejas de lectura y razonamiento.

2 Practica la destreza

Al practicar la destreza de evaluar información, mejorarás tus capacidades de estudio y evaluación, especialmente en relación con la Prueba de Estudios Sociales GED®. Estudia el pasaje que aparece a continuación. Luego responde la pregunta.

a El texto expone el problema utilizando (1) acciones de un ex presidente popular para inducir un cambio, y (2) un hecho que resalta el problema.

b Luego el texto enumera diversas acciones generales que realizarían los demócratas y que son del agrado de los votantes.

Fragmento traducido de la plataforma del Partido Demócrata de 2008:

a Hace un siglo, Teddy Roosevelt reunió a líderes del mundo de los negocios y del gobierno para desarrollar un plan para la infraestructura del siglo siguiente. Se nos ocurrió hacer lo mismo. En este momento, estamos gastando menos que en cualquier otro momento de los últimos años y mucho menos que nuestros competidores internacionales en este componente fundamental de la fuerza de nuestra nación. Crearemos un Banco de Reinversión para la Infraestructura Nacional que pueda respaldar la inversión privada en la mejora de infraestructura, y crearemos casi dos millones de nuevos y buenos empleos. **b** Emprenderemos proyectos para maximizar nuestra seguridad y capacidad de competencia (…)

En estos tiempos de crisis y transformación económica, debemos administrar esta economía con más cuidado que nunca. Mantendremos la responsabilidad fiscal, para no hipotecar el futuro de nuestros hijos con una montaña de deudas. Podemos hacer esto y al mismo tiempo podemos invertir en nuestro futuro. Restauraremos la justicia y la responsabilidad de nuestro código impositivo. Recuperaremos el equilibrio en los mercados inmobiliarios, de manera que las personas no pierdan sus hogares. E incentivaremos los ahorros personales, para que nuestra economía se mantenga sólida y para que los estadounidenses puedan vivir bien una vez que se jubilan.

CONSEJOS PARA REALIZAR LA PRUEBA

Evaluar la información requiere que analices todas las características de un texto. Lee previamente las preguntas. Así podrás centrar mejor tu atención a medida que lees y evalúas el texto.

1. ¿Cuál de las siguientes tácticas utilizan aquí los demócratas para persuadir al público?

   A. Ofrecen llevar a cabo cambios específicos.
   B. Prometen consultar al pueblo sobre los asuntos de importancia.
   C. Aseguran que las prácticas exitosas del pasado continuarán.
   D. Enumeran cambios generales sin especificarlos.

③ Aplica la destreza

INSTRUCCIONES: Estudia la información, lee cada pregunta, luego elige la **mejor** respuesta.

"George W. Bush candidato a presidente", fragmento traducido de *Chicago Tribune*, 2004:

Con respecto a los asuntos nacionales, la elección es clara. En áreas fundamentales como la educación pública y la salud, el énfasis de Bush está puesto en una mayor competencia. Su proyecto de ley para que ningún niño se quede atrás tiene fallas, pero sus requisitos han creado un nuevo clima de expectativa y responsabilidad. En estos dos frentes importantes, pero especialmente por su costoso plan para el cuidado de la salud, Kerry observa principalmente la necesidad de recaudar y gastar más dinero. (…)

John Kerry ha sido un crítico perspicaz de los errores de Bush. Pero el mensaje de Kerry, un abordaje más moderado sobre las amenazas mundiales, una colaboración ferviente con la inacción de la comunidad internacional, sugiere lo que muchos votantes perciben: luego de 20 años en el Senado, la certeza moral que una vez mostró Kerry ha desaparecido. No existen hitos como una ley Kennedy-Kerry para la educación, ni un proyecto de ley Kerry-Frist para la salud. Hoy en día, Kerry está más interesado en los planes y procesos que en las soluciones. Está más calificado para analizar que para actuar. No ha presentado un plan convincente para un cambio.

2. ¿Cuál de las siguientes opciones cita el autor para validar la aprobación de una de las políticas nacionales del candidato?

   A. el plan de Bush para el cuidado de la salud que marcó un hito en su carrera
   B. la ley para que ningún niño se quede atrás
   C. la ley Kennedy-Kerry para la educación
   D. el abordaje de Bush sobre las amenazas mundiales

3. ¿Cuál es el propósito principal de este artículo?

   A. Está diseñado para explicar por qué el autor votó a John Kerry.
   B. Intenta explicar por qué el autor votó a George W. Bush.
   C. Intenta convencer a los votantes de que las políticas de John Kerry fueron fracasos.
   D. Intenta convencer a los votantes de que voten a George W. Bush.

4. ¿Qué evidencia cita el autor para respaldar su afirmación de que Kerry no está capacitado para ser presidente?

   A. la crítica perspicaz que hizo Kerry de los errores de Bush.
   B. las fallas de la ley para que ningún niño se quede atrás
   C. la incapacidad de Kerry de conseguir que se aprueben proyectos de ley
   D. la posición competitiva de Bush respecto del cuidado de la salud

INSTRUCCIONES: Estudia la información, lee cada pregunta, luego elige la **mejor** respuesta.

Fragmento traducido de un discurso de campaña de Barack Obama, 2008:

Finalmente, los años de dolor en las economías personales han llegado a Wall Street, lanzándonos hacia la recesión, recordándonos que estamos todos conectados; que no podemos prosperar como nación cuando unos pocos viven bien y el resto lucha para subsistir.

John McCain es un héroe estadounidense y un opositor digno, pero ha probado una y otra vez que no comprende esto. (…)

Yo apuesto al pueblo estadounidense. (…) Puede que vengamos de sitios distintos y tengamos diferentes historias, pero compartimos las mismas esperanzas y un sueño muy estadounidense.

Ese es el sueño que quiero ayudar a recuperar en esta elección. (…) Es la elección que ofreceré al pueblo estadounidense: cuatro años más de lo que hemos tenido durante estos últimos ocho años, o un cambio fundamental en Washington.

Es posible que el pueblo esté resentido por sus líderes y por el estado de nuestra política, pero a pesar de eso, son optimistas sobre todo lo que se puede hacer en los Estados Unidos. (…) Porque están convencidos de que podemos cambiar las cosas. Porque creen en ese sueño.

5. ¿Cómo evaluarías la información que se presenta en este fragmento del discurso?

   A. todos hechos y pocas opiniones
   B. mayoría de opiniones con algunos hechos
   C. mitad de hechos y mitad de opiniones
   D. todas opiniones y ningún hecho

6. ¿Qué táctica se usa en el fragmento para conseguir apoyo para Obama?

   A. Explica el programa de Obama.
   B. Hace hincapié en el objetivo de Obama de restaurar el sueño americano.
   C. Explica las partes poco populares del plan de McCain.
   D. Vincula al opositor de Obama con un presidente poco popular.

TEMAS DE ESTUDIOS SOCIALES: I.CG.c.1, I.CG.c.2, II.CG.e.1, II.CG.e.3, II.CG.f
PRÁCTICA DE ESTUDIOS SOCIALES: SSP.1.a, SSP.1.b, SSP.2.a, SSP.5.a, SSP.5.d,
SSP.7.b, SSP.9.a, SSP.9.b, SSP.9.c

① Aprende la destreza

Cuando aprendas sobre estudios sociales, es posible que tengas que **identificar argumentos sólidos y débiles**. Un argumento sólido es persuasivo y está respaldado por fuentes exactas. Por otro lado, un argumento débil carece del respaldo de datos necesario para que resulte convincente.

Para **analizar la efectividad de un argumento**, toma nota de toda la evidencia de apoyo que brinde el autor u orador, y considera si es confiable y convincente.

Como sucede con otras áreas de la prueba de GED®, las preguntas sobre cómo analizar la efectividad de los argumentos evaluarán tu capacidad para interpretar la información de distintos niveles de conocimiento mediante el uso de destrezas complejas de lectura y razonamiento.

② Practica la destreza

Al practicar la destreza de analizar la efectividad de los argumentos, mejorarás tus capacidades de estudio y evaluación, especialmente en relación con la Prueba de Estudios Sociales GED®. Estudia la información que aparece a continuación. Luego responde la pregunta.

ⓐ Para ser efectivo, un argumento oral tiene por lo general características que el argumento escrito no posee. Aquí, Clinton utiliza un lenguaje más informal y coloquial del que habría utilizado en caso de que este discurso hubiese sido escrito.

ⓑ Aunque el lenguaje coloquial y el humor atraen a la audiencia, los argumentos del orador se siguen basando en datos y en otra evidencia de apoyo.

Fragmento traducido del discurso de Bill Clinton en la Convención Nacional Demócrata, 2012:

Él [presidente Barack Obama] ha sentado las bases para crear una nueva, moderna y exitosa economía de prosperidad compartida. (…) **ⓐ** Amigos, la elección puede resumirse en el hecho de que el pueblo estadounidense crea lo que acabo de decir o no. Solo quiero que sepan que yo lo creo. Con todo mi corazón, lo creo.

ⓐ Ahora bien, ¿por qué lo creo? Estoy intentando decirles por qué. Lo creo porque el enfoque del presidente Obama incorpora los valores, las ideas y la dirección que los Estados Unidos deben seguir para construir la versión siglo XXI del sueño americano: un país de oportunidades compartidas, responsabilidades compartidas, prosperidad compartida y un sentido compartido de comunidad.

ⓐ Así que permítanme retroceder en la historia. En 2010, a medida que el programa de recuperación del Presidente comenzó a hacer efecto, las pérdidas de puestos de trabajo se detuvieron, y las cosas comenzaron a cambiar. **ⓑ** La Ley de Recuperación salvó o creó millones de empleos y redujo impuestos, permítanme repetir esto, redujo impuestos para el 95 por ciento de los estadounidenses. Y, en los últimos 29 meses, nuestra economía ha producido cerca de 4.5 millones de empleos en el sector privado. Podría haber sido mejor, pero el último año los republicanos bloquearon el plan de empleos del presidente, lo que costó a la economía más de un millón de empleos nuevos.

CONSEJOS PARA REALIZAR LA PRUEBA

Al analizar la efectividad de un argumento, primero debes resumir dicho argumento. Luego determina si los detalles de apoyo son datos reales o solo anécdotas u opiniones.

1. ¿Cuál de las siguientes opciones reforzaría el argumento de Clinton respecto de la campaña presidencial de Obama?

   A. Agregar más detalles sobre cómo el programa de Obama ha aumentado el número de empleos.
   B. Brindar más anécdotas personales sobre su relación personal con Obama.
   C. Hablar más sobre los éxitos del gobierno de Clinton y vincularlos con la presidencia de Obama.
   D. Ridiculizar al oponente de Obama y su campaña.

UNIDAD 3

★ Ítem en foco: **RESPUESTA EXTENDIDA**

INSTRUCCIONES: Lee los fragmentos y la pregunta, luego escribe tu respuesta en las líneas que aparecen a continuación. Consulta la Unidad 3 y la Unidad 4 de Razonamiento a través de las Artes del Lenguaje en el Libro del estudiante y el Cuaderno de ejercicios para obtener información detallada sobre la lectura, la escritura y la edición de respuestas extendidas. Puedes usar otra hoja de papel para completar tu respuesta.

Fragmento traducido de los debates en el Senado de los Estados Unidos sobre la resolución del golfo de Tonkin, 1964:

Senador William Fulbright: Como he dicho, la sección I intenta ocuparse principalmente de la agresión contra nuestras fuerzas. (…) Desconozco cuáles son los límites. No creo que esta resolución sea determinante de ese hecho. Creo que indicaría que él [presidente Johnson] tomaría medidas razonables para prevenir cualquier otra agresión, o repeler otra agresión contra nuestras propias fuerzas. (…) No sé cómo responder a la pregunta del senador y garantizarle absolutamente que no se hará desembarcar a un gran número de tropas. Sería lamentable. (…)

Senador Ernest Gruening: Lamentablemente, no estoy de acuerdo con la política respecto del Sudeste Asiático del presidente (…) . Los graves acontecimientos de los últimos días, el ataque de embarcaciones de Vietnam del Norte a los buques de guerra estadounidenses y nuestra represalia, me impactan como la inevitable (…) consecuencia de la política militarmente agresiva y unilateral de los Estados Unidos en el Sudeste Asiático. (…) Estamos ahora a punto de autorizar al presidente (…) a trasladar nuestras Fuerzas Armadas (…) no solo a Vietnam del Sur, sino también a Vietnam del Norte, Laos, Camboya, Tailandia y, por supuesto, la autorización incluye al resto de los países miembros de la Organización del Tratado del Sudeste Asiático (SEATO)... Esta resolución es una autorización adicional para una escalada militar ilimitada. Me opongo al sacrificio de un solo joven estadounidense en esta aventura. Ya hemos perdido a demasiados ...

2. El senador Fulbright apoya la resolución, mientras que el senador Gruening se opone. En tu respuesta, desarrolla un argumento acerca de cómo el argumento de cada senador a favor o en contra de la política del presidente es eficaz. Incluye evidencia relevante y específica de los textos y de tu propio conocimiento de esta cuestión persistente, todavía vigente, y de las circunstancias que la rodearon. Completar esta tarea puede llevarte 25 minutos.

_____

_____

_____

_____

_____

_____

_____

_____

_____

_____

UNIDAD 3

INSTRUCCIONES: Lee el pasaje y las preguntas, luego elige la **mejor** respuesta.

El senador Joseph McCarthy ganó notoriedad luego del discurso que pronunció en 1950 en el cual afirmaba tener evidencia de que más de 200 miembros del Partido Comunista estaban trabajando dentro del Departamento de Estado de los Estados Unidos.

El senador McCarthy hizo uso de su cargo como presidente del Comité de Operaciones del Gobierno y su Subcomité Permanente de Investigaciones para iniciar investigaciones diseñadas para documentar acusaciones de que había comunistas en el gobierno.

Desde su poderoso cargo, el senador McCarthy llevó a cabo audiencias en las que acusó a muchos funcionarios del gobierno de mantener vinculaciones comunistas. McCarthy no pudo probar sus acusaciones, que se volvieron cada vez más temerarias e impopulares con el paso del tiempo. Sus ataques a los miembros del Ejército de los Estados Unidos fueron particularmente divisivos.

Durante más de dos años, interrogó incansablemente a numerosos departamentos gubernamentales. La preocupación y el pánico que se originaron como resultado de la "cacería de brujas" del senador McCarthy y el temor al comunismo se popularizaron bajo el nombre de *macartismo*. Las audiencias de McCarthy finalizaron cuando el Senado lo censuró el 2 de diciembre de 1954 por comportamientos considerados "contrarios a las tradiciones senatoriales".

1. ¿Qué tipo de información de las opciones que aparecen a continuación no se incluiría en un resumen de este pasaje?

   A. el suceso que provocó la caída del senador McCarthy
   B. una descripción de las "tradiciones senatoriales"
   C. una mención del cargo del senador McCarthy como presidente de un poderoso comité del Senado
   D. un resumen de las acusaciones del senador McCarthy

2. Es muy probable que la palabra *censuró* aparezca en un resumen de este pasaje. ¿Qué significa aquí esta palabra?

   A. El senador McCarthy fue distinguido.
   B. El senador McCarthy fue cuestionado.
   C. El senador McCarthy fue condenado.
   D. El senador McCarthy fue ignorado.

INSTRUCCIONES: Estudia la información, lee la pregunta y luego elige la **mejor** respuesta.

PLANES DE RECONSTRUCCIÓN

Lincoln	Republicanos radicales
Tenía como objetivo la reconciliación.	Esperaban poder instituir penas severas para los Confederados.
Ofreció indultos a ex Confederados que acordaron apoyar la Constitución y a los Estados Unidos.	Se negaron a aceptar que ex Confederados ocuparan puestos en el Congreso.
Permitió que los estados del Sur eligieran a ex Confederados para que ocuparan cargos en el Congreso.	Establecieron que los estados del Sur quedaran bajo gobierno militar.
Permitió que los estados Confederados se reincorporaran a la Unión si establecían gobiernos anti esclavitud.	Establecieron la Oficina de libertos para asistir a antiguos esclavos.

3. ¿Cuál de las siguientes opciones resume **mejor** el plan de Reconstrucción que presentó el presidente Lincoln?

   A. El plan facilitó la reincorporación a la nación de los antiguos Estados Confederados.
   B. El plan esperaba reconstruir exitosamente la Unión.
   C. El plan estableció la Oficina de libertos.
   D. El plan buscaba castigar a los Confederados.

INSTRUCCIONES: Lee el pasaje y la pregunta, luego elige la **mejor** respuesta.

El Partido Demócrata, con más de 200 años de antigüedad, es el partido político más antiguo de los Estados Unidos. Si bien el partido apoyaba la esclavitud durante el siglo XIX, hacia mediados del siglo XX, se había reinventado como un partido progresista a favor de los derechos civiles y de la reforma del cuidado de la salud.

4. ¿Cuál de las siguientes opciones **no** aparecería en el resto de este artículo?

   A. los nombres de los principales líderes del partido demócrata
   B. información sobre cómo se formó el partido
   C. los detalles sobre la postura del partido con respecto a ciertos temas
   D. las opiniones sobre la efectividad del partido

INSTRUCCIONES: Lee el pasaje y la pregunta, luego elige la **mejor** respuesta.

En agosto de 1918, se habían enviado a Francia más de un millón de soldados estadounidenses. Sus aliados franceses y británicos, quienes habían estado peleando contra Alemania y sus aliados durante cuatro años, no tenían una buena impresión de las destrezas militares de los soldados de infantería reclutados que formaban la Fuerza Expedicionaria Estadounidense. Creían que esos soldados servían únicamente como reemplazo de las divisiones francesas o británicas. Sin embargo, el comandante estadounidense General John J. Pershing se negó a permitir esto. Insistió en que el Ejército de los Estados Unidos combatiera como una sola unidad.

5. ¿Cuál de las siguientes opciones puedes inferir a partir en este pasaje?

   A. Los comandantes británicos respetaban a los soldados de infantería estadounidenses, pero los franceses no.
   B. Los comandantes británicos y franceses tenían poco respeto por las tropas estadounidenses, pero necesitaban su ayuda.
   C. El General Pershing era mejor comandante que cualquier otro comandante británico o francés.
   D. Las tropas estadounidenses, además de luchar contra los alemanes, debían luchar contra los soldados británicos y franceses.

INSTRUCCIONES: Lee el pasaje y la pregunta, luego elige la **mejor** respuesta.

Fragmento del Artículo II de la Constitución:

Solo las personas que sean ciudadanos de nacimiento, o que hayan sido ciudadanos de los Estados Unidos en el momento de adoptarse esta Constitución, podrán elegirse para el cargo de presidente; tampoco se podrá elegir a una persona que no haya cumplido treinta y cinco años de edad y que no haya residido catorce años en los Estados Unidos.

6. ¿Cuál de las siguientes opciones enumera la Constitución como requisitos para ser presidente de los Estados Unidos?

   A. ser un ciudadano que haya residido en los Estados Unidos por lo menos 14 años
   B. haber nacido en los Estados Unidos, tener al menos 35 años de edad, y haber residido en los Estados Unidos al menos durante 14 años
   C. ser ciudadano de los Estados Unidos
   D. haber residido en los Estados Unidos al menos durante 35 años

INSTRUCCIONES: Estudia la información de la gráfica, lee la pregunta y luego elige la **mejor** respuesta.

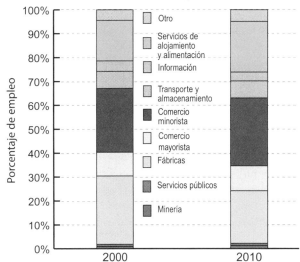

CAMBIOS EN EL EMPLEO DE SECTORES SELECCIONADOS, 2000 Y 2010

7. ¿Cuál de los siguientes sectores de empleo tuvo el mayor incremento entre 2000 y 2010?

   A. Transporte y almacenamiento
   B. Comercio mayorista
   C. Fábricas
   D. Servicios de alojamiento y alimentación

INSTRUCCIONES: Lee el pasaje y la pregunta, luego elige la **mejor** respuesta.

El término ruso *glasnost*, significa "apertura" y se refiere a un componente clave del plan del líder soviético Mikhail Gorbachov para reformar el modo de vida soviético promoviendo debates más libres y abiertos de la política y la cultura. Bajo esta política, los ciudadanos soviéticos estaban autorizados a comunicar sus preocupaciones y participar de actividades que habían sido prohibidas durante mucho tiempo. Se publicaron los trabajos culturales que se habían prohibido. Los eruditos pudieron debatir sus ideas. La política *glasnost* permitió también mayor libertad en los medios nacionales gestionados por el gobierno.

8. ¿Cuál de los siguientes grupos de ciudadanos soviéticos se habrían opuesto, en general, a la política *glasnost*?

   A. los artistas
   B. los científicos
   C. los periodistas
   D. los comunistas

INSTRUCCIONES: Estudia la información, lee las preguntas y luego elige la **mejor** respuesta.

Después de más de una década de haber derramado sangre estadounidense en Afganistán (...) es hora de que las fuerzas de los Estados Unidos se retiren (...) No debería llevar más de un año [porque] (...) prolongar la guerra solo causa más daño. El vicepresidente Joseph Biden (h) dijo (...)"nos retiraremos de Afganistán en 2014, punto. Sin condiciones ni salvedades". Obama anunció a comienzos de este año que esto puede significar fines de 2014 (...) enviar durante dos años más al uno por ciento de los estadounidenses a prestar servicio en uniforme para que mueran o resulten heridos es demasiado (...) la única misión final de la que tenemos conocimiento, brindar seguridad para una elección afgana en 2014, resulta de lo más dudosa y lo más probable es que resulte en la aprobación estadounidense de un sistema político completamente corrupto.

(...) Algunos expertos afirman que una retirada segura llevaría al menos seis meses, y posiblemente un año. Pero un año es mucho mejor que dos. Sería un año menos de soldados que pierden sus vidas o regresan al hogar con heridas aterradoras, físicas y mentales.

Fragmento traducido de nytimes.com, editorial "Hora de empacar e irse", 13 de octubre de 2012

9. ¿Cuál es el propósito de este artículo?

    A. expresarse en contra de la corrupción afgana
    B. argumentar a favor de traer de regreso a las tropas estadounidenses de Afganistán cuanto antes
    C. decir que el presidente Obama no mantiene sus promesas
    D. insistir en que las tropas estadounidenses no deberían usarse para garantizar la seguridad de las elecciones

10. ¿Cuál de las siguientes opciones utiliza el autor para respaldar sus afirmaciones sobre la guerra?

    A. citas de importantes jefes militares
    B. anécdotas de sus viajes en Afganistán
    C. aseveraciones de los probables daños a los soldados
    D. encuestas que demuestran que el pueblo estadounidense está en contra de la guerra

INSTRUCCIONES: Estudia la caricatura política, lee la pregunta y luego elige la **mejor** respuesta.

11. ¿Porqué el artista representa a Franklin D. Roosevelt al timón de un barco?

    A. para mostrar de qué manera las políticas de Roosevelt afectan a los marinos mercantes
    B. para mostrar que Roosevelt intenta ayudar a otros países durante la Depresión
    C. para mostrar que las políticas de Roosevelt pueden llevar al país hacia una depresión
    D. para mostrar que Roosevelt puede lograr la recuperación económica del país

INSTRUCCIONES: Estudia el cartel, lee la pregunta y luego elige la **mejor** respuesta.

"... aquí resolvemos que estos muertos no habrán muerto en vano..." ¡RECUERDEN EL 7 DE DICIEMBRE!

12. ¿A qué se refiere la oración "Recuerden el 7 de diciembre"?

    A. a la invasión del día D
    B. al ataque japonés a Pearl Harbor
    C. al fin de la Segunda Guerra Mundial
    D. a la caída de la bomba atómica

Fragmento de la Declaración de Independencia, Thomas Jefferson, 1776:

Consideramos evidentes estas verdades: que todos los hombres son creados iguales; que son dotados por su Creador de ciertos derechos inalienables; que entre éstos están la vida, la libertad y la búsqueda de la felicidad; que para garantizar estos derechos se instituyen entre los hombres los gobiernos, que derivan sus poderes legítimos del consentimiento de los gobernados.

Fragmento de *Segundo tratado del gobierno civil*, John Locke, 1690:

Para entender el poder político correctamente, y para deducirlo de lo que fue su origen, hemos de considerar cuál es el estado en que los hombres se hallan por naturaleza. Y es éste un estado de perfecta libertad para que cada uno ordene sus acciones y disponga de posesiones y personas como juzgue oportuno, dentro de los límites de la ley de naturaleza, sin pedir permiso ni depender de la voluntad de ningún otro hombre.

13. ¿Con cuál de las siguientes afirmaciones habrían estado de acuerdo Thomas Jefferson y John Locke?

    A. Todos los poderes del gobierno derivan de un pueblo libre por naturaleza.
    B. En caso de ser electos, los gobiernos pueden determinar las acciones de sus pueblos.
    C. Solo algunas personas elegidas por Dios pueden gobernar sobre otros.
    D. Para mantener el orden en la sociedad, debe existir un fuerte gobierno central.

14. ¿Cuál de las siguientes palabras es una buena descripción del punto de vista de estos dos hombres respecto del rol del gobierno?

    A. fuerte
    B. militarista
    C. limitado
    D. religioso

15. En *Tratado del gobierno civil,* ¿a qué se refiere John Locke con las palabras "sin pedir permiso"?

    A. Uno no necesita ser excusado.
    B. Uno no necesita pedir autorización.
    C. Uno puede salir del país libremente.
    D. Uno puede elegir su propio gobierno.

Fragmento traducido del DISCURSO DE JOHN F. KENNEDY ANTE UNA SESIÓN CONJUNTA DEL CONGRESO EN 1961:

Finalmente, si queremos ganar la batalla que se desarrolla actualmente en todo el mundo entre la libertad y la tiranía, los espectaculares logros en relación al espacio de las últimas semanas deberían dejarnos en claro, (…) el impacto de esta aventura en las mentes de los hombres de todo el planeta, que intentaban determinar qué camino debían tomar. Desde los comienzos de mi mandato se han estado revisando nuestros esfuerzos en relación al desarrollo espacial. Y con la ayuda del Vicepresidente, que es además Presidente del Consejo Nacional Espacial, hemos analizado nuestras fortalezas y nuestras debilidades, dónde podemos tener éxito y dónde no. Es hora de dar pasos más importantes: hora de un nuevo y grandioso emprendimiento de los Estados Unidos de América. Es hora de que nuestra nación asuma un rol de liderazgo en el desarrollo espacial que podría, en gran medida, darnos la clave para nuestro futuro en el planeta Tierra.

Estoy convencido de que tenemos todos los recursos y talentos necesarios. Pero la realidad es que nunca antes tomamos las decisiones que se necesitaban ni usamos los recursos nacionales para asumir ese liderazgo (…)

16. ¿Cuál de las siguientes opciones describe mejor la opinión del presidente Kennedy?

    A. Es hora de que los Estados Unidos asuman un rol de liderazgo en la carrera espacial.
    B. La decisión de explorar o no el espacio depende exclusivamente del Vicepresidente.
    C. El tema de la exploración espacial es una idea nueva para esta administración.
    D. En este momento, los Estados Unidos no pueden tener éxito en el desarrollo espacial.

17. ¿Cuál de las siguientes afirmaciones es un hecho?

    A. "[Es hora] de un nuevo y grandioso emprendimiento de los Estados Unidos de América".
    B. "Estoy convencido de que tenemos todos los recursos y talentos necesarios".
    C. "Desde los comienzos de mi mandato se han estado revisando nuestros esfuerzos en relación al desarrollo espacial".
    D. "(…) los espectaculares logros en relación al espacio de las últimas semanas deberían dejarnos en claro, (…) el impacto de esta aventura en las mentes de los hombres de todo el planeta (…)".

UNIDAD 3

INSTRUCCIONES: El pasaje que aparece a continuación está incompleto. Usa información del mapa para completarlo. En cada ejercicio con menú desplegable, elige la opción que complete correctamente la oración.

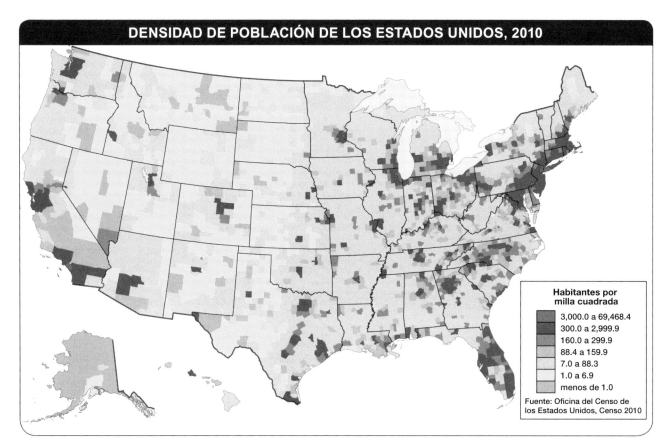

DENSIDAD DE POBLACIÓN DE LOS ESTADOS UNIDOS, 2010

Habitantes por milla cuadrada

- 3,000.0 a 69,468.4
- 300.0 a 2,999.9
- 160.0 a 299.9
- 88.4 a 159.9
- 7.0 a 88.3
- 1.0 a 6.9
- menos de 1.0

Fuente: Oficina del Censo de los Estados Unidos, Censo 2010

Opciones de respuesta del menú desplegable

18. Según el censo de 2010, en los Estados Unidos había más de 308 millones de habitantes. La mayoría de la población estaba concentrada en el área [18. Menú desplegable 1] del país. Las áreas que registraron la menor cantidad de población de los Estados Unidos fueron las áreas que estaban ubicadas en [18. Menú desplegable 2] y también en el estado de [18. Menú desplegable 3] . El estado de Dakota del Sur registró una población menor que el estado de [18. Menú desplegable 4] .

18.1 A. este
     B. central
     C. de la frontera con Canadá
     D. de la frontera con México

18.2 A. el noreste
     B. las llanuras centrales
     C. el noroeste
     D. las islas hawaianas

18.3 A. Hawái
     B. Texas
     C. Alaska
     D. Florida

18.4 A. Alaska
     B. Montana
     C. Idaho
     D. Wyoming

INSTRUCCIONES: Lee el pasaje y la pregunta, luego elige la **mejor** respuesta.

Fragmento traducido de la opinión minoritaria de la jueza Ruth Bader Ginsburg en el caso *Ledbetter* contra *Goodyear Tire and Rubber Company*, 2007:

La evidencia de Ledbetter demostró que el salario habitual que recibía era discriminatoriamente bajo según lo resuelto tras largas series de decisiones que reflejaban la generalizada discriminación en contra de las mujeres gerentes en general y de Ledbetter en particular por parte de Goodyear. (…) Pero después de la sentencia de la Corte, la discriminación que demostró Ledbetter no puede resarcirse de acuerdo con el Título VII. (…) Una vez más, la pelota está del lado del Congreso. Como en 1991, la Legislatura puede actuar para corregir la lectura egoísta del Título VII que realiza la Corte...

19. ¿Cuál de las siguientes opciones describe la solución que propone la jueza Ginsburg al problema que representa la falta de un fallo justo para Lilly Ledbetter por parte de la Corte?

    A. Impulsa un cambio urgente de los jueces de la Corte.
    B. Sugiere que el Congreso cambie la ley.
    C. Afirma que Ledbetter debe demandar nuevamente a Goodyear.
    D. Insiste en que el Título VII no permite demandas por discriminación.

INSTRUCCIONES: Lee el pasaje y la pregunta, luego elige la **mejor** respuesta.

Fragmento de la Quinta Enmienda de la Constitución de los Estados Unidos:

Nadie estará obligado a responder por un delito castigado con la pena capital o con otra pena infamante salvo a través de una denuncia o proceso de un gran jurado … tampoco se pondrá a ninguna persona dos veces en peligro de perder la vida o algún miembro por el mismo delito; ni se obligará a que declare contra sí misma en ningún juicio penal; ni se privará de la vida, la libertad o los bienes sin el debido proceso legal; ni se ocupará la propiedad privada para uso público sin una justa compensación.

20. ¿Cuál de los siguientes derechos no está protegido por la Quinta Enmienda?

    A. el derecho a tener una audiencia ante un gran jurado antes de que se lo acuse por un delito grave
    B. el derecho a negarse a testificar contra sí mismo
    C. el derecho a tener un juicio por jurado
    D. el derecho de que el gobierno no ocupe la propiedad privada sin una justa compensación

INSTRUCCIONES: Lee el pasaje y la pregunta, luego elige la **mejor** respuesta.

Fragmento traducido del discurso de renuncia del presidente Richard M. Nixon, 8 de agosto, 1974:

En todas las decisiones que he tomado a lo largo de mi vida pública, he tratado siempre de hacer lo que he creído mejor para nuestra nación. Durante el largo y dificultoso período de Watergate, he creído que era mi deber perseverar, hacer todos los esfuerzos posibles para completar el mandato para el cual ustedes me han elegido.

Tras las conversaciones que he tenido con los miembros del Congreso y otros dirigentes, he llegado a la conclusión de que el caso de Watergate me ha privado del apoyo del Congreso que considero necesario para... cumplir con las responsabilidades de este cargo.

Jamás me ha faltado perseverancia... Pero, como presidente, debo poner los intereses de los Estados Unidos en primer lugar. El país necesita un presidente y un Congreso de tiempo completo…

Continuar mi lucha en los próximos meses para lograr mi vindicación absorbería totalmente todo mi tiempo y mi atención, tanto de la presidencia como del Congreso, en un período en el cual toda nuestra atención debería estar puesta en los problemas más importantes.

21. ¿Cuál de las siguientes opciones resume mejor la razón de la renuncia del presidente Nixon a su cargo?

    A. El Congreso le ha hecho imposible continuar cumpliendo con el cargo de presidente.
    B. Debido al escándalo de Watergate, no puede continuar cumpliendo con sus responsabilidades de manera eficaz.
    C. Debe renunciar porque ya no desea ocupar el cargo de presidente a tiempo completo.
    D. Como la opinión pública se puso en su contra, no puede seguir ocupando el cargo.

22. ¿Cuál de las siguientes opciones describe mejor el tono del discurso del presidente Nixon?

    A. desafiante
    B. alegre
    C. terco
    D. arrepentido

INSTRUCCIONES: Estudia la información que se presenta en la tabla, lee la pregunta y luego elige la **mejor** respuesta.

DIEZ CIUDADES DE LOS ESTADOS UNIDOS CON EL MAYOR PORCENTAJE DE POBLACIÓN DE 85 AÑOS O MÁS: 2010

Lugar	Población total	Población de 85 años o más	
		Número	Porcentaje
Zona urbana de Honolulu, LDC*, HI	337,256	11,781	3.5
Clearwater, FL	107,685	3,725	3.5
Santa Rosa, CA	167,815	4,654	2.8
Warren, MI	134,056	3,636	2.7
Scottsdale, AZ	217,385	5,821	2.7
Metaire, LDC*, LA	138,481	3,665	2.6
Pueblo, CO	106,595	2,818	2.6
Billings, MT	104,170	2,749	2.6
Springfield, MO	159,498	4,209	2.6
Rockford, IL	152,871	3,970	2.6
*LDC: Lugar designado por el Censo			

INSTRUCCIONES: Estudia la caricatura, lee las preguntas y luego elige la **mejor** respuesta.

LOS VOTANTES DEBEN DAR UN EXAMEN DE ALFABETIZACIÓN.
"A PROPÓSITO, ¿QUÉ QUIERE DECIR ESA PALABRA DIFÍCIL?"
por Bill Mauldin

23. Según la información que se presenta en la tabla, ¿en qué región de los Estados Unidos se registra la mayor cantidad de habitantes de 85 años o más?

    A. en el sureste
    B. en el noreste
    C. en el oeste
    D. en el medio oeste

24. A partir de la información de la tabla, ¿cuál de las siguientes razones puedes inferir que constituye un factor por el cual muchos habitantes llegan a vivir 85 años o más?

    A. la cantidad de instituciones culturales importantes
    B. el clima favorable
    C. la alta densidad de población
    D. la cercanía con la costa este

25. ¿De qué manera demuestran una lógica incorrecta los personajes que aparecen en esta caricatura?

    A. No pueden llegar a un acuerdo respecto de cuál sería el mejor método para evaluar a los votantes.
    B. Han simplificado demasiado los requisitos necesarios para votar.
    C. Han hecho una generalización apresurada al afirmar que solamente los miembros de los partidos opositores se verían afectados por los exámenes de alfabetización.
    D. Un examen de alfabetización justo evitaría que ellos voten.

26. ¿Bajo cuál de los siguientes títulos podría categorizarse mejor esta caricatura?

    A. derechos civiles
    B. inversión gubernamental
    C. elecciones presidenciales
    D. reformas democráticas

INSTRUCCIONES: Estudia el diagrama de flujo, lee las preguntas y luego elige la **mejor** respuesta.

1763 | La proclamación de 1763 prohíbe el asentamiento al oeste de los montes Apalaches.

↓

1765 | El Parlamento aprueba la Ley del Sello, que impone un impuesto a los documentos.

↓

1767 | El Parlamento aprueba los impuestos Townshend, que gravan el té, el vidrio y otros artículos.

↓

1770 | Ocurre la Masacre de Boston; se revocan los impuestos Townshend.

↓

1772 | Se forman los Comités de Correspondencia para mantener a los colonos al tanto de los vertiginosos sucesos.

↓

1773 | El Parlamento aprueba la Ley del Té, se origina el Motín del Té en Boston.

↓

1774 | El Parlamento aprueba un número de leyes coercitivas y cierra el puerto de Boston como castigo por el Motín del Té.

↓

1775 | Se producen las batallas de Lexington y Concord.

27. ¿Cuál de las siguientes opciones menciona dos sucesos que probablemente se hayan influenciado mutuamente?

A. Se aprobó la proclamación de 1763 en respuesta al Motín del Té de Boston.

B La Masacre de Boston fue una respuesta al Motín del Té.

C. Los Comités de Correspondencia fueron una respuesta parcial a la Masacre de Boston.

D El Motín del Té de Boston constituyó una venganza por las batallas de Lexington y Concord.

28. ¿En qué año del diagrama de flujo sería probable encontrar a muchas personas involucradas en acciones en contra de los británicos?

A. 1763
B. 1770
C. 1772
D. 1773

29. Después del último suceso que aparece en el diagrama de flujo, ¿cuál de los siguientes sucesos es probable que haya ocurrido en 1776?

A. el Tratado de París que puso fin a la guerra con Gran Bretaña

B. la rendición de las fuerzas británicas en Yorktown ante el general Washington

C. la redacción de la Constitución de los Estados Unidos

D. la firma de la Declaración de Independencia

INSTRUCCIONES: Lee el pasaje y la pregunta, luego elige la **mejor** respuesta.

En 1989, a medida que los países de Europa del Este abandonaban su forma de gobierno comunista por las formas democráticas, Mikhail Gorbachov y la Unión Soviética no intervinieron. Gorbachov también permitió la oposición al comunismo dentro de la Unión Soviética y, en 1990, las repúblicas soviéticas comenzaron a afirmar su soberanía individual.

En agosto de 1991, un golpe de estado fallido, liderado por los conservadores comunistas, aumentó el apoyo a la democracia. Hacia el mes de noviembre, el Partido Comunista había desaparecido y el líder Boris Yeltsin, quien estaba a favor de la democracia, había comenzado a negociar la formación de una nueva Comunidad de Estados Independientes. Gorbachov renunció el 25 de diciembre y, un día después, se disolvió oficialmente la Unión Soviética.

30. Usa la información del pasaje para hacer una generalización sobre la causa de la caída de la Unión Soviética.

A. La decisión de Gorbachov de permitir la democracia y el disenso desencadenaron las fuerzas que causaron la caída de la Unión Soviética.

B. Yeltsin provocó la renuncia de Gorbachov, lo que causó la caída de la Unión Soviética.

C. La democracia en Europa del Este llevó a que la Unión Soviética también adoptara esa forma de gobierno.

D. Los líderes comunistas de la Unión Soviética disolvieron el gobierno para oponer resistencia a Yeltsin.

Wally Amos

La receta de Wally Amos para alcanzar el éxito incluyó obtener su certificado GED®.
©Boston Globe/Getty Images

Wally Amos, creador de la línea de galletas Famous Amos, aprendió el oficio de su tía, a quien le encantaba hornear galletas con pedacitos de chocolate para él.

Amos abandonó la escuela secundaria antes de su graduación y se unió a la Fuerza Aérea estadounidense. Mientras prestaba servicio en esa fuerza, obtuvo el certificado GED®, lo que llevó a que fuera contratado por la agencia de representantes artísticos *William Morris Talent Agency*. Amos escaló posiciones y se convirtió en el primer representante artístico afroamericano para, finalmente, fundar su propia agencia de representación de artistas teatrales, en California. Para relajarse los fines de semana, adoptó un nuevo pasatiempo: hornear galletas con pedacitos de chocolate.

Con el tiempo, Amos decidió hornear y vender galletas usando su nombre como marca. Abrió la tienda de galletas *Famous Amos Chocolate Chip Cookie Store* en el bulevar Sunset de Hollywood, California. Pronto se abrieron más tiendas. En 1995, Amos fundó otra empresa exitosa, *Uncle Wally's Muffins*. Hoy en día, las galletas *Famous Amos* y los *Uncle Wally's Muffins* se venden en miles de tiendas de todos los Estados Unidos.

Wally Amos ha trabajado incansablemente a favor de la alfabetización y durante más de 20 años ha sido vocero nacional de *Literacy Volunteers of America* (Voluntarios para la Alfabetización de los Estados Unidos). Llegó a ser un autor de renombre y un orador motivador cuyos libros y conferencias transmiten su actitud positiva.

RESUMEN DE LA CARRERA PROFESIONAL: *Wally Amos*

- Obtuvo su certificado GED® mientras prestaba servicio en la Fuerza Aérea.

- Abrió su propia agencia de representación de artistas teatrales en California.

- Creó la tienda de galletas *Famous Amos Chocolate Chip Cookie Store* en 1975.

- Creó *Uncle Wally's Muffins* en 1995.

- En 2005, creó la fundación *Chip & Cookie Read Aloud* para promover la alfabetización durante la niñez.

- Recibió distinciones por sus méritos empresariales y por su promoción de la alfabetización.

Economía

Unidad 4: Economía

Muchas de las decisiones que tomamos todos los días están relacionadas con la economía. Por ejemplo, ganamos un salario, depositamos y retiramos dinero del banco, hacemos compras y pagamos cuentas e impuestos. La economía es el estudio de las decisiones relacionadas con la producción, la distribución y el consumo de bienes y servicios. Al aprender sobre economía, nos convertimos en mejores consumidores en cuanto a cuándo y cómo hacemos uso de nuestro tiempo y dinero.

La economía es una parte importante de la Prueba de Estudios Sociales GED® y abarca el 15 por ciento de todas las preguntas. Como sucede con otras secciones de la prueba de GED®, la sección de Economía evaluará tu capacidad para interpretar textos y gráficas de distintos niveles de conocimiento mediante el uso de destrezas complejas de lectura y razonamiento. En la Unidad 4, la continuación del desarrollo de destrezas clave y la presentación de nuevas destrezas te ayudarán a prepararte para la Prueba de Estudios Sociales GED®.

Contenido

UNIDAD 4

©Ariel Skelley/Blend Images/Getty Images

La economía es una parte fundamental de la vida cotidiana. Cada vez que calculas el presupuesto para comprar comida, planificas una compra especial o administras tu cuenta bancaria, comprender cómo funciona la economía te ayuda a tomar mejores decisiones.

Comprender la economía

TEMAS DE ESTUDIOS SOCIALES: II.E.c.1, II.E.c.3, II.E.d.1, II.E.d.6, II.E.d.9, II.E.d.10
PRÁCTICA DE ESTUDIOS SOCIALES: SSP.1.a, SSP.1.b, SSP.2.a, SSP.2.b, SSP.4.a, SSP.6.b

1 Aprende la destreza

La economía es el estudio de las maneras en que se intercambian bienes y servicios. Incluye intercambios entre personas, grupos, empresas y gobiernos. El estudio de la economía toma ideas de la psicología, la ética y la historia en un intento por explicar y predecir comportamientos relacionados con la compra y la venta. Aprender a **comprender la economía** es esencial para captar el sentido de los comportamientos de las sociedades y de sucesos a escala mundial.

Como sucede con otras áreas de la prueba de GED®, comprender la economía y cómo se relaciona con la vida cotidiana evaluará tu capacidad para interpretar la información en distintos niveles de conocimiento mediante el uso de destrezas complejas de lectura y razonamiento.

2 Practica la destreza

Al practicar la destreza de comprender la economía, mejorarás tus capacidades de estudio y evaluación, especialmente en relación con la Prueba de Estudios Sociales GED®. Estudia la información que aparece a continuación. Luego responde la pregunta.

La economía se divide en dos categorías principales: microeconomía y macroeconomía. La microeconomía abarca decisiones económicas que se toman en el aspecto personal o empresarial. Esto incluye a las personas, los hogares, las empresas y las industrias. La macroeconomía estudia el comportamiento de una economía completa.

La tabla ilustra algunas de las diferencias entre microeconomía y macroeconomía.

a La tabla destaca algunos de los principales indicadores económicos, y una comparación de cómo se aplican en el ámbito de la microeconomía y de la macroeconomía.

b Como ayuda para recordar la diferencia entre microeconomía y macroeconomía, recuerda que *micro* significa "pequeño" y *macro* significa "grande".

	a Producción	Precios	Ingresos	Empleo
Microeconomía	¿Cuántas botellas de jugo produce la empresa A?	¿Cuál es el precio de la botella de jugo de la empresa A?	¿Cuáles son los salarios de los empleados de la empresa A?	¿Cuántas personas trabajan en la empresa A?
Macroeconomía	¿Cuántos bienes y servicios se producen en los Estados Unidos?	¿Cuál es el Producto Interno Bruto (PIB) de los Estados Unidos?	¿Cuál es el total de los sueldos y salarios de los empleados en los Estados Unidos?	¿Cuál es la tasa de desempleo en los Estados Unidos?

CONSEJOS PARA REALIZAR LA PRUEBA

Intenta pensar en un ejemplo para ilustrar cualquier término o concepto desconocido. Para diferenciar entre microeconomía y macroeconomía, piensa en tus propios hábitos de consumo, en comparación con las políticas económicas de los Estados Unidos.

1. ¿Cuál de los siguientes es un ejemplo de microeconomía?

   A. Los Estados Unidos produjeron más naranjas este año que el año pasado.
   B. Una lata de jugo de naranja congelado cuesta $2.09 en el supermercado.
   C. Las naranjas son uno de los cultivos primarios en Florida.
   D. Se exportan millones de galones de jugo de naranja cada año.

3 Aplica la destreza

INSTRUCCIONES: Estudia la información, lee las preguntas y elige la **mejor** respuesta.

Un mercado es un lugar o una infraestructura en la que se produce el intercambio de bienes y servicios. En el sentido más literal, un mercado es un lugar físico en donde se compra o se vende algo, por ejemplo, un mercado de agricultores. Para los economistas, un mercado no es necesariamente un lugar específico, sino una estructura en la que vendedores y compradores son libres de comerciar entre ellos. Esta libertad de los vendedores y compradores lleva a que los bienes iguales tengan precios similares.

Por ejemplo, los vendedores de pepinos en un mercado de agricultores tenderán a vender los pepinos a precios similares. La competencia entre los vendedores impide que el precio de los pepinos suba demasiado. Los vendedores saben que si aumentan demasiado el precio, sus compradores optarán por otros vendedores que tengan precios más bajos. Algunos vendedores pueden agregar incentivos para convencer a los compradores de que compren su producción o producto. En este caso, un vendedor que tiene pepinos a un precio más alto podría incentivar a los compradores si les regala un tomate por cada compra de pepinos.

Algunos mercados no son competitivos, sino que tienen monopolios. Si en el mercado de agricultores hay un solo vendedor de pepinos y ningún otro vendedor de pepinos consigue tener un puesto en el mercado, el primer vendedor puede formar un monopolio. Si el gobierno no aplica regulaciones, este vendedor puede imponer el precio que quiera para vender sus pepinos.

2. ¿Cuál de las siguientes opciones mantiene los precios de los bienes iguales aproximadamente en el mismo nivel en un mercado?

   A. la competencia entre los vendedores
   B. la alta demanda de los productos
   C. los incentivos a los consumidores
   D. la cantidad de productos disponibles

3. ¿Cuál de las siguientes opciones describe en qué condiciones puede crearse un monopolio?

   A. Una cantidad pequeña de empresas controlan el mercado de un bien o un producto.
   B. Cada empresa de un mercado produce bienes que son levemente diferentes, y apela a diferentes consumidores.
   C. Una empresa vende un bien o un producto que no tiene buenos bienes o productos sucedáneos y se impide que otras empresas ingresen a ese mercado.
   D. Hay muchas empresas que producen el mismo producto, lo que deriva en precios bajos con los que las empresas no pueden sostenerse.

INSTRUCCIONES: Estudia la información, lee las preguntas y elige la **mejor** respuesta.

Las empresas confían en indicadores económicos como guía para tomar sus decisiones. Un indicador económico es una estadística económica. La tasa de desempleo, o el porcentaje de personas desempleadas, es un indicador económico. El propósito de un indicador económico es señalar cómo le va a una economía en la actualidad, y cómo le irá en el futuro.

Algunos indicadores son líderes, lo que significa que cambian antes de que cambien las condiciones económicas, y por eso sirven para hacer predicciones. El mercado de valores, por ejemplo, suele empezar a decaer o mejorar antes de que lo haga la economía más grande. Los indicadores económicos líderes sirven a los inversores, a la hora de tomar decisiones acerca de dónde invertir su dinero.

Otros indicadores son rezagados, lo que significa que cambian después de que cambian las condiciones económicas. La tasa de desempleo, por ejemplo, puede continuar aumentando varios meses después de que las condiciones económicas hayan empezado a mejorar.

4. El Producto Interno Bruto, o PIB, representa el valor total de la producción de un país. ¿Cuál de las siguientes opciones es más probable que elija un inversor si el PIB de los Estados Unidos aumenta constantemente?

   A. invertir en productos manufacturados en el extranjero
   B. vender inversiones en empresas extranjeras
   C. vender inversiones en empresas estadounidenses
   D. invertir en empresas establecidas en los Estados Unidos

5. Los indicadores líderes se usan para predecir tendencias económicas, mientras que los indicadores rezagados confirman tendencias de larga data. ¿Cuál de los siguientes es un indicador rezagado?

   A. el mercado de valores
   B. el desempleo
   C. la oferta monetaria
   D. los permisos de construcción

Causas y efectos múltiples

TEMAS DE ESTUDIOS SOCIALES: II.E.d.1, II.E.d.2, II.E.d.8
PRÁCTICA DE ESTUDIOS SOCIALES: SSP.3.c, SSP.6.a, SSP.6.b, SSP.6.c, SSP.10.a

1 Aprende la destreza

No todas las relaciones de causa y efecto son simples. Muchas causas pueden contribuir a que se produzca un único resultado, y un solo suceso o una sola situación pueden derivar en efectos múltiples. Aprender a identificar **causas y efectos múltiples** te ayudará a lograr una mejor comprensión de la economía y de los factores complejos que la afectan.

Como sucede con otras áreas de la prueba de GED®, las preguntas sobre causas y efectos múltiples evaluarán tu capacidad para interpretar la información en distintos niveles de conocimiento mediante el uso de destrezas complejas de lectura y razonamiento.

2 Practica la destreza

Al practicar la destreza de identificar causas y efectos múltiples, mejorarás tus capacidades de estudio y evaluación, especialmente en relación con la Prueba de Estudios Sociales GED®. Estudia la información que aparece a continuación. Luego responde la pregunta.

a La inflación es la causa de una reacción en cadena de sucesos, tales como el aumento de los precios y la disminución de las compras.

b La inflación es la causa. Las guerras, los problemas con el suministro de alimentos y la agitación política son algunos de los efectos.

Dos áreas importantes del estudio de la macroeconomía son la inflación y la deflación. **a** La inflación ocurre cuando la masa monetaria es mayor que los bienes y los servicios disponibles. Esto causa que disminuya el valor del dinero y que aumenten los precios. A su vez, esto desalienta el consumo por parte de las personas. Los efectos de la inflación se hacen sentir en todos los sectores de la economía y en todos los segmentos de la sociedad. La deflación se produce cuando los precios caen y el valor del dinero aumenta. La deflación también se conoce con el nombre de inflación negativa.

b Se sabe que la inflación y la inestabilidad económica que produce han causado guerras, problemas en el suministro de alimentos y agitación política. Los países en vías de desarrollo son los que corren más peligro en caso de inflación.

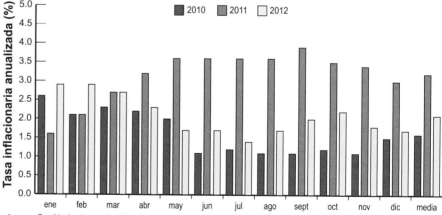

TASA INFLACIONARIA EN LOS EE. UU. POR MES Y AÑO (2010–2012)

1. ¿Cuál de las siguientes opciones es más probable que haya sido verdadera en el segundo semestre de 2011?

A. precios más altos, disminución del consumo, aumento del valor del dinero

B. precios más altos, disminución del consumo, agitación política

C. aumento de la demanda de bienes, precios más altos, agitación política

D. disminución del consumo, deflación, agitación política

HACER SUPOSICIONES

Podrías pensar que tener más dinero del que se puede gastar es bueno para la economía. La información de esta página explica por qué esto no es verdadero.

★ Ítem en foco: **ARRASTRAR Y SOLTAR**

INSTRUCCIONES: Lee el pasaje sobre la oferta y la demanda que aparece a continuación de los recuadros para arrastrar y soltar. Luego lee la pregunta y usa las opciones de arrastrar y soltar para completar el diagrama.

2. Arrastra y suelta los efectos sobre la oferta y la demanda cuando los precios superan o no alcanzan el punto de equilibrio, es decir, el punto de igualdad entre la oferta y la demanda, en los lugares correctos del diagrama por encima o por debajo del punto de equilibrio.

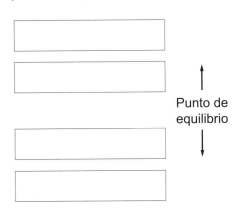

Punto de equilibrio

Precio

Opciones de arrastrar y soltar

Baja la demanda.
Sube la demanda.
Baja la oferta.
Sube la oferta.

INSTRUCCIONES: Estudia la información y la gráfica, lee cada pregunta y elige la **mejor** respuesta.

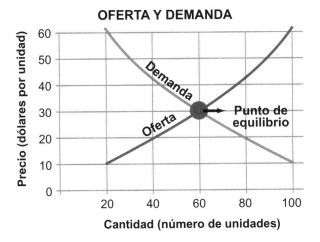

La relación de causa y efecto entre la oferta y la demanda es un factor con fuerte influencia en los precios. Según las leyes económicas de la oferta y la demanda, las personas pagarán más por algo que desean cuando la disponibilidad de ese algo es menor. Por el contrario, si la oferta de un bien o servicio es mayor que la demanda por parte de las personas, los proveedores bajarán el precio para alentar a las personas a comprar ese producto en mayor cantidad. El punto en el que la oferta de un artículo se determina como respuesta a una igualdad entre la oferta y la demanda se llama punto de equilibrio. Cuando los precios superan el punto de equilibrio, la demanda cae.

Si el precio sube demasiado, es posible que la demanda desaparezca por completo. Sin embargo, si el precio baja demasiado, el vendedor no podrá obtener ganancias y dejará de producir ese bien o servicio.

La oferta y la demanda son, en sí mismas, efectos de otras causas. Por ejemplo, los efectos de la inflación pueden reducir la demanda y forzar la disminución de un precio. La inflación también puede elevar el costo de producción de las cosas, lo que causa el aumento de los precios, que a su vez puede llevar a una reducción de la demanda.

3. ¿Cuál de los siguientes enunciados es verdadero?

   La oferta, la demanda y la inflación

   A. son causas esenciales de la actividad económica.
   B. no influyen en la economía.
   C. operan independientemente unas de otras.
   D. reciben, cada una, influencia de muchas causas.

4. A partir de la información, ¿cuál de las siguientes es una condición necesaria para que la ley de la oferta y la demanda funcione libremente?

   A. la competencia
   B. la regulación de los precios por parte del gobierno
   C. la inflación
   D. una economía en crecimiento

UNIDAD 4

UNIDAD 4

TEMAS DE ESTUDIOS SOCIALES: II.E.c.5, II.E.e.1, II.E.e.2
PRÁCTICA DE ESTUDIOS SOCIALES: SSP.6.a, SSP.6.c, SSP.10.a, SSP.10.b

1 Aprende la destreza

Al **comparar** dos o más **recursos visuales**, consideras las semejanzas entre ellos. Los detalles acerca de cada uno de ellos se usan para mejorar la percepción de los otros elementos.

Una vez comparados los elementos, los puedes **contrastar**. Contrastar significa poner el foco únicamente en las diferencias. Al contrastar, te preparas para analizar por qué existen esas diferencias.

Como sucede con otras áreas de la prueba de GED®, las preguntas sobre cómo **comparar y contrastar recursos visuales** evaluarán tu capacidad para interpretar la información en distintos niveles de conocimiento mediante el uso de destrezas complejas de lectura y razonamiento.

2 Practica la destreza

Al practicar la destreza de comparar y contrastar recursos visuales, mejorarás tus capacidades de estudio y evaluación, especialmente en relación con la Prueba de Estudios Sociales GED®. Estudia los recursos visuales y la información que aparecen a continuación. Luego responde la pregunta.

a Cuando analizas dos recursos visuales, busca semejanzas y diferencias. Estas dos gráficas muestran el crédito al consumo, pero los tipos de crédito al consumo que muestran son diferentes.

b Busca maneras de relacionar la información para responder la pregunta. En este caso, estudia las tendencias que comienzan en 2009 y decide a qué brindan apoyo.

CRÉDITO DE CONSUMO ROTATIVO 2008–2012 **a**

Miles de millones de dólares / **b** Año

(Gráfica: valores en eje Y de 700 a 1200; eje X 2008–2012)

CRÉDITO DE CONSUMO NO ROTATIVO 2008–2012

Miles de millones de dólares / **b** Año

(Gráfica: valores en eje Y de 1400 a 2000; eje X 2008–2012)

Hay dos tipos principales de crédito: rotativo y no rotativo. El crédito rotativo es una línea de crédito que tiene un límite aprobado previamente, como una tarjeta de crédito. A medida que gastas, te queda menos crédito disponible. Puedes pagar el saldo total en cualquier momento, o pagarlo en cuotas, pero también deberás pagar costos financieros por todo saldo que quede impago.

El crédito no rotativo es un préstamo que se devuelve siguiendo un cronograma de pagos con intereses, como los préstamos para comprar carros o casas.

1. ¿Cuál de las siguientes opciones es más probable que indique el cambio en cada una de las gráficas?

    A. una mejora de la economía
    B. el aumento del miedo a una crisis económica
    C. el comienzo de una recesión
    D. una disminución de la cantidad de crédito disponible

INSTRUCCIONES: Estudia las gráficas, lee cada pregunta y elige la **mejor** respuesta.

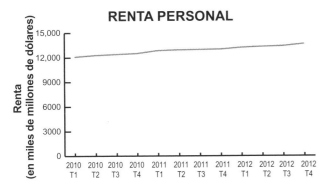

RENTA PERSONAL

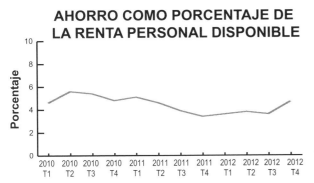

AHORRO COMO PORCENTAJE DE LA RENTA PERSONAL DISPONIBLE

2. Según las gráficas, hay un aumento leve de la renta, mientras que los ahorros expresados como un porcentaje de la renta *disponible* son más volátiles y con tendencia descendente. ¿Cuáles de las siguientes pueden ser razones por las que existe esta diferencia entre las tendencias?

   A. Los ahorros no dependen de la renta.
   B. Las personas siempre gastan todo lo que ganan.
   C. Las personas están saldando deudas y no están ahorrando.
   D. La renta personal y la renta personal disponible no están relacionadas.

INSTRUCCIONES: Estudia la información y las gráficas, lee cada pregunta y elige la **mejor** respuesta.

Los países suelen especializarse en proveer determinados bienes y servicios en función de los recursos que tienen disponibles. Lo más habitual es que elijan producir bienes y servicios que les brinden una ventaja comparativa sobre otros productores del mercado. Un país tiene una ventaja comparativa cuando produce mejor un producto (con más eficiencia y a menor precio) en comparación con otro país.

Para analizar la ventaja comparativa, compara los costos de oportunidad. El costo de oportunidad de producir un bien o servicio es el valor de la segunda mejor opción. Por ejemplo, si el país A tiene capacidad para producir 4 toneladas de trigo y 1 tonelada de maíz, pero decide producir únicamente trigo, el costo de oportunidad de producir 1 tonelada de trigo es 1/4 de tonelada de maíz. Cuando se usa la ventaja comparativa para determinar quién debe producir qué, un país debe especializarse en bienes y servicios cuyos costos de oportunidad sean menores. Pueden usarse gráficas para mostrar el costo de oportunidad y la ventaja comparativa.

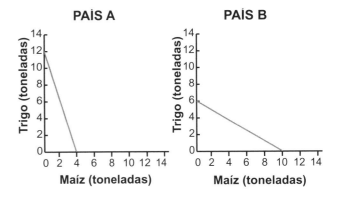

3. ¿Cuál es el costo de oportunidad de producir 10 toneladas de maíz en el país B?

   A. 2 toneladas de trigo
   B. 4 toneladas de trigo
   C. 6 toneladas de trigo
   D. 8 toneladas de trigo

4. Si cada país se especializa de modo que los dos se beneficien, ¿cuál de los siguientes enunciados describe mejor qué debe producir cada país y por qué?

   A. El país A debe producir maíz y el país B debe producir trigo, porque el país A tiene el mayor costo de oportunidad para el trigo y el país B tiene el mayor costo de oportunidad para el maíz.
   B. El país A debe producir maíz y el país B debe producir trigo, porque el país A tiene el menor costo de oportunidad para el trigo y el país B tiene el menor costo de oportunidad para el maíz.
   C. El país A debe producir trigo y el país B debe producir maíz, porque el país A tiene el mayor costo de oportunidad para el trigo y el país B tiene el mayor costo de oportunidad para el maíz.
   D. El país A debe producir trigo y el país B debe producir maíz, porque el país A tiene el menor costo de oportunidad para el trigo y el país B tiene el menor costo de oportunidad para el maíz.

UNIDAD 4

LECCIÓN 4

Interpretar pictografías

TEMAS DE ESTUDIOS SOCIALES: II.E.c.8, II.E.c.9, II.E.c.10, II.E.c.11
PRÁCTICA DE ESTUDIOS SOCIALES: SSP.6.a, SSP.6.b, SSP.10.a, SSP.11.a

1 Aprende la destreza

Las **pictografías** son recursos visuales en los que se usan símbolos para mostrar datos en forma de tabla. Las pictografías son muy versátiles porque sus símbolos pueden representar cualquier tipo de elemento. Estos símbolos también pueden representar cualquier cantidad de ese elemento elegido. Un solo símbolo puede representar un dólar de renta o un millón de integrantes de una población. Las pictografías no se usan para identificar una medida exacta de algo, pero sí pueden mostrar la variación de un valor a lo largo del tiempo o la comparación de ese valor con otros elementos similares.

Como sucede con otras áreas de la prueba de GED®, las preguntas sobre cómo **interpretar pictografías** evaluarán tu capacidad para interpretar la información en distintos niveles de conocimiento mediante el uso de destrezas complejas de lectura y razonamiento.

2 Practica la destreza

Al practicar la destreza de interpretar pictografías, mejorarás tus capacidades de estudio y evaluación, especialmente en relación con la Prueba de Estudios Sociales GED®. Estudia la información y la pictografía que aparecen a continuación. Luego responde la pregunta.

Los países y las economías son interdependientes, es decir, dependen unos de otros para el intercambio de bienes y servicios. La cantidad de intercambios entre dos países puede ser una medida de su interdependencia.

a Al igual que la clave de un mapa, la clave de una pictografía identifica el símbolo que se usa en la pictografía y da su valor, de modo que puedas calcular los valores que se representan en la tabla propiamente dicha.

b A veces, el símbolo aparece en forma parcial o incompleta. En estas instancias, los símbolos incompletos representan una porción de la cantidad indicada por el símbolo completo.

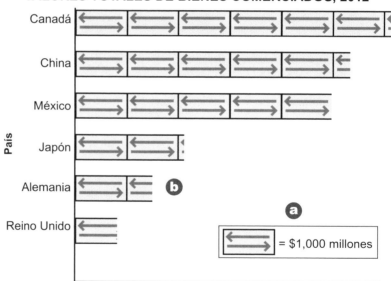

PRINCIPALES SOCIOS COMERCIALES DE LOS EE. UU.: VALORES TOTALES DE BIENES COMERCIADOS, 2012

Valor de los bienes comerciados

HACER SUPOSICIONES

Puedes suponer que, cuando interpretes una pictografía, tendrás que estimar los valores que representan los símbolos de la tabla.

1. ¿Cuál de los siguientes es el valor total aproximado de los bienes comerciados entre los Estados Unidos y Japón?

   A. $100 mil millones
   B. $150 mil millones
   C. $200 mil millones
   D. $250 mil millones

UNIDAD 4

(Inside img_1): Canadá, China, México, Japón, Alemania, Reino Unido — País — **b** **a** — ⇄ = $1,000 millones

⭐ Ítem en foco: **MENÚ DESPLEGABLE**

INSTRUCCIONES: El siguiente pasaje está incompleto. Usa la información del pasaje y de la pictografía para completarlo. En cada ejercicio con menú desplegable, elige la opción que complete correctamente la oración.

ESTADOS LÍDERES EN LA PRODUCCIÓN DE MAÍZ, 2010

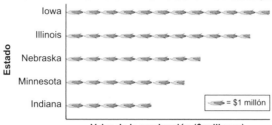

La *especialización*, en el sentido económico, se refiere a individuos y organizaciones que se concentran en un rango limitado de las tareas productivas que mejor pueden realizar. Exige que los trabajadores, las organizaciones e incluso los países abandonen otras tareas, para las cuales no tienen tanta habilidad, y que dejen esos empleos a otros que puedan hacerlos mejor. Una cadena de montaje, por ejemplo, donde los trabajadores individuales realizan tareas específicas del proceso de producción, es el mejor ejemplo de especialización. La especialización está relacionada con otro concepto de la economía: la división del trabajo.

Dentro de los Estados Unidos también hay especialización. Por ejemplo, los cítricos crecen, naturalmente, en los climas más cálidos del sur y el oeste, mientras que el jarabe de arce proviene de los arces de Vermont y New Hampshire. En cuanto a la agricultura, por ejemplo, la región del Medio Oeste es reconocida por especializarse en la producción de maíz.

En 2010, el estado líder en producción de maíz fue Iowa. El valor de su producción fue más del doble que el valor de la producción de
[2. Menú desplegable 1], que alcanzó el quinto puesto entre los cinco estados líderes en producción de maíz de los Estados Unidos. Kansas, Dakota del Sur, Ohio, Wisconsin y Missouri son los estados que completan la lista de los 10 productores líderes de maíz. La mediana de los valores de producción de los cinco estados líderes es [2. Menú desplegable 2]. De esta información, puedes deducir que el valor del maíz producido en [2. Menú desplegable 3] fue, en 2010, menor que el de la producción de Ohio.

Opciones de respuesta del menú desplegable

2.1 A. Minnesota
B. Iowa
C. Indiana
D. Nebraska

2.2 A. $11,735 millones
B. $10,707 millones
C. $7,860 millones
D. $6,719 millones

2.3 A. Iowa
B. Illinois
C. Indiana
D. Wisconsin

LECCIÓN 5
Interpretar gráficas de barras múltiples y gráficas lineales

TEMAS DE ESTUDIOS SOCIALES: II.E.c.4, II.E.d.4, II.E.d.5, II.E.e.1, II.E.e.3
PRÁCTICA DE ESTUDIOS SOCIALES: SSP.1.a, SSP.6.a, SSP.6.b, SSP.6.c, SSP.10.a, SSP.10.c

① Aprende la destreza

Cuando estudies economía, a menudo encontrarás datos presentados en forma de **gráficas de barras múltiples y gráficas lineales**. Al igual que las gráficas de barra simple y las gráficas lineales, estos recursos visuales pueden usarse para comparar valores y para mostrar cambios a lo largo del tiempo. Sin embargo, como usan más de una barra o una línea, también permiten comparar datos variables, aunque relacionados, a lo largo del tiempo.

Como sucede con otras áreas de la prueba de GED®, aprender a **interpretar gráficas de barras múltiples y gráficas lineales** evaluará tu capacidad para interpretar la información en distintos niveles de conocimiento mediante el uso de destrezas complejas de lectura y razonamiento.

② Practica la destreza

Al practicar la destreza de interpretar gráficas de barras múltiples y gráficas lineales, mejorarás tus capacidades de estudio y evaluación, especialmente en relación con la Prueba de Estudios Sociales GED®. Estudia la información que aparece a continuación. Luego responde la pregunta.

ⓐ Al estudiar las barras de una gráfica de doble barra, puedes comparar dos cantidades en un momento dado y también las variaciones de las cantidades a lo largo del tiempo.

ⓑ En la clave de una gráfica de doble barra, generalmente se usan colores o sombreados para identificar qué representa cada barra. En esta gráfica, una barra representa la media anual de la tasa hipotecaria, mientras que la otra representa la media anual de la tasa de interés preferencial.

MEDIA ANUAL DE TASAS HIPOTECARIAS Y TASAS DE INTERÉS PREFERENCIAL

ⓑ ■ Media anual de las tasas hipotecarias   ☐ Media anual de la tasa de interés preferencial

Tasa porcentual vs *Año*

HACER SUPOSICIONES

En general, puedes suponer que, si un autor incluye información en una gráfica de barras múltiples o en una gráfica lineal, es para mostrar una relación entre los datos, que puede ser una relación de comparación y contraste o de causa y efecto.

1. A partir de la gráfica de doble barra, ¿cuál de los siguientes enunciados es verdadero?

    A. En 2002, la media de la tasa hipotecaria fue mayor que la tasa de interés preferencial media.
    B. La media de la tasa de interés preferencial de 2008 fue aproximadamente 6 por ciento.
    C. La media de la tasa hipotecaria de 2006 fue aproximadamente 10 por ciento.
    D. La media de la tasa hipotecaria disminuyó aproximadamente 2 por ciento entre 2004 y 2006.

③ Aplica la destreza

INSTRUCCIONES: Estudia la información y la gráfica, lee cada pregunta y elige la **mejor** respuesta.

La Reserva Federal, también conocida popularmente como "Fed", es el banco central del gobierno de los Estados Unidos y del sistema bancario estadounidense. La Fed regula el funcionamiento de los bancos, además de emitir moneda y llevar a cabo las políticas monetarias de la nación. Una de las funciones principales de la Fed es controlar la masa monetaria nacional. Para aumentar la masa monetaria nacional, la Fed puede comprar bonos del Tesoro de los Estados Unidos a los bancos y al público, y así inyectar dinero en efectivo a la economía. También puede aumentar la masa monetaria al disminuir la tasa de interés a la que le presta dinero a la banca comercial. Esto anima a los bancos a pedir más dinero prestado a la Fed, por lo cual aumenta la masa monetaria.

En los Estados Unidos, la masa monetaria se evalúa en diferentes categorías, o medidas. En las categorías se incluyen distintos elementos en función de su liquidez, es decir, en la cualidad para transformarlos fácilmente en dinero en efectivo. La primera categoría, M1, incluye las monedas y el papel moneda en posesión del público y los depósitos a la vista. La segunda categoría, M2, incluye toda la categoría M1 más los depósitos de ahorro, los depósitos menores que $100,000, que devengan intereses, los depósitos del mercado monetario y los fondos de inversión.

MASA MONETARIA DE LOS EE. UU., M1 Y M2

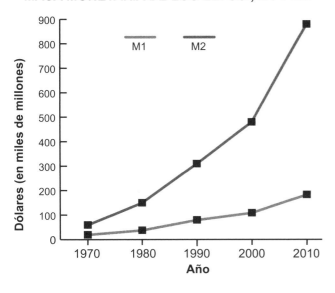

2. ¿Cuál de los siguientes enunciados será siempre verdadero?

    A. El valor de M1 supera los $300 mil millones.
    B. El valor de M2 aumenta a un ritmo constante.
    C. El valor de M2 es mayor que el de M1.
    D. El valor de M1 es aproximadamente la mitad del valor de M2.

3. ¿Cuál de las siguientes opciones muestra el valor aproximado de M1 en 2010?

    A. aproximadamente $100 mil millones
    B aproximadamente $200 mil millones
    C. aproximadamente $300 mil millones
    D. aproximadamente $400 mil millones

4. A partir de la información, ¿en cuál de los siguientes años es probable que la economía haya tenido la mayor liquidez total de dólares?

    A. 1980
    B. 1990
    C. 2000
    D. 2010

INSTRUCCIONES: Estudia la información presentada en la gráfica de doble barra, lee la pregunta y elige la **mejor** respuesta.

DISTRIBUCIÓN POR EDAD DE LOS TELETRABAJADORES ENCUESTADOS

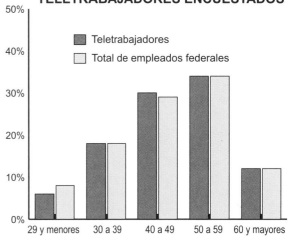

5. ¿Cuál de los siguientes enunciados sobre los empleados federales es verdadero?

    A. El teletrabajo es menos habitual entre los empleados de más edad, que entre los más jóvenes.
    B. La edad no es un factor que influye en el teletrabajo de los empleados federales.
    C. Los teletrabajadores más jóvenes superan en número a los teletrabajadores de más edad.
    D. El porcentaje de teletrabajadores disminuye a medida que aumenta la edad.

UNIDAD 4

Repaso de la Unidad 4

INSTRUCCIONES: Estudia la información y la tabla, lee las preguntas y elige la **mejor** respuesta.

Una depresión económica, que dura un determinado número de años, se caracteriza por factores económicos tales como el aumento considerable del desempleo, la caída del crédito disponible, la disminución de la producción, las quiebras, el cese de pago de las deudas nacionales, la reducción del comercio y la **volatilidad** sostenida del valor de la moneda.

La producción de una economía está basada en el Producto Interno Bruto (PIB). La tabla muestra la progresión del PIB, desde su mayor nivel de 1929 hasta su menor nivel de 1933 y la recuperación que siguió. Si bien la recuperación de la Gran Depresión de la década de 1930 parece producirse con bastante rapidez, los Estados Unidos no alcanzaban su capacidad máxima de producción nacional.

Las depresiones generalmente comienzan mediante una combinación de disminución en la demanda y producción excesiva. Estos factores llevan a que disminuya la producción, se reduzca el personal y bajen los sueldos de los empleados. A medida que estos cambios debilitan el poder adquisitivo de los consumidores, la depresión puede empeorar y abarcar cada vez más sectores.

Para recuperar una economía de una depresión, en general, es necesario que se agoten las existencias excesivas de bienes o que surjan nuevos mercados para esos bienes. A veces, es necesaria la intervención del gobierno para **estimular** la recuperación económica.

PRODUCTO INTERNO BRUTO REAL DE LOS EE. UU., 1929–1939 (DÓLARES: VALOR DE 2005)

AÑO	PIB REAL EN MILES DE MILLONES
1929	976.1
1930	892.0
1931	834.2
1932	725.2
1933	715.8
1934	793.7
1935	864.2
1936	977.0
1937	1,027.1
1938	991.8
1939	1,071.9

1. ¿Cuál de las siguientes conclusiones puede sacarse a partir de la información y de la tabla?

   A. Los Estados Unidos atravesaron un período de recesión durante la década de 1920.
   B. La producción de material bélico para la Segunda Guerra Mundial llevó a los Estados Unidos a una depresión.
   C. El poder adquisitivo de los consumidores estadounidenses se fue debilitando cada vez más durante los inicios de la década de 1930.
   D. La intervención del gobierno en la economía de los Estados Unidos durante la década de 1920 derivó en la depresión de la década de 1930.

2. ¿Cuál de las siguientes predicciones podrías haber hecho acerca de los años posteriores a 1939?

   A. El desempleo en los Estados Unidos disminuiría gradualmente.
   B. En los Estados Unidos se producirían cada vez más quiebras.
   C. La disminución de la demanda seguiría llevando a una reducción de los precios.
   D. Las condiciones de la depresión seguirían llevando a una reducción de los precios.

3. ¿Cuál de las siguientes opciones explica por qué la tabla muestra el PIB de los Estados Unidos en dólares a valor del año 2005?

   A. el desempleo
   B. la producción excesiva
   C. la inflación
   D. la oferta y la demanda

4. ¿Cuál de las siguientes opciones puede reemplazar la palabra *volatilidad* para dar una interpretación más precisa del texto?

   A. plenitud
   B. cualidad de ambulatorio
   C. magnitud
   D. inestabilidad

5. ¿Cuál de las siguientes opciones puede reemplazar la palabra *estimular* para dar una interpretación más precisa del texto?

   A. explotar
   B. motivar o fomentar
   C. inflar
   D. detener súbitamente

UNIDAD 4

INSTRUCCIONES: Estudia la gráfica, lee las preguntas y elige la **mejor** respuesta.

DEUDA NACIONAL PENDIENTE DE PAGO DE LOS EE. UU., 1975–2010

Deuda nacional pendiente de pago

6. ¿Cuál de las siguientes acciones garantizaría una reducción de la creciente deuda nacional de los Estados Unidos, tal como se muestra en la gráfica?

   A. la continuación de muchos de los programas del gobierno
   B. la aprobación de un presupuesto federal en el que se genere un excedente destinado al pago de las deudas con otras naciones
   C. el aumento de los beneficios impositivos para las grandes corporaciones
   D. la aprobación de legislación nueva para el estímulo económico

7. ¿Cuál de los siguientes enunciados puedes afirmar que es verdadero, a partir de la pictografía?

   A. La deuda nacional de los Estados Unidos había superado los $600 mil millones hacia 1975.
   B. La deuda nacional de los Estados Unidos disminuyó entre los años 1980 y 1985.
   C. El nivel de la deuda nacional continúa aumentando desde 1975.
   D. La deuda nacional de los Estados Unidos se expandió más entre 1995 y 2000 que entre 2000 y 2005.

INSTRUCCIONES: Estudia la información, lee la pregunta y elige la **mejor** respuesta.

La Ley de Promoción del Teletrabajo de 2010 fue aprobada el 9 de diciembre de 2010. El debate y la sanción de esta ley fue un hito significativo en la historia del teletrabajo para el sector de los empleados públicos. Esta ley es un factor clave de la capacidad del gobierno federal para alcanzar una mayor flexibilidad en el manejo de su personal, a través de la modalidad del teletrabajo. Los programas sólidamente establecidos e implementados brindan a las agencias una herramienta valiosa para cumplir con sus objetivos, a la vez que ayudan a los empleados a fomentar un mejor equilibrio entre el trabajo y el resto de sus actividades.

Las agencias del gobierno federal, incluidos los gerentes y supervisores, se benefician con el teletrabajo porque:

- el teletrabajo ayuda a contratar y retener los mejores empleados posibles;
- asegura la continuidad de las operaciones y permite mantener las operaciones durante emergencias: el teletrabajo es un componente clave que garantiza las funciones esenciales del gobierno en caso de emergencias nacionales y locales, como desastres naturales o incidentes relacionados con la seguridad nacional, entre otras situaciones que pueden alterar el normal funcionamiento del gobierno;
- ayuda a reducir la congestión del tránsito, las

emisiones contaminantes de los vehículos (…), por lo que mejora el medio ambiente;
- fomenta la efectividad de la administración, ya que pone el foco en la reducción de los costos administrativos relacionados con la rotación del personal y el ausentismo, y reduce costos inmobiliarios, costos de transporte e impacto en el medio ambiente; y
- mejora el equilibrio entre el trabajo y el resto de las actividades cotidianas: el teletrabajo permite que los empleados administren mejor los tiempos dedicados al trabajo y a las obligaciones familiares, con lo que se logra retener a los empleados públicos más flexibles y orientados a los resultados…

Fragmento traducido de telework.gov, Guía para el teletrabajo en el gobierno federal, 2011

8. ¿Qué se puede esperar, a partir de la descripción de los beneficios para los gerentes y supervisores?

   A. mayor rotación de los empleados
   B. mayores costos de estructura para el gobierno
   C. necesidad de autorizaciones de seguridad de nivel más elevado
   D. aumento de la productividad de los teletrabajadores

INSTRUCCIONES: Estudia el diagrama de flujo y la información, lee cada pregunta y elige la **mejor** respuesta.

FLUJO DE DINERO, BIENES Y SERVICIOS EN LA ECONOMÍA DE LOS EE. UU.

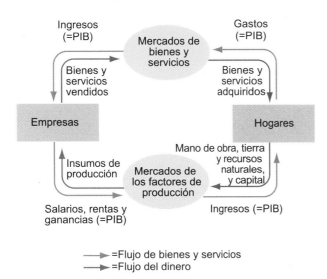

=Flujo de bienes y servicios
=Flujo del dinero

Los factores de producción son los componentes de un proceso de producción. Estos factores suelen agruparse en tres categorías principales: tierras y recursos naturales, mano de obra y capital. A veces, a estas categorías se suma una cuarta, definida como espíritu empresarial o administración. Para que una empresa o un negocio tenga éxito, debe mantener un equilibrio sano entre estos factores de producción.

El diagrama de flujo muestra el flujo del dinero, y también de los bienes y servicios, en la economía de los Estados Unidos. En este diagrama de flujo, los hogares son dueños de todos los factores de producción. Las personas que viven en esos hogares venden su capacidad de ser mano de obra, sus tierras y recursos naturales, y su capital a las empresas. A cambio de estos factores de producción, las personas reciben salarios, rentas y ganancias.

9. Imagina que eres dueño de una fábrica de cortadoras de césped. ¿Cuál de los siguientes factores de la producción quedaría dentro de la categoría de mano de obra?

   A. dinero otorgado a accionistas de la empresa
   B. tu capacidad para administrar con eficiencia la mano de obra
   C. el trabajo de los empleados
   D. la propiedad donde está ubicada la empresa

10. ¿A cuál de los siguientes factores de la producción corresponde tu voluntad de fundar tu propia empresa y fabricar productos?

    La voluntad de fundar una empresa propia y fabricar productos es un ejemplo de

    A. mano de obra.
    B. capital.
    C. ganancias.
    D. espíritu empresarial.

11. ¿Cuál de las siguientes acciones genera ingresos a las empresas?

    A. comprar bienes y servicios a las personas que viven en los hogares
    B. vender bienes y servicios a las personas que viven en los hogares
    C. comprar factores de producción a quienes viven en los hogares
    D. evitar los mercados de bienes y servicios y los factores de producción

12. A partir de la información y el diagrama de flujo, ¿cuál de los siguientes enunciados puedes determinar que es verdadero?

    A. El dinero, los bienes y los servicios se mueven en la misma dirección en este sistema económico.
    B. Tras recibir sus salarios, rentas y ganancias, las empresas los usan para adquirir factores de producción.
    C. Todas las transacciones entre las empresas y los hogares contribuyen al PIB de la nación.
    D. Las empresas controlan todos los insumos productivos en este sistema económico.

UNIDAD 4

INSTRUCCIONES: Estudia el pasaje y las gráficas, lee cada pregunta y elige la **mejor** respuesta.

El crédito es una forma de pedir dinero prestado. Cuando usas crédito rotativo, tienes un límite aprobado previamente y mantienes un saldo de crédito. Cuando usas crédito no rotativo, pides prestada una suma fija de dinero y la devuelves en pagos mensuales iguales. Las gráficas muestran los miles de millones de dólares que los estadounidenses pidieron prestados a crédito entre 2008 y 2012.

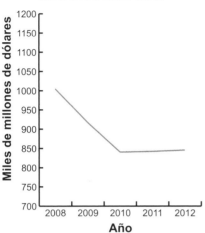

CRÉDITO DE CONSUMO ROTATIVO 2008–2012

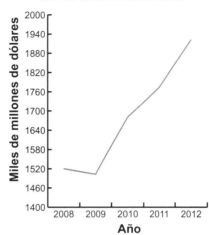

CRÉDITO DE CONSUMO NO ROTATIVO 2008–2012

13. ¿Cuál es la diferencia entre las áreas de crédito rotativo y no rotativo en cuanto al período de recuperación de 2010 a 2012?

   A. El crédito rotativo se mantuvo más bajo y constante que en años previos, mientras que el crédito no rotativo aumentó de forma drástica.
   B. El crédito rotativo disminuyó de forma drástica, mientras que el crédito no rotativo disminuyó de forma leve.
   C. El crédito rotativo se mantuvo más alto que en años previos, mientras que el crédito no rotativo disminuyó de forma drástica.
   D. El crédito rotativo aumentó de forma drástica, mientras que el crédito no rotativo se redujo de forma drástica.

14. ¿Por qué un nivel menor de crédito no rotativo, como se ve en 2008 y 2009, es un indicador de recesión económica?

   A. Los recursos y la confianza de los consumidores bajan, entonces pocas personas compran carros o casas, o fundan empresas.
   B. Los recursos y la confianza de los consumidores suben, entonces más personas compran carros o casas, o fundan empresas.
   C. Menos personas cancelan el saldo total de las tarjetas de crédito.
   D. Más personas cancelan el saldo total de las tarjetas de crédito.

INSTRUCCIONES: Estudia la información y la tabla, lee la pregunta y elige la **mejor** respuesta.

El Promedio Industrial Dow Jones es un indicador que mide la variación del desempeño de diferentes agrupamientos de acciones. Muchas personas usan este índice como un indicador del crecimiento y la fortaleza económica del mercado de valores.

15. A partir de la información y la tabla, ¿cuál de los siguientes enunciados es más probable que sea verdadero?

   A. Muchos inversores ganaron dinero con sus inversiones en 1995.
   B. La mayoría de las personas evitaron invertir en 2005.
   C. Las inversiones en el año 2000 tuvieron un buen retorno.
   D. Los inversores invirtieron fuertemente en tecnología en 2010.

PROMEDIO INDUSTRIAL DOW JONES, 1995–2010

AÑO	DOW AL COMIENZO DEL AÑO	DOW AL FINAL DEL AÑO	VARIACIÓN
1995	3,838.48	5,117.12	+33.45
2000	11,357.51	10,786.85	-6.18%
2005	10,729.43	10,717.50	-0.61%
2010	11,577.51	12,217.56	+5.53%

INSTRUCCIONES: Estudia las gráficas, lee cada pregunta y elige la **mejor** respuesta.

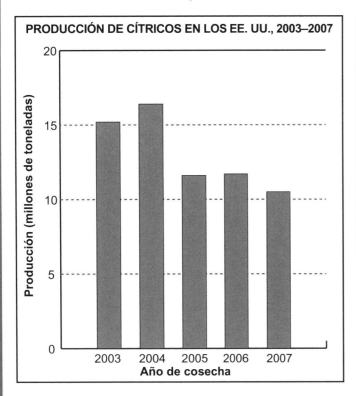

PRODUCCIÓN DE CÍTRICOS EN LOS EE. UU., 2003–2007

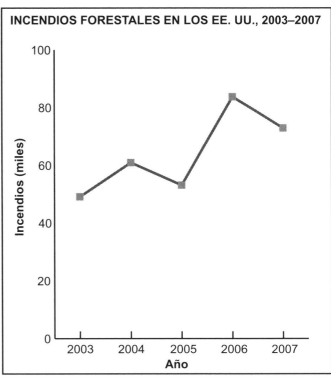

INCENDIOS FORESTALES EN LOS EE. UU., 2003–2007

16. ¿Cuál de las siguientes puede ser la causa de los cambios que muestran ambas gráficas entre 2005 y 2007?

   A. mayor demanda de productos agrícolas
   B disminución de la productividad por hora
   C. más agricultores especializados en cítricos
   D. sequía a escala nacional

17. Si se supone que con una gran producción pueden lograrse importantes ganancias, ¿cuál de las siguientes conclusiones puede sacarse acerca de las ganancias del sector productor de cítricos durante los años en los que hubo más incendios?

   A. Las ganancias se duplicaron en comparación con los años anteriores.
   B. Las ganancias se mantuvieron iguales en comparación con los años anteriores.
   C. Las ganancias disminuyeron en comparación con los años anteriores.
   D. Las ganancias aumentaron en comparación con los años anteriores.

18. ¿Qué comparación puede hacerse acerca de la producción de cítricos y los incendios en 2004?

Mientras que la producción de cítricos alcanzó un pico en 2004, los incendios

   A. alcanzaron el número más alto en un período de cinco años.
   B. alcanzaron el segundo número más alto en un período de cinco años.
   C. alcanzaron el tercer número más alto en un período de cinco años.
   D. alcanzaron el cuarto número más alto en un período de cinco años.

19. ¿Entre qué períodos se produjo el mayor aumento de incendios forestales en los Estados Unidos?

El mayor aumento de los incendios forestales en los Estados Unidos se produjo

   A. entre 2006 y 2007.
   B. entre 2005 y 2006.
   C. entre 2004 y 2005.
   D. entre 2003 y 2004.

INSTRUCCIONES: Estudia la gráfica de barras múltiples y la gráfica lineal, lee cada pregunta y elige la **mejor** respuesta.

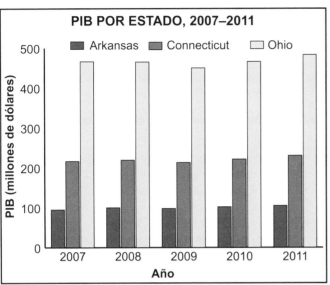

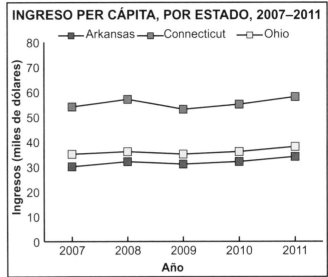

20. ¿Cuál de los siguientes enunciados es verdadero, a partir de las dos gráficas?

   A. El PIB y el ingreso per cápita en Arkansas se mantuvieron en aproximadamente 50% de los valores de Ohio durante el período mostrado.
   B. En todos los estados, el PIB y el ingreso per cápita aumentaron a tasas similares.
   C. En el período de 2011 a 2015, es probable que haya poca variación del PIB y del ingreso per cápita en todos los estados.
   D. El PIB y el ingreso per cápita no están relacionados.

21. ¿Cuál de las siguientes conclusiones podrías sacar razonablemente a partir de la comparación del PIB y del ingreso per cápita en cada estado, tal como muestran las gráficas?

   A. Las importaciones de Ohio han disminuido cada año desde 2003.
   B. La población de Arkansas se expande a una tasa mayor que la tasa de incremento de los ingresos.
   C. Con el tiempo, el PIB de Arkansas y el de Connecticut alcanzarán el mismo nivel.
   D. La población de Connecticut es menor que la de Ohio.

22. A diferencia de la gráfica lineal, ¿cuál de los siguientes elementos no se tiene en cuenta en las mediciones de los datos de la gráfica de barras múltiples?

   A. la población de cada estado
   B. el número de empresas radicadas en cada estado
   C. la variedad de las industrias de cada estado
   D. el estándar nacional de cada rubro medido

INSTRUCCIONES: Estudia la información, lee la pregunta y elige la **mejor** respuesta.

   Los incentivos económicos se usan para animar a las personas a tomar determinadas decisiones. Lo más habitual es que los incentivos económicos se entreguen en forma de dinero, pero también pueden entregarse bienes o servicios. Un incentivo económico puede ser positivo o negativo. Un incentivo positivo es una recompensa por una determinada elección o comportamiento. Un incentivo negativo es lo opuesto: un castigo por una determinada elección o comportamiento.

23. ¿Cuál de los siguientes es un ejemplo de incentivo económico positivo?

   A. cobro de intereses por no pagar el saldo completo de una tarjeta de crédito
   B. multas por retraso en la devolución de libros a la biblioteca
   C. un reintegro de $50.00 por abrir una nueva cuenta corriente
   D. un recargo de 10 centavos extra por minuto en el informe mensual de gastos de telefonía celular

INSTRUCCIONES: Lee el pasaje y la pregunta. Luego usa las opciones de arrastrar y soltar para completar el diagrama de Venn.

TUS DERECHOS RELACIONADOS CON EL CRÉDITO: CÓMO TE PROTEGE LA LEY

El crédito es valioso, y cómo lo uses va mucho más allá de las simples compras. Una buena o mala **administración de tu crédito** puede influir en dónde vivas o incluso en dónde trabajes, ya que los posibles empleadores pueden verificar tu historial crediticio. Por eso es necesario que comprendas por qué se decide otorgar o negar el crédito, y qué puedes hacer si recibes un trato injusto. La **Ley de informes imparciales de crédito** promueve la **exactitud** y la **privacidad** de los datos de los informes de crédito al consumidor. También controla el uso de los informes crediticios y exige a las agencias de información de créditos que mantengan archivos correctos y completos. Según esta ley, tienes derecho a una revisión de tu informe de crédito y a exigir que se corrija toda información incorrecta.

Emisión de informes de crédito

Se exige a las agencias de información de crédito que te ayuden a entender tu propio informe. Los informes solo pueden entregarse a pedido de quienes tienen una razón comercial o institucional legítima para solicitarlos, entre ellos los acreedores, los empleadores, las aseguradoras y las agencias del gobierno.

Errores en los informes de crédito

Si encuentras un **error** en tu informe, notifica a la agencia de información de créditos por escrito inmediatamente. La agencia es responsable de investigar y modificar o eliminar cualquier dato incorrecto. Luego, el causante del error debe notificar a todas las agencias de información de crédito a las que haya enviado la información. Si no estás satisfecho con la corrección, tienes derecho a agregar una breve declaración sobre el tema a tu informe de crédito.

Crédito denegado

Si tu solicitud es denegada debido a errores en el informe, la **entidad crediticia** debe informarte el nombre y la dirección de la agencia de informes de crédito que emitió el informe. Luego, tienes 30 días para solicitar una copia gratuita del informe a la agencia. Las agencias deben brindarte todos los datos incluidos en el informe, sus fuentes y los datos de quienes hayan recibido ese informe recientemente. Tienes derecho a que la agencia de información de créditos vuelva a enviar el informe corregido a las entidades crediticias que hayan solicitado ese informe en los últimos seis meses o a los empleadores que hayan recibido ese informe en los últimos dos años.

Divulgación de datos

Las agencias de informes de crédito deben brindarte acceso a tu propio informe de crédito y, además, deben identificar a quienes hayan solicitado recientemente esa información. Tienes derecho a recibir una copia del informe por año, sin costo. Si solicitas más copias del informe dentro del período de un año, tal vez tengas que pagarlas.

Acceso limitado

Puedes pedir a las agencias de informes de crédito que no incluyan tu nombre en las listas que usan los acreedores y las aseguradoras para enviar ofertas no solicitadas. Los consumidores tienen derecho a entablar demandas, tanto en tribunales estatales como federales, contra las agencias de informes de crédito, los usuarios y los proveedores en caso de violación de los derechos otorgados según la Ley de informes imparciales de crédito.

24. Las obligaciones relacionadas con el uso y la administración del crédito están divididas en estas categorías de responsabilidades. A partir del pasaje, determina si cada una de las opciones de arrastrar y soltar corresponde a tus obligaciones, a las obligaciones de la agencia de informes de crédito o a las obligaciones de ambas partes.

Tus obligaciones   Obligaciones de la agencia de informes de crédito

Obligaciones de ambas partes

Opciones de arrastrar y soltar

Precisión
Cumplimiento de la ley
Investigación de errores
Administración del crédito
Privacidad
Trabajo con las entidades crediticias

UNIDAD 4

INSTRUCCIONES: Estudia la información, lee cada pregunta y elige la **mejor** respuesta.

LA COMPETENCIA TIENE IMPORTANCIA

POR QUÉ LOS CONSUMIDORES GANAN CUANDO LAS EMPRESAS COMPITEN

Departamento de competencia de la Comisión Federal de Comercio (o FTC, por sus siglas en inglés): Protección de la libre empresa y de los consumidores estadounidenses

¿Qué sucedería si hubiera una sola tienda de comestibles en tu comunidad? ¿O si tuvieras que comprar una cámara a un único proveedor? ¿Y si en la zona donde vives hubiera una sola concesionaria de automóviles?

Sin competencia, el dueño de la tienda de comestibles puede no tener ningún incentivo para bajar los precios. La tienda de cámaras puede no tener motivos para ofrecer más opciones. El concesionario puede no tener ninguna motivación para ofrecer una variedad de modelos de carros y otros servicios.

En los Estados Unidos, la competencia está relacionada con los precios, la selección y los servicios. Beneficia a los consumidores porque mantiene los precios bajos y mantiene altas la calidad y la variedad de los bienes y servicios.

La competencia hace que nuestra economía funcione. Al imponer leyes antimonopolio, la Comisión Federal de Comercio ayuda a garantizar que los mercados sean abiertos y libres. Esta comisión promueve la competencia sana y combate las prácticas empresariales que limitan o restringen la competencia, para garantizar el acceso de los consumidores a bienes y servicios de calidad y garantizar que las empresas compitan a partir de los méritos de su trabajo. La comisión no elige a los ganadores ni a los perdedores: tú, el consumidor, eres quien decide. Nuestro trabajo es asegurarnos de que las empresas compitan de manera justa, según una serie de reglas(…).

Monopolio

Un monopolio existe cuando una empresa controla un producto o un servicio en un mercado. Si esto sucede porque ofrece a los consumidores un mejor producto a un mejor precio, eso no está fuera de la ley. Pero una empresa que crea o mantiene un monopolio excluyendo a otras empresas o poniendo obstáculos a otras empresas para que no puedan competir (…) activa nuestras acciones en contra de los monopolios. Por ejemplo, un periódico que tiene un monopolio en una ciudad pequeña no podría rehusarse a publicar anuncios de empresas que sí se daban a conocer en una estación de televisión local.

Fragmento traducido de ftc.gov, visitado en 2013

25. ¿Cuál de las siguientes condiciones es necesaria para que un mercado sea competitivo?

A. que haya intercambio internacional
B. que el gobierno controle los precios
C. que una sola empresa venda cada producto
D. que haya más de un vendedor y más de un comprador

26. ¿Cuál de las siguientes opciones es la mejor descripción de un mercado monopolístico?

A. un mercado en el que la existencia de muchos vendedores ayuda a mantener los precios bajos
B. un mercado en el que los consumidores tienen un único vendedor al que comprarle un producto
C. un mercado en el que se intercambia un único tipo de producto
D. un mercado en el que los consumidores son más fuertes que los vendedores

27. ¿Cómo es que los consumidores eligen a los "ganadores y perdedores" en una economía de libre mercado?

A. Los consumidores eligen qué productos comprar.
B. Los consumidores avalan los monopolios.
C. Los consumidores pagan precios más altos porque les conviene.
D. Los consumidores buscan los mejores precios.

Clave de respuestas

UNIDAD 1 LA GEOGRAFÍA Y EL MUNDO

LECCIÓN 1, págs. 2–3

1. **B; Nivel de conocimiento:** 1; **Temas:** II.G.c.1, II.G.c.3; **Práctica:** SSP.6.b. Brasil está en América del Sur y es la única de las opciones por donde pasa el ecuador. México está al norte del ecuador, en América del Norte. Arabia Saudita está al norte del ecuador, en África, e Italia está en el continente de Europa, mucho más al norte del ecuador.

2. **la región costera y las islas Galápagos; Nivel de conocimiento:** 1; **Temas:** II.G.b.2, II.G.b.4, II.G.c.1; **Práctica:** SSP.2.b, SSP.6.b. La región costera limita al oeste con el océano Pacífico. Las islas Galápagos están rodeadas por el océano Pacífico.

3. **la región costera y la región serrana; Nivel de conocimiento:** 2; **Temas:** II.G.b.2, II.G.b.3, II.G.b.4, II.G.b.5, II.G.c.2, II.G.d.1, II.G.d.2, II.G.d.3, II.E.g; **Práctica:** SSP.2.b, SSP.6.b. Muchas personas emigraron a la región costera durante la década de 1950 cuando la producción del plátano se incrementó en esa región. La región serrana experimentó un parecido súbito aumento de la población cuando se descubrió petróleo en esa región en la década de 1970.

4. **en la región serrana y en las islas Galápagos; Nivel de conocimiento:** 2; **Temas:** II.G.b.4, II.G.b.5, II.G.c.2; **Práctica:** SSP.2.b, SSP.6.b. Los distintos volcanes de las islas Galápagos, así como la cordillera de los Andes en la región serrana, son lugares para hacer una excursión.

5. **la región serrana y la región oriental; Nivel de conocimiento:** 2; **Temas:** II.G.b.2, II.G.b.3, II.G.b.4, II.G.b.5, II.G.d.3, II.E.h; **Práctica:** SSP.2.b, SSP.3.c, SSP.6.b.

6. **la región serrana y las Islas Galápagos; Nivel de conocimiento:** 2; **Temas:** II.G.b.4, II.G.c.1, II.G.c.2; **Práctica:** SSP.2.b, SSP.6.b. La región serrana tiene el volcán activo más alto del mundo: Cotopaxi y las islas Galápagos son en sí mismas un conjunto de islas volcánicas que continúan desarrollándose a partir de las erupciones.

LECCIÓN 2, págs. 4–5

1. **C; Nivel de conocimiento:** 1; **Temas:** II.G.d.3, II.G.d.4; **Práctica:** SSP.6.b. Hay seis ciudades principales en el noreste de Nueva Jersey, más que en cualquier otra área. Las áreas noroeste, oeste y sur del estado no tienen tantas ciudades principales como el área noreste.

2. **C; Nivel de conocimiento:** 2; **Temas:** II.G.c.1, II.G.c.3; **Práctica:** SSP.6.b. Sydney es la única ciudad al este del punto de longitud 150° E. Canberra es la capital de Australia (no Sydney). Sydney se encuentra en la costa este del país (no en la costa oeste). Sydney se encuentra al sur del punto de latitud 30° S (no al norte).

3. **B; Nivel de conocimiento:** 1; **Temas:** II.G.c.1, II.G.d.3, II.G.d.4; **Práctica:** SSP.6.b. Si observas el mapa, puedes ver que la mayoría de las ciudades se encuentran a lo largo de la costa. Darwin es la única ciudad que se encuentra al norte del punto 15° S. Perth es la única ciudad que se encuentra al oeste del punto 120° E.

4. **D; Nivel de conocimiento:** 2; **Temas:** II.G.c.1, II.G.c.3; **Práctica:** SSP.6.b. Con la escala del mapa, puedes determinar que las dos ciudades que se encuentran más lejos son Sydney y Darwin. Las otras opciones de respuesta nombran ciudades que se encuentran más cerca que Sydney y Darwin.

5. **D; Nivel de conocimiento:** 1; **Temas:** II.G.b.1, II.G.b.5, II.G.c.3, II.G.d.3, II.G.d.4; **Práctica:** SSP.6.b. La estrella indica que Atlanta es la capital. La carretera interestatal 75 pasa por Atlanta. La carretera 19 está al norte de Atlanta y no pasa por la ciudad. La carretera 16 está al sur de Atlanta y no pasa por la ciudad. La carretera interestatal 95 se encuentra mucho más al sureste de Atlanta y no pasa por la ciudad.

6. **C; Nivel de conocimiento:** 1; **Temas:** II.G.c.1, II.G.c.3; **Práctica:** SSP.6.b. Las carreteras 16 y 95 se unen en Savannah. Atlanta está al norte de la carretera interestatal 95 y la carretera 16. Augusta también se encuentra al norte de las carreteras 95 y 16. La carretera 16 va hacia Macon, pero no la carretera interestatal 95.

7. **A; Nivel de conocimiento:** 1; **Temas:** II.G.c.1, II.G.c.3; **Práctica:** SSP.6.b. Savannah es la ciudad más cercana a esas coordenadas. Athens y Macon se encuentran entre 83° O y 84° O. Atlanta se encuentra entre 84° O y 85° O. Athens, Atlanta y Macon se encuentran al norte de la línea de latitud 32° N.

8. **B; Nivel de conocimiento:** 1; **Temas:** II.G.c.1, II.G.d.3, II.G.d.4; **Práctica:** SSP.6.b. Si observas el mapa, puedes ver que la mayoría de las ciudades se encuentran en la parte norte-centro de Georgia, no al norte, ni al sur, ni al este.

LECCIÓN 3, págs. 6–7

1. **D; Nivel de conocimiento:** 3; **Temas:** II.G.b.4, II.G.c.1, II.G.c.2, II.G.c.3; **Práctica:** SSP.2.b, SSP.6.b, SSP.6.c. Las áreas sombreadas del mapa indican que la altitud de California es variada: tiene tierras bajas, colinas y montañas. En su mayor parte, el terreno de California no es bajo con algunas colinas ya que hay montañas en el estado. La cadena Costera se extiende a lo largo de la costa del estado; por esta razón, el terreno costero no es muy bajo. Sin embargo, hay lugares a lo largo de la costa, como las bahías de San Francisco y Monterrey, donde el terreno no es montañoso.

2. **el lago Míchigan; Nivel de conocimiento:** 2; **Temas:** II.G.c.1, II.G.c.2; **Práctica:** SSP.2.b, SSP.6.b, SSP.6.c.

3. **el río Abu Sable; Nivel de conocimiento:** 1; **Temas:** II.G.b.4, II.G.c.1; **Práctica:** SSP.2.b, SSP.4.a, SSP.6.b.

4. **C; Nivel de conocimiento:** 2; **Temas:** II.G.b.4, II.G.c.1, II.G.c.2; **Práctica:** SSP.2.b, SSP.6.b. En la región costera, caen más de 60 pulgadas de lluvia por año, lo cual la convierte en la región más húmeda. En las otras opciones de respuesta —el norte, el sureste y el oeste— cae menos lluvia que en la región costera.

5. **B; Nivel de conocimiento:** 2; **Temas:** II.G.b.4, II.G.c.1, II.G.c.2, II.G.c.3; **Práctica:** SSP.2.b, SSP.6.b, SSP.6.c. El área sombreada del mapa indica que la menor cantidad de precipitaciones que cae a lo largo de la frontera entre Alabama y Florida se encuentra entre 52 y 55 pulgadas. No hay sombreado que indique que en esta área caigan menos de 52 pulgadas. Además, el otro sombreado a lo largo de la frontera muestra que, a veces, caen más de 60 pulgadas de precipitaciones por año.

6. **C; Nivel de conocimiento:** 2; **Temas:** II.G.b.2, II.G.b.3, II.G.b.4, II.G.b.5, II.G.c.1, II.G.c.2, II.E.c.7; **Práctica:** SSP.2.b, SSP.6.b, SSP.6.c. El mejor lugar para sembrar cacahuate sería en la parte sureste de Alabama, debido a su relativa sequía en comparación con las regiones costera, noreste o centro del estado.

LECCIÓN 4, *págs. 8–9*

1. **B; Nivel de conocimiento:** 2; **Temas:** II.G.b.1, II.G.c.1, II.G.c.3; **Práctica:** SSP.2.b, SSP.6.b. Este mapa muestra los condados de Wyoming y los estados con los que comparte la frontera. El mapa no muestra solamente los condados de Wyoming, ni presenta la altitud de Wyoming.

2. **D; Nivel de conocimiento:** 2; **Temas:** II.G.c.1, II.G.c.3, II.G.d.3, II.G.d.4; **Práctica:** SSP.2.b, SSP.6.b. El sombreado del mapa indica que la densidad de población es mayor cerca de las ciudades principales. Hay áreas entre Madrid y Zaragoza donde la población es muy escasa, al igual que a lo largo de la frontera con Francia, y entre Madrid y Córdoba.

3. **A; Nivel de conocimiento:** 2; **Temas:** II.G.c.1, II.G.c.3, II.G.d.3, II.G.d.4; **Práctica:** SSP.2.b, SSP.6.b. Madrid tiene la mayor área sombreada en rosa fuerte, o más de 2,500 habitantes por milla cuadrada. La población de Sevilla es menor a un millón, mientras que Barcelona tiene una población superior a un millón. En la costa mediterránea, hay entre 250 y 1,250 personas por milla cuadrada. Murcia no tiene más de 1,250 personas por milla cuadrada.

4. **D; Nivel de conocimiento:** 2; **Temas:** II.G.c.1, II.G.c.3, II.G.d.3, II.G.d.4; **Práctica:** SSP.2.b, SSP.6.b. De las ciudades enumeradas, Córdoba tiene la menor población y la menor densidad de población. Tanto Madrid como Barcelona son ciudades más grandes con una alta densidad de población. Aunque las poblaciones tanto de Bilbao como de Córdoba son menores que 1 millón, Bilbao tiene una densidad de población mayor que la de Córdoba.

5. **B; Nivel de conocimiento:** 3; **Temas:** II.G.c.1, II.G.c.3, II.G.d.3, II.G.d.4; **Práctica:** SSP.2.b, SSP.6.b. La opción más lógica es que Tucson es una ciudad grande y la capital del condado. El símbolo que hace referencia solamente a la capital del condado no es el que está cerca de Tucson y Tucson no es la capital del estado.

6. **B; Nivel de conocimiento:** 2; **Temas:** II.G.c.1, II.G.c.3, II.G.d.3, II.G.d.4; **Práctica:** SSP.2.b,SSP.6.b. El mapa no muestra ciudades pequeñas o grandes en la parte más al norte de Arizona. Por lo tanto, se puede asumir que esta parte del estado tiene una densidad de población baja. El condado Maricopa tiene varias ciudades grandes. Tucson está en el condado Pima. En la parte sureste del estado, hay varias ciudades pequeñas, al igual que Tucson.

7. **D; Nivel de conocimiento:** 3; **Temas:** II.G.c.1, II.G.c.3, II.G.d.3, II.G.d.4; **Práctica:** SSP.2.b, SSP.6.b. Aunque la superficie del condado Coconino es mayor, la mayoría de las grandes ciudades se encuentran en el condado Maricopa. Por lo tanto, se puede asumir que el condado Maricopa tiene la mayor población. Solo hay una ciudad en el mapa en el condado Coconino y no es una ciudad grande, sino una capital de condado. La población del estado no está distribuida en partes iguales entre todos los condados, como tampoco lo está la mayoría de la población que se encuentra cerca de la frontera con California.

LECCIÓN 5, *págs. 10–11*

1. **D; Nivel de conocimiento:** 2; **Temas:** II.G.b.1, II.G.b.2, II.G.b.4, II.G.c.1, II.G.c.2, II.G.d.2, II.G.d.3, II.E.g; **Práctica:** SSP.2.b, SSP.3.a, SSP.3.c, SSP.6.b. Después de la fundación de la colonia Jamestown, los comerciantes de esclavos comenzaron a llevar esclavos hacia América del Norte. No hay ninguna indicación en el mapa que muestre que las áreas de África donde se llevaban esclavos aumentaron después de la fundación de Jamestown. Tampoco hay ninguna indicación de que las áreas con mayor concentración de esclavos se hayan movido desde América del Sur. El movimiento en el mapa muestra exactamente lo contrario: los esclavos se movieron desde África hacia América del Sur. No hay ninguna indicación en el mapa de que los esclavos hayan sido enviados *desde* América del Sur, solo *hacia* América del Sur.

2. **D; Nivel de conocimiento:** 2; **Temas:** II.G.b.1, II.G.b.2, II.G.b.4, II.G.c.1, II.G.c.2, II.G.d.2, II.G.d.3, II.E.g; **Práctica:** SSP.2.b, SSP.3.a, SSP.3.c, SSP.6.b. Es lógico asumir que *permitía* el intercambio de bienes e ideas entre los países que formaban parte de la Ruta de la Seda y no que lo evitaba. No se menciona si la economía de África se beneficiaba con la Ruta de la Seda. En el Lejano Oriente, la seda se *obtenía* de los asiáticos, no se *proporcionaba* a ellos.

3. **B; Nivel de conocimiento:** 2; **Temas:** II.G.b.1, II.G.b.2, II.G.b.4, II.G.c.1, II.G.c.2, II.G.d.2, II.G.d.3, II.E.g; **Práctica:** SSP.2.b, SSP.3.a, SSP.3.c, SSP.6.b. La mejor ruta para llegar desde Alejandría a Kabul era por Seleucia y Bactria. Las otras opciones no son rutas lógicas para viajar con bienes desde Alejandría hacia Kabul.

4. **C; Nivel de conocimiento:** 2; **Temas:** II.G.b.1, II.G.b.2, II.G.b.4, II.G.c.1, II.G.c.2, II.G.d.2, II.G.d.3, II.E.g; **Práctica:** SSP.2.b, SSP.3.a, SSP.3.c, SSP.6.b. Samarcanda, Kashi, Kabul y Bactria están ubicadas en el centro de la Ruta de la Seda. Kabul y Bactria están ubicadas en la principal ruta de conexión de la Ruta de la Seda. Estas ciudades se encuentran al sur de la Muralla China, no al norte. Kashi y Kabul se encuentran al este de Samarcanda y Bactria (no al oeste).

5. **D; Nivel de conocimiento:** 2; **Temas:** II.G.b.4, II.G.c.1, II.G.c.2, II.G.c.3, II.G.d.1, II.G.d.2, II.G.d.3, II.E.g; **Práctica:** SSP.2.b, SSP.3.a, SSP.3.c, SSP.6.b. De acuerdo con las líneas de puntos, los comerciantes de Roma tenían que cruzar el Mediterráneo y es probable que lo hicieran en barco y no en carreta, ni a caballo, ni a pie.

REPASO DE LA UNIDAD 1, *págs. 12–19*

1. **B; Nivel de conocimiento:** 2; **Temas:** II.G.c.1, II.G.c.3; **Práctica:** SSP.4.a, SSP.6.b. Esta descripción general explica mejor la ubicación relativa de Beijing. Beijing se encuentra al este de Moscú (no al oeste). La ubicación relativa de una ciudad no depende de su latitud ni su longitud.

2. **D; Nivel de conocimiento:** 2; **Temas:** II.G.c.1, II.G.c.3; **Práctica:** SSP.4.a, SSP.6.b. La latitud y la longitud son herramientas de un mapa que se pueden usar para determinar la ubicación absoluta de un lugar. La escala, la clave o los símbolos de un mapa no brindan de por sí la ubicación absoluta de un lugar.

3. **C; Nivel de conocimiento:** 2; **Temas:** II.G.c.1, II.G.c.3; **Práctica:** SSP.4.a, SSP.6.b. Australia es el único continente enumerado que se ubica íntegramente en el hemisferio sur en el mapa. Parte de África y parte de Asia se encuentran en el hemisferio sur, pero no la totalidad de esos continentes. Europa se encuentra en el hemisferio norte.

Clave de respuestas

UNIDAD 1 (continuación)

4. **D; Nivel de conocimiento:** 2; **Temas:** II.G.c.1, II.G.c.2, II.G.c.3, II.G.d.3; **Práctica:** SSP.4.a, SSP.6.b. Los primeros asentamientos se construyeron a lo largo de vías navegables. Aunque el Lago Erie es una vía navegable, muchos de los asentamientos también se construyeron a lo largo de los ríos. Cincinnati era el asentamiento ubicado más al oeste. La mayoría de los asentamientos no se construyeron en el interior del territorio, sino en el este y a lo largo de sus fronteras.

5. **A; Nivel de conocimiento:** 3; **Temas:** II.G.c.1, I.USH.b.1, I.USH.b.2, I.USH.c; **Práctica:** SSP.2.b, SSP.6.b. La Guerra de Independencia terminó en 1783. Todos los asentamientos indicados en el mapa se fundaron poco después de ese año. La Guerra contra la Alianza Franco-Indígena terminó en 1763. La guerra de 1812 terminó con el Tratado de Gante, firmado en 1814, y la Guerra de Secesión terminó en 1865.

6. **B; Nivel de conocimiento:** 1; **Temas:** II.G.c.1, II.G.d.4; **Práctica:** SSP.2.b, SSP.3.a, SSP.6.b. Portsmouth se fundó en 1803, después de la fundación de Cleveland y Chillicothe en 1796, Marietta en 1788, Cincinnati en 1789 y Zanesville en 1800.

7. **D; Nivel de conocimiento:** 2; **Temas:** II.G.c.1, II.G.c.3; **Práctica:** SSP.2.b, SSP.4.a, SSP.6.b. Todos los estados que limitan con el golfo de México se encuentran en la región sur. Hay estados de la región sur que están ubicados al oeste del río Mississippi. La región sur incluye tanto a Virginia como a Virginia Occidental. Hay varios estados en la región sur que no incluyen a los montes Apalaches.

8. **A; Nivel de conocimiento:** 2; **Temas:** II.G.c.1, II.G.c.3; **Práctica:** SSP.2.b, SSP.4.a, SSP.6.b. Nashville se encuentra en Tennessee y Tennessee es la única ciudad ubicada en un estado de la región sur.

9. **B; Nivel de conocimiento:** 2; **Temas:** II.G.c.1, II.G.c.3; **Práctica:** SSP.2.b, SSP.4.a, SSP.6.b. Pennsylvania limita con los estados de la región sur de Virginia Occidental, Maryland y Delaware. Ninguna de las otras opciones de respuesta son estados que limiten con la región sur.

10. **C; Nivel de conocimiento:** 3; **Temas:** II.G.c.1, II.G.c.3; **Práctica:** SSP.2.b, SSP.4.a, SSP.6.b. Con la escala del mapa, puedes medir una distancia de aproximadamente 700 millas. Las otras opciones de respuesta son incorrectas.

11. **D; Nivel de conocimiento:** 3; **Temas:** II.G.c.1, II.G.c.3; **Práctica:** SSP.2.b SSP.4.a, SSP.6.b. Tennessee es el único estado que comparte una frontera con otros siete estados de la región sur: Tennessee limita con Kentucky, Virginia, Carolina del Norte, Georgia, Alabama, Mississippi y Arkansas.

12. **C; Nivel de conocimiento:** 3; **Temas:** II.G.b.1, II.G.c.1, II.G.c.2, II.G.c.3, II.G.d.2; **Práctica:** SSP.2.a, SSP.2.b, SSP.3.a, SSP.4.a, SSP.6.b. La región sur está formada por estados que, finalmente, formaron parte de la Confederación, o de los Estados Confederados de América, durante la Guerra de Secesión. El estado más pequeño de la región sur es Delaware (no Virginia Occidental). No todos los estados limitan con el océano Atlántico. Aunque algunos estados de la región limitan con el río Mississippi, no todos lo rodean. No hay evidencias que demuestren que los estados de la región sur forman la mitad del área continental de los Estados Unidos. Los estados de Nueva Inglaterra, el resto del medio oeste, el oeste y el estado más grande, Alaska, no se muestran totalmente en el mapa; de manera que no es posible hacer esta afirmación.

13. **La mayoría de las personas vive en el sureste, cerca de Ottawa, la capital; Nivel de conocimiento:** 2; **Temas:** II.G.c.1, II.G.d.3, II.G.d.4; **Práctica:** SSP.2.b, SSP.4.a, SSP.6.b.

14. **Iqaluit; Nivel de conocimiento:** 2; **Tema:** II.G.c.1; **Práctica:** SSP.2.b, SSP.4.a, SSP.6.b.

15. **Columbia Británica, Alberta, Saskatchewan, Manitoba, Ontario, Quebec, New Brunswick; Nivel de conocimiento:** 2; **Tema:** II.G.c.1; **Práctica:** SSP.2.b, SSP.4.a, SSP.6.b.

16. **Yukon; Nivel de conocimiento:** 3; **Temas:** II.G.c.1, II.G.d.3, II.G.d.4; **Práctica:** SSP.2.b, SSP.4.a, SSP.6.b.

17. **Yellowknife; Nivel de conocimiento:** 3; **Temas:** II.G.c.1, II.G.c.3; **Práctica:** SSP.2.b, SSP.4.a, SSP.6.b.

18. **Bahía de Hudson; Nivel de conocimiento:** 2; **Temas:** II.G.c.1, II.G.c.3; **Práctica:** SSP.2.b, SSP.4.a, SSP.6.b.

19. **Manitoba y la Isla del Príncipe Eduardo; Nivel de conocimiento:** 2; **Temas:** II.G.c.1, II.G.c.3, II.G.d.3, II.G.d.4; **Práctica:** SSP.2.b, SSP.4.a, SSP.6.b.

20. **B; Nivel de conocimiento:** 2; **Temas:** II.G.b.4, II.G.c.1, II.G.c.2, II.G.c.3; **Práctica:** SSP.2.b, SSP.4.a, SSP.6.b. De los estados enumerados como opciones, Nevada es el que tiene la menor cantidad de precipitaciones anuales. Le sigue Arizona.

21. **A; Nivel de conocimiento:** 3; **Temas:** II.G.b.4, II.G.c.1, II.G.c.2, II.G.c.3; **Práctica:** SSP.2.b, SSP.4.a, SSP.6.b. El área de la costa del Pacífico tiene la mayor diversidad de niveles de precipitación, con lo cual, lógicamente, tiene el clima más diverso. La costa del Atlántico, el medio oeste y el noreste no tienen esa diversidad.

22. **B; Nivel de conocimiento:** 2; **Temas:** II.G.b.4, II.G.c.1, II.G.c.2, II.G.c.3; **Práctica:** SSP.2.b, SSP.4.a, SSP.6.b. California recibe entre 0 y 128 pulgadas de precipitaciones anuales.

23. **A; Nivel de conocimiento:** 2; **Temas:** II.G.b.4, II.G.c.1, II.G.c.2, II.G.c.3; **Práctica:** SSP.2.b, SSP.4.a, SSP.6.b. Florida tiene el mayor promedio de precipitaciones anuales.

24. **A; Nivel de conocimiento:** 3; **Temas:** II.G.b.1, II.G.b.2, II.G.b.3, II.G.b.4, II.G.b.5, II.G.c.1, II.G.c.2, II.G.d.2, II.G.d.3, II.G.d.4, II.E.g; **Práctica:** SSP.1.a, SSP.1.b, SSP.2.a, SSP.2.b, SSP.4.a, SSP.6.b, SSP.7.a. Es lógico suponer que la mayoría de las personas no viven en el Desierto de Kalahari.

25. **A; Nivel de conocimiento:** 1; **Temas:** II.G.b.1, II.G.b.2, II.G.b.3, II.G.b.4, II.G.b.5, II.G.c.1, II.G.c.2, II.G.d.2, II.G.d.3, II.G.d.4, II.E.g; **Práctica:** SSP.1.a, SSP.1.b, SSP.2.a, SSP.2.b, SSP.4.a, SSP.6.b, SSP.7.a. El pasaje expone específicamente que la extracción de diamantes y la industria turística ayudan a la economía de Botswana. La actividad agrícola en Botswana es escasa ya que el clima es muy seco. La economía de Botswana no es endeble y hay atracciones turísticas, como las reservas naturales, que contribuyen a sustentar la economía.

26. **D; Nivel de conocimiento:** 2; **Tema:** II.G.c.1; **Práctica:** SSP.2.b, SSP.6.b. La capital es Gaborone.

27. **D; Nivel de conocimiento:** 2; **Tema:** II.G.c.1; **Práctica:** SSP.2.b, SSP.6.b. El país africano de Namibia se ubica al oeste de Mamuno. Angola se ubica al noroeste de Botswana. Zimbabue se ubica al noreste de Botswana y Sudáfrica, al sureste de Botswana.

28. **C; Nivel de conocimiento:** 2; **Temas:** II.G.b.5, II.G.c.1, II.G.c.3, II.G.d.3, II.G.d.4; **Práctica:** SSP.2.a, SSP.2.b, SSP.4.a, SSP.6.b. Nashville es la ciudad capital y se encuentra cerca de la parte central del estado. No todas las ciudades principales de Tennessee se encuentran cerca de la parte central del estado. Los montes Apalaches se encuentran en la parte este del estado y no es un área de mucha población; Chattanooga no se encuentra en la parte central pero se ubica cerca de la frontera sureste del estado.

29. **A; Nivel de conocimiento:** 2; **Temas:** II.G.b.5, II.G.c.1, II.G.c.3, II.G.d.3, II.G.d.4; **Práctica:** SSP.2.a, SSP.2.b, SSP.4.a, SSP.6.b. Georgia comparte una frontera con Tennessee y Carolina del Sur. Los estados de las otras opciones de respuesta, no.

30. **B; Nivel de conocimiento:** 3; **Temas:** II.G.b.5, II.G.c.1, II.G.c.3, II.G.d.3, II.G.d.4; **Práctica:** SSP.2.a, SSP.2.b, SSP.4.a, SSP.6.b. De las opciones de respuesta, solamente el área entre los condados al oeste y suroeste de Clarksville y al noreste y sureste de Jackson tiene la menor densidad de población. Todas las áreas de las otras opciones de respuesta muestran una mayor densidad de población.

31. **D; Nivel de conocimiento:** 2; **Temas:** II.G.b.5, II.G.c.1, II.G.c.3, II.G.d.3, II.G.d.4; **Práctica:** SSP.2.a, SSP.2.b, SSP.4.a, SSP.6.b. El río Mississippi comparte frontera con Tennessee al oeste; Memphis es un centro de población más grande. El río Tennessee fluye por el este y el sur de Tennessee.

32. **Burgas; Nivel de conocimiento:** 2; **Temas:** II.G.b.4, II.G.c.1; **Práctica:** SSP.2.b, SSP.6.b.

33. **Eslovenia; Nivel de conocimiento:** 2; **Temas:** II.G.c.1, II.G.c.3; **Práctica:** SSP.2.b, SSP.6.b.

34. **Kosovo, Serbia, Rumania, Bosnia y Herzegovina, Bulgaria; Nivel de conocimiento:** 2; **Temas:** II.E.d, II.G.b.3, II.G.b.4, II.G.b.5, II.G.c.1; **Práctica:** SSP.2.b, SSP.6.b.

35. **Eslovenia, Croacia, Bosnia y Herzegovina, Serbia, Macedonia, Montenegro, y Kosovo; Nivel de conocimiento:** 3; **Temas:** I.G.a, II.G.b, II.G.c.1, II.G.c.2, II.G.c.3, II.G.d.1, II.G.d.2, II.G.d.3; **Práctica:** SSP.2.b, SSP.4.a, SSP.6.b.

36. **C; Nivel de conocimiento:** 2; **Temas:** II.G.b.4, II.G.c.1, II.G.c.2, II.G.c.3; **Práctica:** SSP.2.b, SSP.6.b. De acuerdo con el mapa y la clave del mapa, el promedio de precipitaciones anuales de Kahului está entre 0 y 25 pulgadas. El de Honolulu está entre 25.1 y 65 pulgadas. El de Hilo está entre 100.1 y 160 pulgadas; y el de Lihue se encuentra entre 25.1 y 65 pulgadas.

37. **A; Nivel de conocimiento:** 2; **Temas:** II.G.b.4, II.G.c.1, II.G.c.2, II.G.c.3; **Práctica:** SSP.2.b, SSP.6.b. De acuerdo con el mapa y la clave del mapa, el promedio de precipitaciones anuales de Hilo está entre 100.1 y 160 pulgadas. El de Kahului está entre 0 y 25 pulgadas; el de Honolulu está entre 25.1 y 65 pulgadas y el de Lihue está entre 25.1 y 65 pulgadas.

38. **D; Nivel de conocimiento:** 2; **Temas:** II.G.b.4, II.G.c.1, II.G.c.2, II.G.c.3; **Práctica:** SSP.2.b, SSP.6.b. De acuerdo con el mapa y la clave, Lanai, Kahoolawe y Nihau son islas que tienen el promedio menor de precipitaciones anuales. En las otras opciones de respuesta se incluyen islas con promedios anuales más altos.

39. **B; Nivel de conocimiento:** 2; **Temas:** II.G.c.1, II.G.c.3; **Práctica:** SSP.2.b, SSP.6.b. Según la escala del mapa, la distancia aproximada entre Honolulu y el Parque Nacional Haleakala es 125 millas. Las otras opciones de respuesta son incorrectas.

UNIDAD 2 HISTORIA DE LOS ESTADOS UNIDOS

LECCIÓN 1, *págs. 22–23*

1. **C; Nivel de conocimiento:** 2; **Temas:** II.G.b.1, II.G.c.1, II.G.c.3, II.G.d.1, II.G.d.3, I.USH.a.1; **Práctica:** SSP.1.a, SSP.1.b, SSP.2.a, SSP.2.b, SSP.3.a, SSP.3.b, SSP.3.c, SSP.4.a, SSP.6.a, SSP.6.b, SSP.6.c. El mapa muestra cinco estados completos y una pequeña parte de otro. El texto dice que se crearían no más de cinco estados.

2. **MA o Massachusetts; Nivel de conocimiento:** 2; **Temas:** II.G.c.1, II.G.c.2 II.G.c.3, II.G.d.1, II.G.d.2, II.G.d.3; II.G.d.4; **Práctica:** SSP.2.b, SSP.3.a, SSP.3.b, SSP.4.a, SSP.6.a, SSP.6.b.

3. **Santa Fe; Gila; Nivel de conocimiento:** 2; **Temas:** I.USH.b.6, II.G.b.1, II.G.b.5, II.G.c.1, II.G.c.3, II.G.d.1, II.G.d.3; **Práctica:** SSP.2.b, SSP.3.a, SSP.3.b, SSP.4.a, SSP.6.a, SSP.6.b.

LECCIÓN 2, *págs. 24–25*

1. **D; Nivel de conocimiento:** 3; **Temas:** II.G.b.1, II.G.b.2, II.G.b.4, II.G.b.5, II.G.d.2, II.G.d.3, II.USH.b.1; **Práctica:** SSP.1.a, SSP.1.b, SSP.2.b, SSP.6.b. La población de Virginia creció año tras año, así que la opción D es la respuesta correcta. La población de Virginia creció, así que probablemente muchas personas no dejaron Virginia para ir a otras colonias. La población de Virginia era mayor en 1750 que en los cien años anteriores, así que la población no alcanzó su nivel más alto antes de 1750. Si la población se hubiera duplicado cada veinte años, la población en 1650 sería, por ejemplo, 5,000 habitantes.

2. **África; Nivel de conocimiento:** 1; **Temas:** II.G.d.1, II.G.d.2, II.G.d.3, II.USH.e; **Práctica:** SSP.1.a, SSP.2.b, SSP.6.a. Inglaterra, Gales y Escocia son parte de Gran Bretaña; los otros países de la tabla son África, Irlanda, Alemania y Otros. De esos países, África es de donde llegó el mayor número de inmigrantes hacia las colonias estadounidenses.

3. **el comercio de esclavos; Nivel de conocimiento:** 3; **Temas:** II.G.d.1, II.G.d.2, II.G.d.3, II.USH.e; **Práctica:** SSP.1.a, SSP.2.b, SSP.6.a. El gran número de personas de África fueron traídas hacia las colonias como trabajadores esclavizados.

4. **B; Nivel de conocimiento:** 3; **Temas:** I.USH.b.1; **Práctica:** SSP.1.a, SSP.1.b, SSP.2.b, SSP.6.b. Como los británicos estaban mejor preparados en todas las categorías, parecía que ganarían la guerra. Las colonias tenían menos personas, poco dinero, un ejército con escaso equipamiento y pocos oficiales, lo cual sugiere que no ganarían aunque conocieran el territorio. Se podría declarar una tregua, pero no hay información en la tabla que sugiera que eso sucedería. Las trece colonias probablemente se expandirían si los colonos ganaban la guerra, pero no hay información en la tabla que indique que eso sucedería.

5. **D; Nivel de conocimiento:** 3; **Temas:** II.USH.b.1, II.G.c.1, II.G.c.3; **Práctica:** SSP.1.a, SSP.1.b, SSP.2.b, SSP.6.b. Los colonos estaban más preparados en el área de geografía; conocían su territorio y sabían cómo ubicar sus suministros con facilidad. La población de las colonias era menor que el número de soldados británicos. Los británicos tenían más dinero que los colonos. Los británicos tenían más oficiales del ejército que los colonos.

Clave de respuestas

UNIDAD 2 (continuación)

LECCIÓN 3, *págs. 26–27*

1. **C; Nivel de conocimiento:** 2; **Temas:** I.CG.b.2, I.E.b, I.USH.a.1, I.USH.b.1; **Práctica:** SSP.1.a, SSP.1.b, SSP.2.a, SSP.4.a, SSP.5.a, SSP.5.c, SSP.7.a. Paine claramente afirma que los más valientes logros se alcanzan cuando una nación es joven, lo cual respalda el argumento en favor de la independencia. La cita referente a la población es especulativa. Las citas referentes al comercio y a los ejércitos muestran relaciones de causa y efecto entre la población y el comercio, y entre la población y el tamaño de los ejércitos; ninguna de ellas trata directamente sobre la lucha por la independencia.

2. **Colonias Centrales y Colonias del Sur; Nivel de conocimiento:** 3; **Tema:** I.USH.a.1; **Práctica:** SSP.6.b. Las Colonias Centrales y las Colonias del Sur tenían 21 delegados cada una, mientras que las Colonias de Nueva Inglaterra tenían 14.

3. **C; Nivel de conocimiento:** 2; **Temas:** I.CG.a, I.CG.b.2, I.USH.a.1, I.USH.b.1, I.E.a; **Práctica:** SSP.1.a, SSP.1.b, SSP.2.a, SSP.2.b, SSP.4.a. La idea principal de que los colonos buscaban cautelosamente la independencia está implícita en el texto como idea principal. Los colonos no querían obtener su independencia de Gran Bretaña cuando se desató la guerra en 1775, y esto es un detalle, no una idea principal. Los delegados de Carolina del Norte y de Virginia estaban de acuerdo respecto de la independencia. Virginia no lideraba sola el movimiento; los delegados de Carolina del Norte y los autores de la Declaración también participaban.

4. **D; Nivel de conocimiento:** 2; **Temas:** I.CG.a, I.CG.b.2, I.USH.a.1, I.USH.b.1; **Práctica:** SSP.1.a, SSP.1.b, SSP.2.a, SSP.2.b, SSP.4.a. Que las personas tienen el derecho de terminar gobiernos destructivos y formar nuevos es una idea principal que aparece en la *Declaración de Independencia*. Que los hombres son dotados de derechos inalienables es un detalle que respalda la idea principal. La vida, la libertad y la búsqueda de la felicidad son derechos importantes, pero esta afirmación es un detalle que respalda la idea principal. El Rey Jorge III de Gran Bretaña pudo haber sido un tirano, pero esta afirmación es un detalle que respalda la idea principal.

LECCIÓN 4, *págs. 28–29*

1. **C; Nivel de conocimiento:** 2; **Temas:** I.USH.a.1, I.USH.b.4, I.CG.a.1, I.CG.b.3, I.CG.b.9; **Práctica:** SSP.3.d, SSP.6.b. Los antifederalistas creían que el gobierno debía favorecer la agricultura por sobre el comercio y la industria. Por lo tanto, puedes categorizar la respuesta "C" como un punto de vista antifederalista. Los antifederalistas se oponían a la adopción de la Constitución y querían limitar el poder del gobierno nacional. En la tabla no se menciona nada sobre si alguno de los grupos apoyaba el aumento de impuestos.

2. **B; Nivel de conocimiento:** 3; **Temas:** I.USH.a.1, I.CG.a.1, I.CG.b.8, I.CG.b.9, II.G.b.1; **Práctica:** SSP.3.d. Jay describe personas que quieren permanecer firmemente unidas —una situación que requeriría un gobierno central fuerte— y personas que quieren una división de los estados —lo cual resultaría en gobiernos estatales fuertes—. Jay y Alexander Hamilton eran los dos federalistas, así que sus partidarios habrían sido los mismos. Jay se refiere al pueblo de América y a políticos, pero no a políticos británicos. Los partidarios de milicias estatales o un ejército nacional son categorías en las que se podría poner a personas, pero Jay no identifica estas categorías.

3. **D; Nivel de conocimiento:** 2; **Temas:** I.USH.a.1, I.CG.a.1, II.CG.b.8, II.CG.b.9, II.G.b.1; **Práctica:** SSP.2.b, SSP.3.d. El autor explica que el pueblo no resignará sus derechos a aquellos que gobiernan y quiere un gobierno que tenga poderes limitados. El autor efectivamente dice que el pueblo es libre y cultivado. El autor también dice que el pueblo tiene derechos inalienables y fundamentales. El autor afirma que el pueblo quiere un gobierno nacional limitado, no fuerte.

4. **D; Nivel de conocimiento:** 2; **Temas:** I.USH.b.1, II.G.b.1, II.G.d.1, II.G.d.2, II.G.d.3, II.G.d.4; **Práctica:** SSP.1.a. Georgia era una colonia del sur, así que los cercanos Alabama y Mississippi se convertirían finalmente en estados del sur. Los estados federalistas eran por lo general antiesclavistas, mientras que los estados del sur apoyaban la esclavitud. La pregunta se refiere a futuros estados, que son posteriores a las colonias extranjeras.

5. **D; Nivel de conocimiento:** 2; **Temas:** I.USH.b.1, II.G.b.1, II.G.d.1, II.G.d.2, II.G.d.3, II.G.d.4; **Práctica:** SSP.1.a, SSP.2.a, SSP.2.b. Georgia era la colonia más al sur y limitaba con Florida, que estaba en manos de España. Habían resistido un ataque previo de los españoles por reclamos de tierras. El hecho de que Georgia era la colonia menos poblada en los tiempos de la Guerra de Independencia o de que la mayor parte de su territorio era tierra salvaje no era una razón válida para que los georgianos consideraran a los españoles como una amenaza. Las fuerzas británicas y las españolas no estaban en guerra por Georgia.

6. **A; Nivel de conocimiento:** 3; **Temas:** I.USH.b.1, II.G.b.1, II.G.d.1, II.G.d.2, II.G.d.3, II.G.d.4; **Práctica:** SSP.1.a, SSP.2.a, SSP.2.b. El pasaje se centra en una relación problemática entre los EE. UU. y España sobre reclamos de tierras. Aunque se mencionan relaciones inglesas-españolas e inglesas-estadounidenses, se lo hace como puntos menores. Aunque se mencionan relaciones Georgia-Florida, estas están dentro de un contexto más general.

LECCIÓN 5, *págs. 30–31*

1. **C; Nivel de conocimiento:** 1; **Temas:** I.USH.b.7, II.G.c.1, II.G.c.2, II.G.d.1, II.G.d.2, II.G.d.3, II.G.d.4; **Práctica:** SSP.2.b, SSP.3.a. El pasaje explica que después de que Jackson asumiera su cargo en 1829, el Congreso aprobó la Ley de Remoción de los Indígenas de 1830. Jackson negoció el tratado con los cherokee después de 1832 y fue aprobado en 1835, lo cual no fue inmediatamente después de que Jackson asumiera como presidente. Los cherokee cuestionaron las políticas que limitaban sus libertades después de que el Congreso aprobara la ley. Las tropas llevaron a los indígenas norteamericanos por el Sendero de Lágrimas, pero este suceso ocurrió casi 10 años después de que Jackson fuera electo en 1829.

2. **B; Nivel de conocimiento:** 2; **Temas:** I.USH.b.2, I.USH.b.7, II.G.c.1; **Práctica:** SSP.2.b, SSP.3.a, SSP.3.b, SSP.6.b. La Batalla de Tippecanoe tuvo lugar en 1811, así que precedió a la Guerra de 1812. La Batalla de Thames tuvo lugar después de que comenzara la Guerra de 1812. El Capitolio y la Casa Blanca fueron quemados durante la Guerra de 1812. El Tratado de Gante puso fin a la Guerra de 1812, así que no pudo haber precedido a la guerra.

3. **D; Nivel de conocimiento:** 3; **Temas:** I.USH.b.2, I.USH.b.7, II.G.c.1; **Práctica:** SSP.2.b, SSP.3.a, SSP.3.b, SSP.6.b. La suposición correcta es que después de derrotar a los británicos en la Guerra de 1812, el nacionalismo, u orgullo nacional, comenzara a crecer. Los Estados Unidos nunca controlaron Canadá. La Batalla de Nueva Orleans sucedió después de que se firmara el Tratado de Gante, pero Jackson derrotó a los británicos. Los Estados Unidos solo tenían 30 años, así que no es probable que se convirtieran en la nación más poderosa del mundo.

CLAVE DE RESPUESTAS

4. **B; Nivel de conocimiento:** 2; **Temas:** I.USH.b.6, II.G.c.1, II.G.d.1, II.G.d.2, II.G.d.3, II.G.d.4; **Práctica:** SSP.1.a, SSP.1.b, SSP.3.b, SSP.3.c. La opción B es la única secuencia de sucesos indicada en orden cronológico. La Guerra de Independencia precedió a la Compra de Louisiana (de 1803), seguida por la Guerra de 1812, luego la búsqueda de los estadounidenses del Destino manifiesto. Las otras opciones no están ordenadas cronológicamente.

5. **A; Nivel de conocimiento:** 3; **Temas:** I.USH.b.6, II.G.c.1, II.G.d.1, II.G.d.2, II.G.d.3, II.G.d.4; **Práctica:** SSP.1.a, SSP.1.b, SSP.3.b, SSP.3.c. Tanto Gran Bretaña como los Estados Unidos reclamaban el Territorio de Oregón ya en 1818, siguiendo la creencia en el Destino manifiesto y el nacionalismo en los Estados Unidos. La Guerra contra la Alianza Franco-Indígena tuvo lugar entre 1754–1763. No hubo ningún largo período de paz en todos los Estados Unidos en ese tiempo. La Guerra de Secesión no se peleó para expandir el territorio de los EE. UU.

LECCIÓN 6, *págs. 32–33*

1. **C; Nivel de conocimiento:** 2; **Temas:** I.USH.c.1, I.USH.c.2, II.G.b.1, II.G.b.3, II.G.b.4, II.G.b.5, II.G.c.1, II.G.c.2, II.G.d.3, I.E.a; **Práctica:** SSP.2.b, SSP.3.a, SSP.4.a. La información del pasaje afirma que la economía del Norte presentaba sectores comerciales e industriales, además de la agricultura. Por consiguiente, un efecto de las diferencias regionales entre el Norte y el Sur era que la economía del Norte se diversificaba cada vez más. No hay ninguna indicación en el pasaje de que los estados del Norte apoyaran fuertemente los derechos de los estados. El Sur ya había estado usando el trabajo de personas esclavizadas y el pasaje no afirma que los agricultores del Norte comenzaron a establecer plantaciones, solo "agricultura". Las plantaciones, por lo general, eran muy grandes y requerían del trabajo de muchas personas, generalmente personas esclavizadas, como en el Sur.

2. **la esclavitud; Nivel de conocimiento:** 2; **Temas:** I.USH.c.1, I.USH.c.2, I.CG.b.8, I.CG.d.2, II.G.b.1, II.G.c.2; **Práctica:** SSP.1.a, SSP.1.b, SSP.2.a, SSP.2.b SSP.4.a, SSP.5.a, SSP.5.d.

3. **"por orden de la Providencia". Nivel de conocimiento:** 2; **Temas:** I.USH.c.1, I.USH.c.2, I.CG.b.8, I.CG.d.2, II.G.b.1, II.G.c.2; **Práctica:** SSP.1.a, SSP.1.b, SSP.2.a, SSP.2.b, SSP.4.a, SSP.5.a, SSP.5.d. Esencialmente, Stephens afirma que Dios iba a hacer desaparecer el "problema" de la esclavitud.

4. **nuevo gobierno [confederado]; Nivel de conocimiento:** 2; **Temas:** I.USH.c.1, I.USH.c.2, I.CG.b.8, I.CG.d.2, II.G.b.1, II.G.c.2; **Práctica:** SSP.1.a, SSP.1.b, SSP.2.a, SSP.2.b, SSP.4.a, SSP.5.a, SSP.5.d.

5. **no iguales; Nivel de conocimiento:** 2; **Temas:** I.USH.c.1, I.USH.c.2, I.CG.b.8, I.CG.d.2, II.G.b.1, II.G.c.2; **Práctica:** SSP.1.a, SSP.1.b, SSP.2.a, SSP.2.b SSP.4.a, SSP.5.a, SSP.5.d.

LECCIÓN 7, *págs. 34–35*

1. **C; Nivel de conocimiento:** 3; **Temas:** I.USH.d.2, I.CG.c.5; **Práctica:** SSP.1.b, SSP.2.a, SSP.2.b, SSP.3.b, SSP.4.a, SSP.6.b. Ya que Anthony se desempeñó como líder de la Asociación Nacional por el Sufragio Femenino, la inferencia más razonable es que viajó y dio conferencias sobre la importancia del sufragio femenino. Anthony murió en 1906, así que no votó en las elecciones presidenciales de 1920. No hay información en el pasaje o en la línea cronológica que apoye la afirmación de que Anthony se opuso a las enmiendas contra la esclavitud y el movimiento antialcohólico, como tampoco hay información que diga donde vivió Anthony.

2. **cinco o 5; Nivel de conocimiento:** 2; **Temas:** I.USH.c.3, I.USH.d.1, I.CG.b.8, I.CG.d.2; **Práctica:** SSP.1.b, SSP.2.a, SSP.2.b, SSP.3.b, SSP.4.a, SSP.6.b. La Decimoquinta Enmienda fue ratificada en 1870.

3. **1913; Nivel de conocimiento:** 2; **Temas:** I.USH.c.3, I.USH.d.1, I.CG.b.8, I.CG.d.2; **Práctica:** SSP.1.b, SSP.2.a, SSP.2.b, SSP.3.b, SSP.4.a, SSP.6.b.

4. **igualdad social o igualdad; Nivel de conocimiento:** 2; **Temas:** I.USH.c.3, I.USH.d.1, I.CG.b.8, I.CG.d.2; **Práctica:** SSP.1.b, SSP.2.a, SSP.2.b, SSP.3.b, SSP.4.a, SSP.6.b.

5. ***Plessy* contra *Ferguson*; Nivel de conocimiento:** 2; **Temas:** I.USH.c.3, I.USH.d.1, I.USH.d.4, I.USH.d.5, I.CG.b.8, I.CG.d.2; **Práctica:** SSP.1.b, SSP.2.a, SSP.2.b, SSP.3.b, SSP.4.a, SSP.6.b.

REPASO DE LA UNIDAD 2, *págs. 36–43*

1. **D; Nivel de conocimiento:** 1; **Temas:** II.USH.f.3, II.USH.g.1; **Práctica:** SSP.2.a, SSP.2.b. Los EE. UU. se oponían a la extensión del comunismo basándose en argumentos políticos e ideológicos. El levantamiento del Ejército Rojo y la derrota del Ejército Blanco sucedieron durante la Revolución, no en el período que le siguió. Los EE. UU. se oponían al comunismo, no necesariamente a la formación de la URSS.

2. **C; Nivel de conocimiento:** 1; **Temas:** II.USH.f.3, II.USH.g.1; **Práctica:** SSP.2.a, SSP.2.b. El establecimiento de la URSS como un estado comunista llevó a la Guerra Fría con los EE. UU. El comienzo de la Primera Guerra Mundial se dio antes del comienzo de la Revolución Rusa. La Guerra Civil fue dentro de Rusia, no en los EE. UU. La Segunda Guerra Mundial no se menciona en el pasaje.

3. **A; Nivel de conocimiento:** 1; **Temas:** II.USH.e, II.G.c.1, II.G.d.1, II.G.d.3; **Práctica:** SSP.2.a, SSP.2.b. La tabla muestra que la mayoría de los inmigrantes venían de la región Norte de Europa.

4. **C; Nivel de conocimiento:** 1; **Temas:** II.USH.e, II.G.c.1, II.G.d.1, II.G.d.3; **Práctica:** SSP.1.a, SSP.1.b. La región Sur de Europa tenía el menor número de inmigrantes para 1890 y, probablemente, vio un aumento en estos números con el cambio regional.

5. **B; Nivel de conocimiento:** 3; **Temas:** II.USH.e, II.USH.f.4, II.USH.f.5, II.USH.g.3; **Práctica:** SSP.1.a, SSP.1.b, SSP.2.a, SSP.2.b, SSP.6.b, SSP.7.a. Debido a que el Congreso se opuso a que los Estados Unidos se unieran a la Sociedad de las Naciones y que los Estados Unidos no aparecen en la tabla de miembros permanentes, puedes inferir que los Estados Unidos nunca se unieron a la Sociedad de las Naciones. Otras naciones aparte de las Aliadas y los países neutrales se podían unir, como Alemania. La tabla enumera solo a los miembros permanentes del Consejo, no a todos sus miembros. No hay información que apoye la afirmación que Woodrow Wilson se desempeñó como miembro del Tribunal Mundial de la Sociedad de las Naciones.

6. **D; Nivel de conocimiento:** 3; **Temas:** II.USH.e, II.USH.f.4, II.USH.f.5, II.USH.g.3; **Práctica:** SSP.1.a, SSP.1.b, SSP.2.a, SSP.2.b, SSP.6.b, SSP.7.a. Como la Sociedad de las Naciones se estableció después de la Primera Guerra Mundial con el objetivo de impedir otra guerra mundial, puedes inferir que no logró su objetivo de preservar la paz mundial. La Segunda Guerra Mundial y otras batallas internacionales tuvieron lugar dentro de los 50 años posteriores a la Primera Guerra Mundial. Las naciones miembro del Consejo no gozaron de relaciones pacíficas durante muchas décadas. La Sociedad de las Naciones no pasó a ser controlada por el Congreso de los Estados Unidos.

Clave de respuestas

UNIDAD 2 (continuación)

7. **D; Nivel de conocimiento:** 2; **Temas:** II.USH.f.2, II.USH.f.9, II.G.b.1; **Práctica:** SSP.1.a, SSP.1.b, SSP.2.a, SSP.4.a, SSP.5.a, SSP.5.b, SSP.5.d. La idea principal de este pasaje se encuentra al final cuando los autores escriben: "existen miles de señales que apuntan al fascismo como la doctrina que caracteriza a nuestra época". Mussolini y Gentile escriben que Italia se está levantando de nuevo, no que el país necesita levantarse de nuevo. Los autores no afirman que el fascismo es la causa madre de la humillación y servidumbre de Italia a manos extranjeras ni que la doctrina del fascismo es igual a la decadencia. Ambas opciones de respuesta son, esencialmente, opuestas a la idea principal.

8. **D; Nivel de conocimiento:** 3; **Temas:** II.USH.f.9; **Práctica:** SSP.2.b. Alemania era gobernada por los nazis y tuvo un rol preponderante en los sucesos de la Segunda Guerra Mundial. Las otras opciones de respuesta describen formas democráticas de gobierno, que no son totalitarias.

9. **B; Nivel de conocimiento:** 2; **Temas:** II.USH.f.2, II.USH.f.9, II.G.b.1; **Práctica:** SSP.1.a, SSP.1.b, SSP.2.a, SSP.4.a, SSP.5.a, SSP.5.b, SSP.5.d. Mussolini comete errores de lógica y razonamiento porque hace afirmaciones absolutas y universales, tales como: "El fascismo es la doctrina que mejor se adapta para representar las tendencias y aspiraciones de un pueblo" y "existen miles de señales que apuntan al fascismo como la doctrina que caracteriza a nuestra época". Mussolini no comete un error de razonamiento por apelar a las creencias de su público o por concentrarse en el pueblo de Italia. Tampoco comete un error de razonamiento por definir la terminología que usa para su argumento.

10. **A; Nivel de conocimiento:** 1; **Temas:** II.USH.f.12; **Práctica:** SSP.6.a, SSP.10.a. Los EE. UU. tienen solo dos territorios coloniales; Francia tiene dos y Nueva Zelanda, uno. El Reino Unido tiene once.

11. **Rumania; Nivel de conocimiento:** 1; **Temas:** II.USH.f.9, II.USH.f.10; **Práctica:** SSP.1.a, SSP.2.a, SSP.6.b.

12. **por vías ferroviarias; Nivel de conocimiento:** 2; **Temas:** II.USH.f.9, II.USH.f.10; **Práctica:** SSP.1.a, SSP.2.a, SSP.6.b.

13. **como la solución final; Nivel de conocimiento:** 3; **Temas:** II.USH.f.9, II.USH.f.10; **Práctica:** SSP.1.a, SSP.2.a, SSP.6.b.

14. **al espionaje; Nivel de conocimiento:** 2; **Temas:** II.USH.f.11, II.G.d.2; **Práctica:** SSP.1.a, SSP.2.a, SSP.6.b.

15. **occidental; Nivel de conocimiento:** 2; **Temas:** II.USH.f.11, II.G.d.2; **Práctica:** SSP.1.a, SSP.2.a, SSP.6.b.

16. **el racismo; Nivel de conocimiento:** 3; **Temas:** II.USH.f.11, II.G.d.2; **Práctica:** SSP.1.a, SSP.2.a, SSP.6.b.

17. **B; Nivel de conocimiento:** 2; **Temas:** II.USH.f.13, I.CG.c.6, II.CG.f, I.E.a, I.E.b, II.E.f; **Práctica:** SSP.1.a, SSP.2.a, SSP.2.b. Los veteranos que regresaban de la Segunda Guerra Mundial habrían inundado el mercado laboral y habrían vuelto con bajo nivel de educación, sin capacitación y sin dinero suficiente para una vivienda. La aprobación de la Ley GI Bill no fue porque el presidente Roosevelt hiciera que los Estados Unidos entraran en la Segunda Guerra Mundial. La Administración de Veteranos de Guerra no necesitaba sumar trabajadores a su fuerza laboral y las universidades ya contaban con un número suficiente de estudiantes.

18. **C; Nivel de conocimiento:** 2; **Temas:** II.USH.f.13, I.CG.c.6, II.CG.f, I.E.a, I.E.b, II.E.f; **Práctica:** SSP.1.a, SSP.2.a, SSP.2.b. El efecto más importante de la Ley GI Bill fue que los veteranos que regresaban recibieron asistencia referente a la educación, al trabajo y a la vivienda. Los beneficios eran más importantes que la Administración. El beneficio fiscal por educación era pequeño en relación con los otros beneficios. La reelección del presidente Roosevelt no era un beneficio para los veteranos de guerra.

19. **D; Nivel de conocimiento:** 2; **Temas:** II.USH.g.1, II.USH.g.5, II.USH.g.6; **Práctica:** SSP.10.a. Los EE. UU. intentaron contener al comunismo mediante la reconstrucción de Europa y la participación en guerras contra fuerzas comunistas en Corea y Vietnam. Los EE. UU. no le permitieron a la Unión Soviética colocar misiles en Cuba ni tampoco se opusieron al derrumbamiento del Muro de Berlín. Los Estados Unidos no adoptaron políticas para apartarse de Europa y Asia.

20. **D; Nivel de conocimiento:** 2; **Temas:** II.USH.g.3, II.USH.g.5; **Práctica:** SSP.1.a, SSP.2.a, SSP.2.b, SSP.4.a. Grecia estaba envuelta en una guerra civil y Turquía necesitaba asistencia financiera. Ambos países estaban geográficamente cerca de la Unión Soviética y podrían caer bajo el gobierno comunista de esa nación, lo cual extendería aun más el comunismo por el mundo. No hay evidencia de que el presidente Truman quisiera que los Estados Unidos tomaran el lugar de Gran Bretaña como potencia mundial o que el Presidente quisiera que Grecia y Turquía se convirtieran en países democráticos. Grecia y Turquía no habían caído bajo el poder de la Unión Soviética.

21. **B; Nivel de conocimiento:** 2; **Temas:** II.USH.g.3, II.USH.g.5; **Práctica:** SSP.1.a, SSP.2.a, SSP.2.b, SSP.4.a. A los funcionarios del gobierno de los Estados Unidos les preocupaba que si una nación caía bajo el comunismo, otra nación vecina débil también podría hacerlo, lo cual extendería el comunismo. No les preocupaba apoyar a otros países que anteriormente tenían el apoyo de Gran Bretaña. No creían que si una nación débil recibía ayuda financiera de los Estados Unidos, otros países débiles esperarían la misma ayuda. Los funcionarios del gobierno de los Estados Unidos y el presidente Truman no afirmaron que pequeños países como Grecia y Turquía no podrían gobernarse a sí mismas.

22. **B; Nivel de conocimiento:** 2; **Temas:** II.USH.g.4, II.G.b.1, II.G.b.5, II.G.c.1, II.G.d.2, II.G.d.3; **Práctica:** SSP.1.a, SSP.2.a, SSP.2.b, SSP.3.a, SSP.3.c. El Muro de Berlín dividía Alemania Oriental (comunista) de Alemania Occidental (democrática) y fue un lugar donde muchos alemanes del este perdieron su vida. Por consiguiente, el Muro no tenía el apoyo de muchos alemanes del este. No hay evidencia de que las personas de Alemania Oriental vieran a Alemania Occidental como una nación hostil. Finalmente, los alemanes del este lograron escapar a través de Hungría hacia Alemania Occidental, pero esa no es la idea principal del pasaje.

23. **C; Nivel de conocimiento:** 2; **Temas:** II.USH.g.4, II.G.b.1, II.G.b.5, II.G.c.1, II.G.d.2, II.G.d.3; **Práctica:** SSP.1.a, SSP.2.a, SSP.2.b, SSP.3.a, SSP.3.c. Desde 1961, cuando el gobierno comunista de Alemania Oriental construyó el Muro de Berlín, hasta 1990, cuando los alemanes del este y del oeste fueron libres de cruzar el límite, son 29 años. No son 38, ni 35 ni 25 años.

24. **C; Nivel de conocimiento:** 2; **Temas:** II.G.b.1, II.CG.f, II.USH.g.2, II.USH.g.3, II.USH.g.4, II.USH.g.9, II.USH.h; **Práctica:** SSP.1.a, SSP.1.b, SSP.2.a, SSP.2.b, SSP.3.a, SSP.3.c. Actualmente, son veintiocho los países que forman la OTAN, menos los doce originales, la respuesta es dieciséis. El artículo menciona a los doce países originales y luego enumera cuatro más por nombre, pero el total es veintiocho.

25. D; Nivel de conocimiento: 1; **Temas:** II.G.b.1, II.CG.f, II.USH.g.2, II.USH.g.3, II.USH.g.4, II.USH.g.9, II.USH.h; **Práctica:** SSP.1.a, SSP.1.b, SSP.2.a, SSP.2.b, SSP.3.a, SSP.3.c. La creación de la OTAN se dio principalmente como respuesta al bloqueo de Berlín por parte de los soviéticos, no al puente aéreo de Berlín, en el que los aliados suministraban ayuda al pueblo de Berlín con comida y bienes, ni a la invasión de Checoslovaquia, que tuvo lugar en 1968. La firma del Pacto de Varsovia también tuvo lugar después de la creación de la OTAN.

26. B; Nivel de conocimiento: 2; **Temas:** II.USH.g.2, II.USH.g.3, II.USH.g.5; **Práctica:** SSP.2.a, SSP.2.b. Los EE. UU. adoptaron una política aislacionista después del fin de la Primera Guerra Mundial, pero cambiaron hacia una política inclusiva al final de la Segunda Guerra Mundial. Los EE. UU. no apoyaron a la Unión Soviética. Los EE. UU. se comprometieron a defender a Europa Occidental.

27. A; Nivel de conocimiento: 2; **Temas:** II.G.b.1, II.CG.f, II.USH.g.2, II.USH.g.3, II.USH.g.4, II.USH.g.9, II.USH.h; **Práctica:** SSP.1.a, SSP.1.b, SSP.2.a, SSP.2.b, SSP.3.a, SSP.3.c. La última oración del pasaje afirma: "Tras la progresiva pérdida de poder de la URSS en la década de 1980 y la subsiguiente caída del comunismo, el Pacto de Varsovia se disolvió oficialmente en 1991". Los países del Pacto de Varsovia no se unieron a la OTAN. La URSS no declaró nulo el Pacto de Varsovia, tampoco la invasión de Checoslovaquia invalidó el Pacto de Varsovia.

28. A; Nivel de conocimiento: 2; **Temas:** II.USH.g.3, II.USH.g.4, II.USH.g.9, II.USH.h, II.G.b.1; **Práctica:** SSP.1.a, SSP.1.b, SSP.2.a, SSP.4.a, SSP.5.a, SSP.7.a. El presidente Reagan quiere alentar a los líderes soviéticos a reconocer la importancia de la libertad. El resto del discurso es la manera que tiene Reagan de desafiar a los soviéticos a que hagan que esto suceda. Reagan no está proponiendo un tratado entre los Estados Unidos y la Unión Soviética, ni tampoco es su punto principal criticar las políticas comunistas en Europa Oriental ni proclamar el apoyo estadounidense a Alemania Occidental.

29. D; Nivel de conocimiento: 2; **Temas:** II.USH.g.4, II.USH.g.9; **Práctica:** SSP.2.a, SSP.2.b. El presidente Reagan quiere que Gorbachov "destruya" el Muro de Berlín como un gesto simbólico hacia la libertad. No quiere falsas esperanzas ni gestos meramente simbólicos. La adopción de una nueva política no sería simbólica.

30. A; Nivel de conocimiento: 2; **Temas:** II.USH.g.3, II.USH.g.4, II.USH.g.9, II.USH.h, II.G.b.1; **Práctica:** SSP.1.a, SSP.1.b, SSP.2.a, SSP.2.b, SSP.3.a, SSP.3.c. La información afirma que los líderes conservadores comunistas intentaron recuperar el poder de manos de los reformadores democráticos. Por consiguiente, para refutar la idea de que todos los ciudadanos de Europa Oriental apoyaban las reformas democráticas de estos tiempos, puedes citar el hecho de que los líderes conservadores intentaron un golpe contra el gobierno soviético. Las reformas de Gorbachov permitieron que la oposición creciera, los gobiernos democráticos llegaron al poder en naciones como Hungría y Polonia, y la Unión Soviética decidió no intervenir en conflictos externos. Esto no refuta, sino que fundamenta la idea de que los ciudadanos de Europa Oriental apoyaban las reformas democráticas de la época.

31. B; Nivel de conocimiento: 3; **Temas:** II.USH.g.3, II.USH.g.4, II.USH.g.9, II.USH.h, II.G.b.1; **Práctica:** SSP.1.a, SSP.1.b, SSP.2.a, SSP.2.b, SSP.3.a, SSP.3.c. A partir de la información, puedes concluir que, en general, la Unión Soviética usó la fuerza militar para detener alzamientos. El pasaje observa el hecho de que el gobierno reformista de Gorbachov eligió no intervenir en países como Hungría, Polonia y Bulgaria. No hay evidencia de que la Unión Soviética haya aportado ayuda financiera a comunistas, aunque sea probable, y no hay evidencia de que haya mediado con soluciones pacíficas para tratar el descontento político.

UNIDAD 3 LA EDUCACIÓN CÍVICA Y EL GOBIERNO

LECCIÓN 1, *págs. 46–47*

1. D; Nivel de conocimiento: 1; **Tema:** I.CG.a.1; **Práctica:** SSP.1.a, SSP.6.b. Cuando examines un diagrama de Venn, como el que aparece en esta página, asegúrate de comprender lo que se describe en cada sección. En este diagrama, tienes que identificar algo que Francia haya hecho e Inglaterra no. La respuesta correcta es D, porque Francia reclamó nuevos territorios a Inglaterra. Las respuestas A y C son incorrectas, porque tanto Francia como Inglaterra centralizaron sus gobiernos y aumentaron su riqueza a partir de nuevos sistemas impositivos. B es incorrecta porque solamente Inglaterra estableció un nuevo sistema de justicia.

2.1. C; Nivel de conocimiento: 1; **Temas:** I.CG.a.1, I.CG.b.1, I.CG.b.5, I.CG.b.8; **Práctica:** SSP.1.a, SSP.6.b. Los pensadores de la época de la Ilustración afirmaban que las personas nacen libres, con **derechos** naturales.

2.2. B; Nivel de conocimiento: 1; **Temas:** I.CG.a.1, I.CG.b.1, I.CG.b.5, I.CG.b.8; **Práctica:** SSP.1.a, SSP.6.b. Todas las personas del grupo afirmaban que el poder del gobierno viene **del pueblo**.

2.3. D; Nivel de conocimiento: 1; **Temas:** I.CG.a.1, I.CG.b.1, I.CG.b.5, I.CG.b.8; **Práctica:** SSP.1.a, SSP.6.b. Se afirmaba también que un pueblo libre establece un acuerdo con aquellos que lo gobiernan y que ese acuerdo se denomina **contrato social**.

2.4. A; Nivel de conocimiento: 1; **Temas:** I.CG.a.1, I.CG.b.1, I.CG.b.5, I.CG.b.8; **Práctica:** SSP.1.a, SSP.6.b. Si un gobernante o un gobierno intenta sustraer los derechos de las personas, el contrato social se rompe. En ese caso, las personas tienen el derecho de deshacerse del gobernante o del gobierno, mediante el uso de la fuerza, si fuese necesario, y **rebelarse**. Thomas Jefferson, que escribió la Declaración de Independencia, fue un gran admirador de los pensadores de la Ilustración como Locke, por lo que esta idea se puede encontrar en la Declaración de Independencia.

2.5. A; Nivel de conocimiento: 3; **Temas:** I.CG.a.1, I.CG.b.1, I.CG.b.5, I.CG.b.8; **Práctica:** SSP.1.a, SSP.6.b. **Hobbes** es la respuesta correcta porque es el único de los cuatro pensadores que creía en un gobierno centralizado firme con un líder poderoso.

LECCIÓN 2, *págs. 48–49*

1. C; Nivel de conocimiento: 2; **Temas:** I.CG.b.2, I.CG.b.3, I.USH.a.1; **Práctica:** SSP.1.a, SSP.4.a. El término *nacional* en este fragmento significa "dentro del país". Por lo tanto, "asegurar la tranquilidad nacional" significa mantener la paz dentro del país. La frase no está relacionada con los sistemas judiciales, ni con los derechos de las personas, ni con el éxito de los ciudadanos.

2.1 A; 2.2 C; 2.3 D; 2.4 A; Nivel de conocimiento: 2; **Temas:** I.CG.b.3, I.CG.b.5, I.CG.c.1, I.CG.c.3, I.CG.c.4, I.USH.a.1; **Práctica:** SSP.1.a.

2.1. El presidente puede firmar proyectos de ley, pero no puede aprobarlos. Un proyecto de ley necesita la aprobación de las dos cámaras del **Congreso** antes de llegar al presidente.

2.2 La Sección 7 del Artículo I explica **de qué manera se pueden aprobar proyectos de ley**, no solamente los proyectos cuyo fin sea la recaudación de impuestos. El artículo no entra en detalles sobre cómo el presidente puede vetar un proyecto de ley y no explica cómo se agregan enmiendas a la Constitución de los Estados Unidos.

UNIDAD 3 (continuación)

2.3 La Sección 7 del Artículo I establece que "Todo proyecto de ley cuyo fin sea la recaudación de impuestos deberá originarse en la Cámara de Representantes". Por lo tanto, el Senado no puede proponer un proyecto de ley que **imponga un impuesto sobre la gasolina**, ya que el impuesto implica una recaudación.

2.4 La última oración del fragmento explica que el Congreso puede ignorar el veto del presidente mediante **la aprobación de dos tercios de ambas cámaras.**

3. **D; Nivel de conocimiento:** 3; **Temas:** I.CG.b.3, I.CG.b.8, I.CG.d.1, I.CG.d.2, I.USH.a.1; **Práctica:** SSP.1.a, SSP.2.a. La Enmienda IX no explica ni enumera todos los derechos que se otorgan a los ciudadanos, ni los poderes inherentes del gobierno, ni la autoridad de los estados de delegar derechos. En cambio, la Enmienda IX establece fundamentalmente que el hecho de que la Constitución describa ciertos derechos no significa que los ciudadanos no tengan otros derechos adicionales.

LECCIÓN 3, *págs. 50–51*

1. **B; Nivel de conocimiento:** 2; **Temas:** I.CG.a.1, I.CG.b.2, I.CG.b.7, I.CG.b.8; **Práctica:** SSP.1.a, SSP.2.a, SSP.2.b, SSP.3.c. La respuesta correcta es B, porque la idea principal del pasaje es la importancia de la *Carta Magna* como uno de los primeros documentos que se escribieron con el objeto de asegurar los derechos individuales frente a una autoridad dominante. El hecho de que el pasaje incluya un fragmento de la *Carta Magna* sobre ese tema es otra pista importante de que la respuesta correcta es B. Las respuestas C y D no son correctas porque las afirmaciones son incorrectas. La respuesta A no es correcta porque, si bien la afirmación es cierta, no es la idea principal del pasaje.

2. **Nivel de conocimiento:** 3; **Temas:** I.CG.a.1, I.CG.b.2, I.CG.b.3, I.CG.b.4, I.CG.b.8, I.CG.b.9, I.CG.d.1; **Práctica:** SSP.1.a, SSP.2.a, SSP.2.b, SSP.3.c, SSP.9.b, SSP.9.c. Una respuesta de 3 puntos identifica con claridad la cuestión del inicio de un gobierno federal más fuerte con garantías para los derechos individuales. Los resúmenes deben incluir lo siguiente: En 1787, los delegados se reunieron en Philadelphia para revisar los Artículos de la Confederación. En su lugar, crearon una nueva Constitución con un gobierno federal más fuerte. Cuando se presentó el documento en todos los estados para su aprobación, muchos de ellos lo rechazaron porque la nueva Constitución no protegía los derechos individuales de los poderes de un gobierno federal más fuerte. Finalmente, los estados aprobaron la nueva Constitución, con la condición de que se agregara una "Declaración de Derechos" que garantizara los derechos individuales.

Características de la respuesta extendida de Estudios Sociales: Explicación de las características

Nivel de conocimiento 3: Redactar una respuesta apropiada para este ejercicio requiere de una variedad de destrezas complejas de razonamiento. Los estudiantes que realizan la prueba deben presentar sus ideas de manera lógica y justificar sus afirmaciones con evidencia. Incluir elementos del texto en la presentación de ideas propias de manera adecuada y precisa requiere un razonamiento y un planeamiento complejo.

Característica 1: Redacción de argumentos y uso de la evidencia

2 puntos: El estudiante redacta un argumento basado en el texto que demuestra una comprensión clara de las relaciones entre las ideas, los sucesos y las cifras que se presentan en los textos fuente y en los contextos históricos desde los que se abordan dichos textos; cita evidencia relevante y específica de fuentes primarias y secundarias que respaldan de manera adecuada un argumento; o relaciona correctamente la consigna con los textos fuente.

1 punto: El estudiante redacta un argumento que demuestra una comprensión de las relaciones entre las ideas, los sucesos y las cifras que se presentan en los textos fuente; cita alguna evidencia de fuentes primarias y secundarias para respaldar un argumento (puede incluir una mezcla de referencias textuales relevantes e irrelevantes); o relaciona la consigna con los textos fuente.

0 puntos: El estudiante puede intentar redactar un argumento pero demuestra una comprensión mínima o nula de las ideas, los sucesos y las cifras que se presentan en los textos fuente o en los contextos desde los que se abordan dichos textos; cita muy poca evidencia de las fuentes primarias y secundarias o ninguna; es capaz de demostrar que puede redactar un argumento o no; o no relaciona la consigna con los textos fuente.

Respuestas no calificables (Puntaje de 0/Códigos de condición):

La respuesta contiene exclusivamente un texto copiado de la fuente o de la consigna; la respuesta demuestra que el estudiante que realizó la prueba no ha leído ni la consigna ni los textos fuente; la respuesta es incomprensible; la respuesta no está en español o no hay respuesta (en blanco).

Característica 2: Desarrollo de ideas y estructura de organización

1 punto: La evolución de las ideas es razonable y hay conexiones comprensibles entre los detalles y las ideas principales; la respuesta contiene ideas desarrolladas que son, en general, lógicas; se explican muchas ideas en detalle; demuestra una comprensión correcta de la tarea.

0 puntos: La evolución de las ideas es poco clara o no existe; la respuesta no incluye ideas lo suficientemente bien desarrolladas o las ideas son ilógicas; solamente explica una idea en detalle o no demuestra comprensión de la tarea.

Respuestas no calificables (Puntaje de 0/Códigos de condición):
Ver arriba.

Característica 3: Claridad y dominio de las convenciones de uso del español

1 punto: El estudiante demuestra el uso adecuado de las convenciones especialmente en lo que se refiere a las siguientes destrezas: 1) uso correcto de parónimos y homófonos y palabras que suelen confundirse; 2) concordancia entre sujeto y verbo; 3) uso de los pronombres, entre ellos la concordancia entre pronombres y antecedentes; y 4) uso avanzado de pronombres; 5) ubicación de los modificadores y orden correcto de las palabras; 6) mayúsculas (por ejemplo, en sustantivos propios y al comienzo de las oraciones); 7) acentuación; 8) uso de la puntuación (por ejemplo, comas en enumeraciones u aposiciones, puntos finales, signos de interrogación y exclamación y signos de puntuación correctos para separar cláusulas); demuestra que las estructuras de la mayoría de las oraciones son correctas y que varían de una oración a la otra; el estudiante es, por lo general, fluido y claro especialmente en lo que se refiere a las siguientes destrezas: 1) la subordinación, la coordinación y el paralelismo son correctos; 2) no hay exceso de palabras en las oraciones y no hay estructuras extrañas; 3) se usan palabras de transición, adverbios y otras palabras que favorecen la lógica y 4) la claridad del texto; 5) no hay oraciones seguidas sin signos de puntuación ni fragmentos de oraciones; 6) el uso del lenguaje en un nivel de formalidad es apropiado para la redacción del primer borrador; puede cometer algunos errores en las técnicas de redacción y en las convenciones de uso, pero esos errores no interfieren en la comprensión.*

0 puntos: El estudiante demuestra un control mínimo de las convenciones básicas especialmente en lo que se refiere a las destrezas 1 a 8 que se enumeran en la primera sección de la característica 3, 1 punto, que aparece anteriormente; demuestra errores consistentes en las estructuras de las oraciones; poca o ninguna variedad de lenguaje, que puede oscurecer el sentido; demuestra un control mínimo de las destrezas 1 a 6 que se enumeran en la segunda sección de la característica 3, 1 punto, que aparece anteriormente; comete errores frecuentes y graves respecto de las técnicas de redacción y de las convenciones de uso que interfieren en la comprensión; **O BIEN** la respuesta no alcanza a demostrar el nivel de dominio de las convenciones y el uso del español.

*Como los estudiantes que realizan la prueba tendrán 25 minutos para completar las tareas de la sección Respuesta extendida, no se espera que la respuesta carezca de errores respecto de las convenciones y el uso del español para obtener 1 punto.

Respuestas no calificables (Puntaje de 0/Códigos de condición):
Ver arriba.

LECCIÓN 4, págs. 52–53

1. C; Nivel de conocimiento: 2; **Temas:** I.CG.b.7, I.CG.c.1, I.USH.c.4; **Práctica:** SSP.1.a, SSP.2.a, SSP.2.b, SSP.3.d. La única afirmación correcta es la respuesta C, ya que los planes planteaban objetivos distintos. En este caso, debes contrastar (es decir, encontrar diferencias) entre el plan del presidente Lincoln y el plan de los republicanos radicales. Sus planes planteaban objetivos diferentes para el proceso de Reconstrucción. Ninguno de los dos planes tenía como objetivo reconstruir el país lo más rápido posible, porque el plan de los republicanos radicales habría impuesto sanciones rigurosas a la Confederación, lo que haría que el proceso para reunir la nación fuese interminable. El plan del presidente Lincoln no planteaba sanciones rigurosas para la Confederación y ninguno de los dos planes delegaba la responsabilidad de la Reconstrucción en los estados.

2. A; Nivel de conocimiento: 3; **Temas:** I.CG.b.7, I.CG.c.1, I.USH.c.4; **Práctica:** SSP.1.a, SSP.1.b, SSP.2.b, SSP.3.d. Si comparas los intereses de los republicanos radicales y los intereses de los esclavos recién liberados, puedes ver que son los más similares. Ni los intereses de Andrew Johnson y de los republicanos radicales, ni los intereses de los esclavos recién liberados y de los oportunistas maliciosos, ni los intereses del presidente Grant y de los esclavos recién liberados eran similares.

3. B; Nivel de conocimiento: 3; **Temas:** I.CG.b.7, I.CG.c.1, I.USH.c.4; **Práctica:** SSP.1.a, SSP.1.b, SSP.2.b, SSP.3.d. Los intereses de los republicanos radicales y los intereses del presidente Johnson eran los más diferentes, no los intereses de los oportunistas maliciosos y de los esclavos recién liberados, ni de los norteños y del presidente Grant, ni del presidente Johnson y del presidente Lincoln.

4. C; Nivel de conocimiento: 2; **Temas:** I.CG.b.7, I.CG.c.1, I.USH.c.4; **Práctica:** SSP.1.a, SSP.1.b, SSP.2.b, SSP.3.d. La palabra *resolución* se puede reemplazar por la palabra *determinación*, no por *intento, solución* o *duda*.

5. C; Nivel de conocimiento: 2; **Temas:** I.CG.b.7, I.CG.c.1, I.USH.c.4; **Práctica:** SSP.1.a, SSP.2.a, SSP.2.b, SSP.3.d. La respuesta C es correcta porque las tropas de dos generales recogieron provisiones de los locales. Ningún general exigió que sus tropas hicieran juramentos de lealtad ni les ordenaron que construyeran caminos. Únicamente el general Lee ordenó a sus tropas que tomaran el control de las líneas de ferrocarril.

LECCIÓN 5, págs. 54–55

1. D; Nivel de conocimiento: 1; **Temas:** II.E.c.7, II.G.b.3; **Práctica:** SSP.1.a, SSP.2.a, SSP.6.b, SSP.6.c, SSP.10.a, SSP.10.b. La línea en la gráfica sube bruscamente entre los años 1890 y 1900, lo que demuestra que el número de fábricas aumentó desmesuradamente en la década de 1890. El número de fábricas no aumentó ni disminuyó muy poco, ni se mantuvo prácticamente igual.

2. C; Nivel de conocimiento: 2; **Temas:** I.CG.c.1, I.CG.c.2, I.CG.c.6; **Práctica:** SSP.1.a, SSP.1.b, SSP.2.b, SSP.3.a, SSP.3.c, SSP.6.b. La respuesta correcta no es A, porque la Ley Pendleton de Reforma del Servicio Civil se aprobó después de que Arthur asumiera como presidente, no antes. La respuesta B es incorrecta porque Arthur no fue electo para su primer mandato. Arthur llegó al cargo después de que falleció el presidente Garfield. La respuesta D también es incorrecta porque la solicitud de empleo de Guiteau no causó en sí misma ningún cambio en la presidencia. Entonces, la respuesta correcta es C, porque la muerte del presidente Garfield fue la razón por la que el vicepresidente, Chester Arthur, se convirtió en presidente.

3. A; Nivel de conocimiento: 2; **Temas:** I.CG.c.1, I.CG.c.2, I.CG.c.6; **Práctica:** SSP.1.a, SSP.1.b, SSP.2.b, SSP.3.a, SSP.3.c, SSP.6.b. La respuesta correcta es A. Como el asesino del presidente había sido una persona que buscaba un empleo federal y había sido rechazada, el Congreso apoyó la aprobación de una ley que estableciera que muchos empleos se pudieran obtener solamente por mérito. Los empleos se seguían otorgando incluso después de la Ley Pendleton de Reforma de Servicio Civil y no eran rechazados por dicha ley. No hay información que respalde la afirmación de que la Ley Pendleton de Reforma de Servicio Civil fue rechazada por un margen muy pequeño, ni es cierto que todos los empleos federales se podían obtener únicamente por conexiones políticas.

UNIDAD 3 (continuación)

4. **D; Nivel de conocimiento:** 3; **Temas:** I.CG.c.1, I.CG.c.2, I.CG.c.6; **Práctica:** SSP.1.a, SSP.1.b, SSP.2.b, SSP.3.a, SSP.3.c, SSP.6.b. La respuesta correcta es D, porque generalmente las gráficas presentan información numérica. Los diagramas de flujo pueden presentar tanto números como textos. Como la información de este diagrama de flujo es fundamentalmente texto que no se puede convertir en números, el uso de una gráfica no resulta viable. Las respuestas A y B son incorrectas porque las gráficas pueden mostrar textos y los diagramas de flujo no contienen ejes. La respuesta C es incorrecta porque el problema de exponer esta información en una gráfica no es que sea demasiada, sino que no es numérica.

5. **A; Nivel de conocimiento:** 2; **Temas:** I.CG.b.7, I.CG.b.8, I.CG.d.2, I.USH.d.4; **Práctica:** SSP.1.a, SSP.1.b, SSP.2.b, SSP.3.b, SSP.3.c, SSP.6.b. La respuesta correcta es A. La causa se encuentra en el primer recuadro del diagrama de flujo. Plessy se sentó adrede en un vagón destinado únicamente para gente blanca. Puede parecer que la respuesta correcta es B, porque la creación de los vagones para diferentes grupos étnicos fue la causa inicial de la confrontación. Pero lo que llevó el caso a la corte fue que Plessy desobedeció esa ley injusta. El fallo del caso *Brown* contra *el Consejo de Educación de Topeka* ocurrió mucho más adelante y la aprobación de la Decimocuarta Enmienda no fue la causa que desencadenó el fallo en el caso *Plessy* contra *Ferguson*.

6. **A; Nivel de conocimiento:** 3; **Temas:** I.CG.b.7, I.CG.b.8, I.CG.d.2, I.USH.d.4; **Práctica:** SSP.1.a, SSP.1.b, SSP.2.b, SSP.3.b, SSP.3.c, SSP.6.b. La ley que exigía vagones separados para los diferentes grupos étnicos era una ley estatal y pudo haber estado respaldada por leyes locales. Los abogados de Plessy afirmaron que esto iba en contra de los derechos que garantiza la Constitución de los Estados Unidos. Como esto generó un conflicto entre la ley estatal y la ley federal, la respuesta correcta es A. Las otras opciones son incorrectas.

LECCIÓN 6, *págs. 56–57*
1. **B; Nivel de conocimiento:** 1; **Temas:** I.CG.c.2, II.USH.f.4, II.USH.f.7; **Práctica:** SSP.2.a, SSP.2.b. El presidente Wilson basó su campaña en el hecho de que él había mantenido a los Estados Unidos al margen de la guerra y así ganó la reelección. Por lo tanto, puedes inferir que el pueblo estadounidense apoyaba la política de neutralidad que había propuesto Wilson para los Estados Unidos. No sería imparcial inferir que la mayoría de los estadounidenses creían que los Estados Unidos debían apoyar el bloqueo británico, ni que los estadounidenses estaban indignados por el enfoque diplomático del presidente Wilson en materia de política exterior. Tampoco sería imparcial inferir que la mayoría de los estadounidenses esperaban que los Estados Unidos se vengaran de la pérdida de naves estadounidenses.

2. **B; Nivel de conocimiento:** 3; **Temas:** I.CG.b.8, I.CG.c.5, I.CG.d.2, I.USH.d.2; **Práctica:** SSP.1.a, SSP.1.b, SSP.2.b. La respuesta correcta es B. Puedes inferir que, como líder del movimiento que estaba a favor del sufragio femenino, Elizabeth Cady Stanton dio conferencias sobre el tema. Puedes descartar la respuesta C porque en el pasaje no se mencionan hechos que justifiquen esa inferencia. La respuesta D no es una inferencia lógica por el hecho de que Stanton había trabajado con otras personas en la campaña por el sufragio femenino y en el pasaje no se mencionan hechos que indiquen que haya tenido dificultades para trabajar con otras personas.

3. **C; Nivel de conocimiento:** 3; **Temas:** I.CG.b.8, I.CG.c.5, I.CG.d.2, II.CG.e.2, I.USH.d.2; **Práctica:** SSP.1.a, SSP.1.b, SSP.2.b. La respuesta correcta es C. Como las mujeres de otros estados tenían el derecho a votar antes de que el derecho existiera a nivel nacional, puedes inferir que las mujeres de algunos estados podían votar para gobernador, mientras que las mujeres de otros estados no tenían ese derecho. La respuesta A es incorrecta porque el pasaje explica que las mujeres tenían el derecho a votar en algunos estados. La respuesta B es también incorrecta porque las mujeres no tenían el derecho a votar en todos los Estados Unidos, independientemente de su origen étnico. El movimiento que estaba a favor del sufragio femenino luchaba para que todas las mujeres tuviesen ese derecho a nivel nacional. La respuesta D es incorrecta porque, lógicamente, ciertas activistas no podían obtener el derecho a votar mientras la ley se lo negara a otras mujeres.

4. **A; Nivel de conocimiento:** 3; **Temas:** I.CG.b.8, I.CG.c.5, I.CG.d.2, II.CG.e.2, I.USH.d.2; **Práctica:** SSP.1.a, SSP.1.b, SSP.2.b, SSP.6.b. La respuesta correcta es A. Queda claro a partir de la tabla que muchas defensoras del movimiento que estaba a favor del sufragio femenino también trabajaron para abolir la esclavitud. Es lógico asumir que muchos otros líderes del movimiento hayan hecho lo mismo. Puedes descartar la respuesta B porque es imposible hacer esa inferencia a partir de la tabla. Además, hay un ejemplo de una mujer que trabajó con un hombre: Lucy Stone trabajó con Frederick Douglass para apoyar la aprobación de la Decimoquinta Enmienda. La respuesta C es incorrecta porque las dos mujeres vivieron durante casi los mismos años y es poco probable que no se hayan conocido personalmente. La respuesta D es incorrecta porque, una vez más, no hay evidencia en la tabla de que esto sea cierto. También es ilógico inferir que todos los defensores del sufragio femenino estuviesen en el Norte.

5. **D; Nivel de conocimiento:** 3; **Temas:** I.CG.b.8, I.CG.c.5, I.CG.d.2, II.CG.e.2, I.USH.d.2; **Práctica:** SSP.1.a, SSP.1.b, SSP.2.b, SSP.6.b. La respuesta D es correcta porque, como la Enmienda Constitucional que otorga a las mujeres el derecho a votar a nivel nacional se ratificó en 1920, ninguna de estas mujeres estaba viva para presenciar este logro. Por lo tanto, ninguna de ellas tuvo el derecho a votar a nivel nacional en una elección presidencial. La respuesta A es incorrecta porque, según la tabla, solamente Susan B. Anthony fue arrestada por votar ilegalmente. No puedes inferir que alguna de las otras mujeres hiciera lo mismo. La respuesta B es incorrecta porque solamente las mujeres de algunos estados tenían el derecho a votar. Sin saber en qué estados vivían estas mujeres resulta imposible establecer o inferir que alguna de ellas tenía el derecho a votar donde vivían. La respuesta C también es incorrecta porque no se indica en la tabla que estas mujeres no hayan apoyado el derecho a votar de todas las mujeres, independientemente de su origen étnico.

LECCIÓN 7, págs. 58–59

1. **B; Nivel de conocimiento:** 3; **Temas:** I.CG.d.2, II.CG.e.2, II.CG.e.3; **Práctica:** SSP.1.a, SSP.1.b, SSP.2.a, SSP.2.b, SSP.5.a, SSP.5.b, SSP.6.b. La respuesta correcta es B. Para interpretar esta caricatura, debes observar cómo la imagen y el texto, en conjunto, muestran el punto de vista del caricaturista respecto de la Prohibición. El hombre con el hacha representa el Partido de la Prohibición. Se representa como una persona fuerte y seria y en la caricatura está ejerciendo el poder del voto, o el apoyo del pueblo estadounidense. El texto de la caricatura indica que el caricaturista siente desprecio por los políticos. El texto que está a la izquierda de la caricatura apoya esa imagen positiva del Partido de la Prohibición, ya que dice que el partido "luchó durante varios años" para alcanzar su objetivo. Por lo tanto, puedes asumir que el caricaturista cree que el Partido de la Prohibición hace bien en intentar prohibir el alcohol. De esta manera, la respuesta más lógica es la respuesta B y descarta la respuesta C. La respuesta D es incorrecta porque, en la caricatura, el político ataca a la Prohibición. La respuesta A es incorrecta porque el político que ataca a la Prohibición es una caricatura de apariencia tonta que protege una fuente de influencia. El caricaturista claramente no cree que los políticos hagan bien en atacar a la Prohibición.

2. **B; Nivel de conocimiento:** 2; **Temas:** I.CG.c.3, II.CG.e.2; **Práctica:** SSP.1.a, SSP.2.a, SSP.5.a, SSP.5.b, SSP.6.b. La respuesta correcta es B. La caricatura no muestra al presidente Hoover en persona pero representa un anuncio con una cita de la Ley de Construcción y Ayuda para Emergencias de 1932. Las palabras contrastan mucho con el ciudadano que lee el anuncio. El título del periódico que está al lado del hombre muestra que dos personas desempleadas han sido asesinadas durante una revuelta. La postura del hombre sugiere que tiene hambre y frío a pesar de la promesa del presidente Hoover. La respuesta A es incorrecta porque la caricatura no muestra una mejoría de la economía del país. La respuesta C es incorrecta porque la caricatura no muestra al presidente inseguro de sí mismo. La respuesta D es incorrecta porque no muestra al presidente cauteloso de apoyar a las grandes empresas.

3. **C; Nivel de conocimiento:** 2; **Temas:** I.CG.c.3, II.CG.e.2; **Práctica:** SSP.1.a, SSP.2.a, SSP.5.a, SSP.5.b, SSP.6.b. La respuesta correcta es C. El hambre y el frío eran problemas tan importantes que el presidente Hoover tuvo que hacer una declaración sobre ellos. La respuesta A es incorrecta porque el titular del periódico deja en claro que todavía hay desempleo. La respuesta B es incorrecta porque Herbert Hoover ya era presidente en el momento de la caída. La respuesta D es incorrecta. A pesar de que el anuncio dice que el presidente Hoover afirma que ya no hay más frío y hambre, la postura del hombre indica lo contrario.

4. **D; Nivel de conocimiento:** 3; **Temas:** I.CG.c.1, II.CG.c.3; **Práctica:** SSP.1.a, SSP.2.a, SSP.5.a, SSP.5.b, SSP.6.b. A partir de la información y de la caricatura, se puede ver que el comportamiento del presidente Roosevelt es un poco frío y calculador. Esto es así porque en la caricatura el presidente está diciéndole a uno de los jueces de la Corte Suprema que debe retirarse o hacerse a un lado para que entren los nuevos jueces que Roosevelt quiere nombrar. El intento de nombrar seis nuevos jueces fue un esfuerzo premeditado para evitar que algunos de los programas del nuevo plan fueran declarados inconstitucionales.

5. **A; Nivel de conocimiento:** 3; **Temas:** I.CG.c.1, I.CG.c.3; **Práctica:** SSP.1.a, SSP.2.a, SSP.5.a, SSP.5.b, SSP.6.b. La Corte Suprema no hizo lugar a los reclamos del presidente Roosevelt. La Corte Suprema de los Estados Unidos es parte del poder judicial del gobierno, y el poder judicial fue creado como una rama libre e independiente del gobierno. El presidente Roosevelt pertenecía a la rama ejecutiva del gobierno de los EE. UU., y no tenía justificación alguna para intentar dominar la rama judicial. La Corte Suprema de los EE. UU. no quería cooperar con él. El presidente Roosevelt no tenía la intención de abolir la rama judicial: sólo quería cambiar la cantidad de jueces que había en la Corte Suprema.

LECCIÓN 8, págs. 60–61

1. **D; Nivel de conocimiento:** 3; **Temas:** I.CG.c.1, I.CG.c.2, I.CG.c.3; **Práctica:** SSP.1.a, SSP.3.c. El presidente de la Cámara y el presidente pro témpore del Senado son funcionarios electos, pero los miembros del gabinete son designados por el presidente. Cuando los miembros del gabinete estaban en primer lugar después del vicepresidente en la línea de sucesión, se podía presentar una situación en la cual una persona designada directamente por el presidente, y no electa de otra manera, podía ocupar el cargo de presidente. Esta es la razón principal por la que se ubicó al presidente de la Cámara y al presidente pro témpore del Senado antes de los miembros del gabinete en la línea de sucesión. Es discutible que cualquier miembro del gabinete, el presidente de la Cámara o el presidente pro témpore esté mejor capacitado que cualquier otra persona para ocupar ese cargo.

2. **Nivel de conocimiento:** 3; **Temas:** I.CG.c.1, I.CG.c.2, II.CG.e.2; **Práctica:** SSP.1.a, SSP.1.b, SSP.2.a, SSP.2.b, SSP.9.a, SSP.9.b, SSP.9.c. Especialmente en lo que se refiere a este fragmento sobre las acciones del presidente Truman y los fallos subsecuentes de la Corte Suprema de los Estados Unidos, una respuesta de 3 puntos identifica con claridad la cuestión como un ejemplo del sistema de equilibrio y control mutuo por parte de los tres poderes del Estado, específicamente, cómo la Corte limitó las facultades del poder ejecutivo. Antes de 1952 y de la decisión de la Corte Suprema, el presidente tenía mucho poder para apoderarse de la propiedad privada.

Clave de respuestas

UNIDAD 3 (*continuación*)

Características de la respuesta extendida de Estudios Sociales: Explicación de las características

Nivel de conocimiento 3: Redactar una respuesta apropiada para este ejercicio requiere de una variedad de destrezas complejas de razonamiento. Los estudiantes que realizan la prueba deben presentar sus ideas de manera lógica y justificar sus afirmaciones con evidencia. Incluir elementos del texto en la presentación de ideas propias de manera adecuada y precisa requiere un razonamiento y un planeamiento complejo.

Característica 1: Redacción de argumentos y uso de la evidencia

2 puntos: El estudiante redacta un argumento basado en el texto que demuestra una comprensión clara de las relaciones entre las ideas, los sucesos y las cifras que se presentan en los textos fuente y en los contextos históricos desde los que se abordan dichos textos; cita evidencia relevante y específica de fuentes primarias y secundarias que respaldan de manera adecuada un argumento; o relaciona correctamente la consigna con los textos fuente.

1 punto: El estudiante redacta un argumento que demuestra una comprensión de las relaciones entre las ideas, los sucesos y las cifras que se presentan en los textos fuente; cita alguna evidencia de fuentes primarias y secundarias para respaldar un argumento (puede incluir una mezcla de referencias textuales relevantes e irrelevantes); o relaciona la consigna con los textos fuente.

0 puntos: El estudiante puede intentar redactar un argumento pero demuestra una comprensión mínima o nula de las ideas, los sucesos y las cifras que se presentan en los textos fuente o en los contextos desde los que se abordan dichos textos; cita muy poca evidencia de las fuentes primarias y secundarias o no cita ninguna; es capaz de demostrar que puede redactar un argumento o no; o no relaciona la consigna con los textos fuente.

Respuestas no calificables (Puntaje de 0/Códigos de condición): La respuesta contiene exclusivamente un texto copiado de la fuente o de la consigna; la respuesta demuestra que el estudiante que realiza la prueba no ha leído ni la consigna ni los textos fuente; la respuesta es incomprensible; la respuesta no está en español o no hay respuesta (en blanco).

Característica 2: Desarrollo de ideas y estructura de organización

1 punto: La evolución de las ideas es razonable y hay conexiones comprensibles entre los detalles y las ideas principales; la respuesta contiene ideas desarrolladas que son, en general, lógicas; se explican muchas ideas en detalle; demuestra una comprensión correcta de la tarea.

0 puntos: La evolución de las ideas es poco clara o no existe; la respuesta no incluye ideas lo suficientemente bien desarrolladas o las ideas son ilógicas; solamente explica una idea en detalle o no demuestra comprensión de la tarea.

Respuestas no calificables (Puntaje de 0/Códigos de condición): Ver arriba.

Característica 3: Claridad y dominio de las convenciones de uso del español

1 punto: El estudiante demuestra el uso adecuado de las convenciones especialmente en lo que se refiere a las siguientes destrezas: 1) uso correcto de parónimos y homófonos y palabras que suelen confundirse; 2) concordancia entre sujeto y verbo; 3) uso de los pronombres, entre ellos la concordancia entre pronombres y antecedentes; y 4) uso avanzado de pronombres; 5) ubicación de los modificadores y orden correcto de las palabras; 6) mayúsculas (por ejemplo, en sustantivos propios y al comienzo de las oraciones); 7) acentuación; 8) uso de la puntuación (por ejemplo, comas en enumeraciones u aposiciones, puntos finales, signos de interrogación y exclamación y signos de puntuación correctos para separar cláusulas); demuestra que las estructuras de la mayoría de las oraciones son correctas y que varían de una oración a la otra; el estudiante es, por lo general, fluido y claro especialmente en lo que se refiere a las siguientes destrezas: 1) la subordinación, la coordinación y el paralelismo son correctos; 2) no hay exceso de palabras en las oraciones y no hay estructuras extrañas; 3) se usan palabras de transición, adverbios y otras palabras que favorecen la lógica y 4) la claridad del texto; 5) no hay oraciones seguidas sin signos de puntuación ni fragmentos de oraciones; 6) el uso del lenguaje en un nivel de formalidad es apropiado para la redacción del primer borrador; puede cometer algunos errores en las técnicas de redacción y en las convenciones de uso, pero esos errores no interfieren en la comprensión.*

0 puntos: El estudiante demuestra un control mínimo de las convenciones básicas especialmente en lo que se refiere a las destrezas 1 a 8 que se enumeran en la primera sección de la característica 3, 1 punto, que aparece anteriormente; demuestra errores consistentes en las estructuras de las oraciones; presenta discrepancias de manera que el significado puede resultar incomprensible; demuestra un control mínimo de las destrezas 1 a 6 que se enumeran en la segunda sección de la característica 3, 1 punto, que aparece anteriormente; comete errores frecuentes y graves respecto de las técnicas de redacción y de las convenciones de uso que interfieren en la comprensión; **O BIEN** la respuesta no alcanza a demostrar el nivel de dominio de las convenciones y el uso del español.

*Como los estudiantes que realizan la prueba tendrán 25 minutos para completar las tareas de la sección Respuesta extendida, no se espera que la respuesta carezca de errores respecto de las convenciones y el uso del español para obtener 1 punto.

Respuestas no calificables (Puntaje de 0/Códigos de condición): Ver arriba.

LECCIÓN 9, *págs. 62–63*

1. **B; Nivel de conocimiento:** 2; **Temas:** I.CG.c.2, II.CG.f; **Práctica:** SSP.1.a, SSP.1.b, SSP.5.a. Ford menciona que los dos países deben continuar trabajando juntos para ampliar el conocimiento y garantizar la paz y el acuerdo entre las naciones. La carta no menciona ninguna de las otras respuestas.

2. **D; Nivel de conocimiento:** 2; **Temas:** I.CG.b.6, I.CG.b.8; **Práctica:** SSP.1.a, SSP.1.b, SSP.5.a. El fragmento describe mejor el punto de vista de la Organización de las Naciones Unidas sobre el estado de derecho. Hay una oración que se refiere al estado de derecho y al significado que tiene el término para la Organización de las Naciones Unidas. La transparencia legal, la separación de poderes y los derechos humanos son todos aspectos que están incluidos en el punto de vista de la Organización de las Naciones Unidas sobre el estado de derecho.

3. **B**; **Nivel de conocimiento:** 2; **Temas:** I.CG.b.6, I.CG.b.8; **Práctica:** SSP.1.a, SSP.1.b, SSP.5.a. El propósito del fragmento es educar e informar. El fragmento se escribió con fines pragmáticos, no intenta persuadir, ni dar una opinión ni mostrar un artículo de fondo o comentario.

4. **C**; **Nivel de conocimiento:** 2; **Temas:** I.CG.b.6, I.CG.b.8; **Práctica:** SSP.1.a, SSP.1.b, SSP.4.a, SSP.5.a. En el fragmento, el término *aplican* se usa como *deciden legalmente*, o con el mismo significado que "pronunciar una sentencia"; no como *negocian, administran, o hacen cumplir*.

5. **C**; **Nivel de conocimiento:** 2; **Temas:** II.CG.e.1, II.CG.e.3; **Práctica:** SSP.1.a, SSP.1.b, SSP.5.a, SSP.5.b, SSP.7.a. La respuesta correcta es C, porque es un apoyo a la candidatura de John Kerry para presidente. Brinda la opinión del periódico y no informa sobre hechos o noticias. Este tipo de artículo aparece únicamente en las páginas de Opinión o Editorial de un periódico. No aparecería en la sección de Educación, ni en la sección de Noticias del mundo, ni en las páginas de Noticias locales.

6. **D**; **Nivel de conocimiento:** 2; **Temas:** II.CG.e.1, II.CG.e.3; **Práctica:** SSP.1.a, SSP.1.b, SSP.5.a, SSP.5.b, SSP.7.a. La mejor respuesta es D. El autor expresa lo contrario a la respuesta A. No hay evidencia que indique que el autor crea que George W. Bush pueda darle al país un futuro mejor. Por lo tanto, las respuestas A y B son incorrectas. La respuesta C *puede* ser correcta, si se considera que el autor puede creer que Kerry expone sus posturas.

LECCIÓN 10, *págs. 64–65*

1. **C**; **Nivel de conocimiento:** 2; **Temas:** I.CG.c.2; **Práctica:** SSP.1.a, SSP.2.a, SSP.5.a. El autor está a favor del presidente de la Cámara, John Boehner. A pesar de que esta información se extrajo de un sitio de Internet de dominio .gov, viene de un sitio que representa al presidente de la Cámara. El sitio representará al presidente de la Cámara de una manera favorable. El fragmento hace hincapié en los logros de Boehner. El fragmento no trata la postura del presidente de la Cámara, sino que trata sobre un presidente en particular; por lo tanto, no está a favor del cargo de presidente de la Cámara. El presidente de la Cámara, John Boehner, es republicano y el fragmento habla muy bien de él y de los logros de los republicanos; por lo tanto, el autor está a favor de los republicanos, no en su contra. El autor no está en contra de la trayectoria de John Boehner, sino a favor, ya que lo describe de manera positiva.

2. **A**; **Nivel de conocimiento:** 2; **Temas:** I.CG.b.5, I.CG.c.1, I.CG.c.3; **Práctica:** SSP.1.a, SSP.2.a, SSP.5.a. La información de esta fuente es imparcial. Es objetiva y no fomenta un aspecto o el otro sobre un asunto; por lo tanto, no es parcial. La información es de una enciclopedia, que tiene la obligación de presentar información objetiva. El material es del año 2013, por lo tanto no es antiguo. El tono en el que está escrita esta información es neutral, no vehemente.

3. **D**; **Nivel de conocimiento:** 3; **Temas:** I.CG.b.5, I.CG.c.1, I.CG.c.3; **Práctica:** SSP.1.a, SSP.2.a, SSP.5.a. La respuesta correcta es D, porque el sitio de Internet de la Corte Suprema es la única opción que tiene el dominio .gov y sería la fuente más confiable.

4. **B**; **Nivel de conocimiento:** 1; **Temas:** I.CG.c.6; **Práctica:** SSP.1.b, SSP.6.b. La fuente de información que se presenta en la gráfica es una entidad gubernamental federal: la Oficina del Censo de los Estados Unidos. La función de esta entidad es registrar y conservar la información sobre la población y la economía de la nación. Puedes encontrar la fuente en el ángulo inferior izquierdo de la gráfica. Como la fuente aparece en la gráfica, puedes descartar las otras respuestas.

5. **C**; **Nivel de conocimiento:** 3; **Temas:** I.CG.c.6; **Práctica:** SSP.1.b, SSP.6.b. La idea de que la causa de la disminución de la población fue el aumento de la violencia entre los ciudadanos de bajos ingresos es un ejemplo de una interpretación parcial. La gráfica muestra que la población en 2010 era menor que en 1970, pero no brinda información sobre la causa de esa disminución. Las otras opciones son hechos que se basan en el pasaje.

LECCIÓN 11, *págs. 66–67*

1. **C**; **Nivel de conocimiento:** 2; **Temas:** I.CG.c.6; **Práctica:** SSP.1.a, SSP.1.b, SSP.2.a, SSP.7.a, SSP.7.b. Las personas que no tienen acceso a la electricidad por lo general viven en la pobreza. Esta generalización está respaldada por la idea del fragmento de que si se ignora la necesidad de electricidad de las personas, se consolida o perpetúa su pobreza. La información no compara la energía que se produce en los Estados Unidos con la energía que se produce en otros países, por lo tanto no puede hacerse una generalización sobre eso. La generalización que afirma que los medio ambientes más seguros para vivir solo están disponibles para aquellos que tienen electricidad es muy limitada. Una persona puede vivir segura sin electricidad. La información que se refiere en su mayoría a energía más limpia y sostenible contradice la generalización que afirma que la Oficina de Recursos Energéticos trabaja principalmente en energías de combustibles fósiles.

2. **B**; **Nivel de conocimiento:** 3; **Temas:** I.CG.b.5, I.CG.c.1, I.CG.c.2, I.CG.c.3; **Práctica:** SSP.1.a, SSP.1.b, SSP.2.a, SSP.7.a, SSP.7.b. El autor hace la generalización de que los presidentes enérgicos por lo general aprovechan al máximo el poder ejecutivo. El fragmento analiza cómo el presidente de ese momento, George W. Bush, afirmaba tener un poder ejecutivo listo para la guerra sin importar si el Congreso la había declarado o no. El autor hace referencia a los "presidentes enérgicos" y a los argumentos respecto del poder ejecutivo. Relacionarlos es una generalización válida. Un presidente puede no declarar la guerra, solamente librarla, por lo que la generalización de que no se necesita la aprobación del Congreso para que el presidente comience la guerra es falsa. Según el fragmento, por lo general, el Congreso se muestra reticente a declarar la guerra. El fragmento describe que el presidente ha comenzado la guerra antes de que el Congreso la haya autorizado; por lo tanto, la generalización que afirma que el presidente únicamente puede declarar la guerra después de que el Congreso la haya autorizado no es válida.

3. **D**; **Nivel de conocimiento:** 3; **Temas:** I.CG.c.3; **Práctica:** SSP.1.a, SSP.1.b, SSP.2.a, SSP.7.a, SSP.7.b. Todos los estados tienen constituciones similares a la Constitución de los Estados Unidos. El fragmento explica que las asambleas legislativas que aprueban presupuestos estatales e inician legislaciones y artículos de impugnación son parte de un sistema de equilibrio y control que refleja el sistema federal. Esto significa que los gobiernos estatales actúan de manera similar al gobierno federal. El pasaje no describe diferentes sistemas de equilibrio y control. Explica que la mayoría de los estados tienen legislaturas bicamerales, no unicamerales. Nebraska tiene una sola cámara en su legislatura, por lo que la generalización de que todos los estados tienen legislaturas bicamerales no es válida.

4. **A**; **Nivel de conocimiento:** 2; **Temas:** I.CG.c.3; **Práctica:** SSP.1.a, SSP.1.b, SSP.2.a, SSP.7.a, SSP.7.b. La palabra *todos* indica que se trata de una generalización sobre todos los estados. Las palabras *analizan, presentadas* y *crear* no indican una generalización.

Clave de respuestas

UNIDAD 3 (*continuación*)

LECCIÓN 12, *págs. 68–69*

1. **B; Nivel de conocimiento:** 2; **Temas:** I.CG.b.1 **Práctica:** SSP.1.a, SSP.1.b, SSP.2.a. El problema principal son los activos no líquidos. Esto se plantea en la primera oración del primer párrafo. Los créditos para la vivienda, los préstamos escolares y los mercados hipotecarios en sí mismos no son problemas.

2. **D; Nivel de conocimiento:** 2; **Temas:** I.CG.c.1, I.CG.c.3, I.CG.c.6; **Práctica:** SSP.1.a, SSP.2.a. El problema principal es la pérdida de las áreas silvestres por el crecimiento y el desarrollo. En la primera oración se plantea la necesidad de garantizar que el crecimiento de la población no modifique todas las áreas de los Estados Unidos, lo que significa que el crecimiento y el desarrollo de la población pueden ocasionar la pérdida de áreas silvestres. El fragmento no habla de la industria de la madera, ni de la flora y la fauna que están amenazadas, ni de las regulaciones de la tala de árboles.

3. **B; Nivel de conocimiento:** 2; **Temas:** I.CG.c.1, I.CG.c.3, I.CG.c.6; **Práctica:** SSP.1.a, SSP.1.b, SSP.2.a, SSP.5.a. La ley propone resolver el problema mediante la creación de áreas silvestres protegidas. La ley no incluye la creación de nuevos parques nacionales, ni esfuerzos específicos por proteger las especies de la flora y la fauna. La construcción de pequeñas comunidades en áreas silvestres va en contra del objetivo de proteger las áreas del crecimiento de la población y de la expansión de los asentamientos.

4. **C; Nivel de conocimiento:** 3; **Temas:** I.CG.c.1, I.CG.c.3, I.CG.c.6; **Práctica:** SSP.1.a, SSP.2.a, SSP.4.a. En el fragmento, la palabra *intactas* significa *inalteradas*, es decir, lo más naturales posibles. En algunos contextos, el término *inalteradas* significa también *fijas* o *estables*, pero el contexto en el que se usa aquí determina su significado.

5. **C; Nivel de conocimiento:** 2; **Temas:** I.CG.b.3, I.CG.b.5, I.CG.c.1, I.CG.c.2; **Práctica:** SSP.1.a, SSP.1.b, SSP.2.a, SSP.5.a. La enmienda propone una solución para el problema de la falta de límites de mandatos para la presidencia. Plantea explícitamente durante cuánto tiempo un presidente puede ocupar el cargo. No hace referencia al orden de sucesión para la presidencia. Tampoco brinda información sobre el alcance del poder del presidente ni sobre los conflictos entre el presidente y el Congreso.

6. **A; Nivel de conocimiento:** 3; **Temas:** I.CG.b.3, I.CG.b.5, I.CG.c.1, I.CG.c.2; **Práctica:** SSP.1.a, SSP.1.b, SSP.2.a, SSP.5.a. La presidencia de Franklin D. Roosevelt impulsó la creación de esta enmienda. El presidente Roosevelt fue el único presidente que estuvo en el cargo por más de dos mandatos. La enmienda se ratificó en 1951, es decir, antes de las presidencias de John F. Kennedy, Richard M. Nixon o Lyndon B. Johnson; por lo tanto, ninguno de ellos pudo haber impulsado su creación.

7. **D; Nivel de conocimiento:** 2; **Temas:** I.CG.b.3, I.CG.b.5, I.CG.c.1, I.CG.c.2; **Práctica:** SSP.1.a, SSP.1.b, SSP.2.a, SSP.5.a. En este fragmento, la frase *entre en vigor* significa *sea promulgado*, es decir, se ponga en práctica. No significa *se complete*, *se haga operístico*, ni *se haga público*.

LECCIÓN 13, *págs. 70–71*

1. **D; Nivel de conocimiento:** 1; **Temas:** I.CG.c.1, I.CG.c.3; **Práctica:** SSP.4.a, SSP.6.b. California está en la Costa Oeste de los Estados Unidos e incluye la ciudad de San Francisco. El mapa muestra que California está en el Distrito 12, no en los Distritos 5, 8 ni 10.

2. **B; Nivel de conocimiento:** 2; **Temas:** II.G.c.1, II.G.c.3, II.G.d.1, II.G.d.3; **Práctica:** SSP.6.b, SSP.6.c. La población de cada estado se representa con el ícono de una "persona" que aparece en la clave del mapa. Cada ícono equivale a 1 millón de personas. Si cuentas los íconos de cada estado, verás que Illinois es el que tiene más; por lo tanto, es el estado que tiene la mayor cantidad de población. Ohio, Michigan y Wisconsin tienen menos iconos, por lo cual sus poblaciones son menores.

3. **A; Nivel de conocimiento:** 2; **Temas:** II.G.c.1, II.G.c.3, II.G.d.1, II.G.d.3; **Práctica:** SSP.6.b, SSP.6.c. Ya hemos determinado que Illinois es el estado que tiene la mayor cantidad de población. El estado que comparte la frontera o el límite del norte con Illinois es Wisconsin, no Minnesota, ni Michigan ni Indiana.

4. **C; Nivel de conocimiento:** 2; **Temas:** II.G.c.1, II.G.c.3, II.G.d.1, II.G.d.3; **Práctica:** SSP.6.b, SSP.6.c. Las poblaciones de Ohio y Michigan superan los 20 millones. Las respuestas A y B son incorrectas, según el número de íconos de "personas" que aparecen en los dos estados del mapa. La respuesta D también es incorrecta porque los dos estados más poblados son Illinois y Ohio. Y esos dos estados no comparten ninguna frontera.

5. **C; Nivel de conocimiento:** 2; **Temas:** I.CG.c.1, II.G.c.3, II.G.d.3; **Práctica:** SSP.2.a, SSP.4.a, SSP.6.b. Según el pasaje, los distritos tienen aproximadamente la misma población. La respuesta A es incorrecta, porque con solo echar un vistazo rápido al mapa nos damos cuenta de que las superficies de los distritos no son iguales. La respuesta B es incorrecta porque, según el mapa, no tienen el mismo número de ciudades importantes. La respuesta D es incorrecta, porque, a partir de este mapa, no podemos saber cuáles son las principales industrias de cada distrito.

6. **D; Nivel de conocimiento:** 3; **Temas:** I.CG.c.1, II.G.c.3, II.G.d.3; **Práctica:** SSP.1.a, SSP.4.a, SSP.6.b, SSP.8.a. El pasaje explica la base sobre la que se calcula el número de distritos que hay en un estado; esa información no está en el mapa. Únicamente el mapa muestra el número de ciudades grandes y el número de distritos; esa información no aparece en el pasaje. Ni el pasaje ni el mapa presentan la base sobre la que se realiza el censo en los distritos.

LECCIÓN 14, *págs. 72–73*

1. **A; Nivel de conocimiento:** 2; **Temas:** II.CG.e.1, II.CG.e.3, II.CG.f; **Práctica:** SSP.2.a, SSP.7.a, SSP.7.b. Las respuestas B, C y D son todos hechos que se pueden comprobar en distintas fuentes. La respuesta A es correcta porque es la única que presenta una opinión o un punto de vista que no puede verificarse.

2. **B; Nivel de conocimiento:** 3; **Temas:** I.CG.a.1, II.CG.e.3, II.CG.f; **Práctica:** SSP.2.a. La respuesta B es correcta porque el Colegio Electoral hace que sea necesario que los candidatos realicen campañas en estados que no tienen la mayor cantidad de población y, si las elecciones dependiesen solamente del voto popular, esos candidatos recibirían menos atención. La respuesta A es incorrecta porque el hecho de que el Colegio Electoral no haya logrado elegir el ganador del voto popular tres veces no es un hecho convincente para defenderlo. La respuesta C es incorrecta porque la fecha de fundación del Colegio Electoral no es importante. La respuesta D es incorrecta porque el sistema bipartidista podría existir sin el Colegio Electoral.

3. **C; Nivel de conocimiento:** 2; **Temas:** I.CG.a.1, II.CG.e.3, II.CG.f; **Práctica:** SSP.2.a. La respuesta correcta es C, porque muchos opositores dicen que el sistema ha existido durante siglos y que ya no tiene razón de ser. La respuesta A es incorrecta porque la parcialidad no es una de las críticas del Colegio Electoral. La respuesta B también es incorrecta porque el Colegio Electoral no es controlado por ningún partido en particular. La respuesta D es incorrecta porque el costo no ha sido nunca una crítica.

4. **A; Nivel de conocimiento:** 2; **Temas:** I.CG.a.1, II.CG.e.3, II.CG.f; **Práctica:** SSP.2.a. La respuesta A es correcta porque el autor repite las opiniones de los opositores pero no da ninguna opinión personal. Todas las otras respuestas son incorrectas porque el autor no adopta ninguna postura sobre el tema.

5. **B; Nivel de conocimiento:** 2; **Temas:** I.CG.a.1, II.CG.e.1, II.CG.e.3; **Práctica:** SSP.2.a, SSP.5.b, SSP.7.a. La mejor respuesta es B. Las opiniones en carteles como este intentan conmover a los votantes. Puedes descartar la respuesta A porque la opinión de los expertos tiene poco que ver con un anuncio como este. La respuesta C es incorrecta porque los miembros del Colegio Electoral no son el público objetivo de estos carteles y, si lo fueran, el cartel no estaría allí para confundirlos. A veces, estos carteles intentan promocionar algunas partes de la plataforma de un candidato.

6. **A; Nivel de conocimiento:** 2; **Temas:** I.CG.a.1, II.CG.e.1, II.CG.e.3; **Práctica:** SSP.2.a, SSP.5.b, SSP.7.a. La opinión que expresa el cartel es fundamentalmente que la fórmula demócrata fomentaría la paz y la seguridad. La única respuesta que se refiere a la opinión del cartel es la respuesta A. El hecho de que Roosevelt haya llevado al país a la Segunda Guerra Mundial iría en contra de su promesa de mantener la paz. La edad de Roosevelt, la cantidad de mandatos que estuvo en el cargo y la identidad del vicepresidente no son relevantes para la pregunta.

7. **B; Nivel de conocimiento:** 2; **Temas:** I.CG.a.1, II.CG.e.1, II.CG.e.3; **Práctica:** SSP.2.a, SSP.5.b, SSP.7.a. La respuesta B es correcta porque el Museo Nacional de Historia Estadounidense es un museo que se dedica al estudio de la historia nacional y sería la mejor fuente para conocer los hechos que tuvieron lugar durante la presidencia de Roosevelt, sin ningún tipo de parcialidad. Todas las otras fuentes posibles revelan algún tipo de parcialidad en sus nombres. Las respuestas C y D incluyen nombres de grupos asociados a un partido político. La respuesta A incluye el nombre de un grupo de opositores de la guerra y su opinión sobre Roosevelt puede estar condicionada por su decisión de llevar al país a la Segunda Guerra Mundial.

LECCIÓN 15, *págs. 74–75*

1. **A; Nivel de conocimiento:** 2; **Temas:** I.CG.b.7, I.CG.b.8, I.CG.c.1, I.CG.d.2; **Práctica:** SSP.5.a, SSP.7.a. Claramente, la respuesta correcta es A, porque es el ejemplo central del razonamiento incorrecto que hizo que Lilly Ledbetter perdiera el juicio por discriminación de género. Incluso el tribunal de apelaciones consideró que había existido discriminación. Sin embargo, el razonamiento incorrecto llevó a una interpretación muy limitada de la regla de 180 días y fue en contra de todo tipo de lógica: nadie puede denunciar una discriminación antes de saber que dicha discriminación existe. La respuesta B podría ser correcta, pero no explica el razonamiento incorrecto en este caso. La respuesta C también es incorrecta, ya que es demasiado simplista y no es el motivo del razonamiento incorrecto. La respuesta D es incorrecta porque tampoco es el motivo del razonamiento incorrecto en este caso.

2. **Las personas que quieren portar armas; Nivel de conocimiento:** 2; **Temas:** I.CG.b.7, I.CG.b.8, I.CG.c.1, I.CG.d.2; **Práctica:** SSP.5.a, SSP.6.b. El arma a la izquierda de la caricatura representa a las personas que quieren portar armas pero se los prohíben.

3. **La Corte Suprema; Nivel de conocimiento:** 3; **Temas:** I.CG.b.7, I.CG.b.8, I.CG.c.1, I.CG.d.2; **Práctica:** SSP.5.a, SSP.6.b. La Corte Suprema puede afirmar o revocar las sentencias de tribunales menores. La Corte Suprema de los Estados Unidos decide si una ley es constitucional.

4. **Si se levanta la prohibición sobre las armas de mano aumentará la violencia relacionada con su uso; Nivel de conocimiento:** 3; **Temas:** I.CG.b.7, I.CG.b.8, I.CG.c.1, I.CG.d.2; **Práctica:** SSP.5.a, SSP.6.b. El arma humeante de la derecha representa a la Corte Suprema de los Estados Unidos y su decisión de permitir que más personas usen armas de mano. Al haber más cantidad de armas, la violencia en relación a su uso aumentaría.

5. **D; Nivel de conocimiento:** 2; **Temas:** I.CG.b.7, I.CG.b.8, I.CG.c.1, I.CG.c.2, I.CG.d.2; **Práctica:** SSP.5.a, SSP.7.a, SSP.7.b. La generalización apresurada fue que todas las personas cuyos ancestros provengan de una nación enemiga pueden ser consideradas sospechosas. Este decreto se emitió después del ataque japonés a Pearl Harbour. No había ninguna razón para que el gobierno asumiera que todos los estadounidenses con ascendencia japonesa serían espías de Japón. No es una generalización apresurada exigir a los ciudadanos que renuncien a sus libertades personales ni que los comandantes militares reciban la autoridad absoluta durante una guerra. Tampoco es una generalización apresurada afirmar que el presidente nunca puede establecer áreas militares, simplemente porque el fragmento plantea que el presidente autoriza a su Secretario de Guerra a hacerlo.

6. **B; Nivel de conocimiento:** 2; **Temas:** I.CG.b.7, I.CG.b.8, I.CG.c.1, I.CG.c.2, I.CG.d.2; **Práctica:** SSP.5.a, SSP.7.a, SSP.7.b. La lógica incorrecta radica en que las reglas están hechas para transgredirse. Ese es un dicho popular y la mayoría de las personas probablemente estarían de acuerdo con que deben existir algunas reglas para que el funcionamiento del gobierno y de la sociedad en general no tenga complicaciones. Por lo general, una mayoría de votantes eligen a sus funcionarios electos; no es una lógica incorrecta. La respuesta C es una regla de la física y no contiene una lógica incorrecta. Los Artículos de la Confederación preceden a la Constitución y por eso no representan una lógica incorrecta.

Clave de respuestas

UNIDAD 3 (*continuación*)

LECCIÓN 16, *págs. 76–77*

1. D; Nivel de conocimiento: 2; **Temas:** II.CG.e.1, II.CG.e.3, II.CG.f; **Temas:** SSP.1.a, SSP.1.b, SSP.2.a, SSP.5.a, SSP.5.b. La respuesta correcta es D porque se enumeran muchos cambios generales, pero la lista carece de especificaciones. No se enumeran cambios específicos; por lo tanto, la respuesta A es incorrecta. La respuesta B también es incorrecta porque no se expresan promesas de consultar al pueblo. No se debe elegir la respuesta C porque en este fragmento no se asegura que las prácticas del pasado continuarán.

2. B; Nivel de conocimiento: 2; **Temas:** II.CG.e.1, II.CG.e.3; **Temas:** SSP.1.a, SSP.1.b, SSP.3.d, SSP.5.a, SSP.5.b. La respuesta correcta es B, porque el autor señala y enaltece específicamente la "Ley para que ningún niño se quede atrás". La respuesta A es incorrecta porque no se menciona ningún plan para el cuidado de la salud. La respuesta C es incorrecta porque el autor, para ridiculizar a Kerry, afirma que no existió ninguna Ley Kennedy-Kerry para la Educación. La respuesta D también es incorrecta porque el autor no resalta los abordajes de Bush sobre las amenazas mundiales.

3. D; Nivel de conocimiento: 2; **Temas:** II.CG.e.1, II.CG.e.3; **Temas:** SSP.1.a, SSP.1.b, SSP.3.d, SSP.5.a, SSP.5.b. El propósito principal por el cual el autor menciona el fracaso de las políticas de Kerry y deja en claro que va a votar a Bush es para persuadir a los lectores para que también voten a Bush. Por lo tanto, la respuesta correcta es D. La respuesta A es incorrecta porque el autor obviamente no apoya a Kerry y no lo habría votado. Las respuestas B y C también son incorrectas porque se puede considerar que las afirmaciones forman parte del propósito del autor, pero no son el propósito "principal".

4. C; Nivel de conocimiento: 2; **Temas:** II.CG.e.1, II.CG.e.3; **Temas:** SSP.1.a, SSP.1.b, SSP.3.d, SSP.5.a, SSP.5.b, SSP.7.a, SSP.7.b. La respuesta C es correcta porque el autor cita específicamente dos proyectos de ley presentados por Kerry que no fueron aprobados. La respuesta A es incorrecta porque el hecho de que Kerry haya sido un opositor perspicaz de Bush no tiene que ver con su capacidad para ser presidente. La respuesta B es incorrecta porque fue Bush quien impulsó la "Ley para que ningún niño se quede atrás", no Kerry. La respuesta D es incorrecta porque el autor cita el espíritu competitivo de Bush respecto del cuidado de la salud como positivo, no negativo.

5. D; Nivel de conocimiento: 2; **Temas:** II.CG.e.1, II.CG.e.3; **Temas:** SSP.1.a, SSP.1.b, SSP.3.d, SSP.5.a, SSP.5.b, SSP.7.a, SSP.7.b. Un rápido análisis del fragmento del discurso mostrará que está compuesto, en su totalidad, por opiniones. Las otras respuestas son incorrectas.

6. B; Nivel de conocimiento: 2; **Temas:** II.CG.e.1, II.CG.e.3; **Temas:** SSP.1.a, SSP.1.b, SSP.3.d, SSP.5.a, SSP.5.b, SSP.7.a, SSP.7.b. A medida que lees el fragmento del discurso, se hace evidente que Obama describe las esperanzas y el sueño estadounidense del pueblo de los Estados Unidos durante momentos difíciles. Obama afirma que está trabajando para restaurar ese sueño. Por lo tanto, la respuesta correcta es B. El discurso no explica su programa ni describe el plan de su oponente. Si bien la frase "cuatro años más de lo que hemos tenido durante estos últimos ocho años" es una manera indirecta de vincular al oponente de Obama con la idea de un presidente poco popular, no es la táctica principal que se usa; por lo tanto, la respuesta D es incorrecta.

LECCIÓN 17, *págs. 78–79*

1. A; Nivel de conocimiento: 2; **Temas:** I.CG.c.2, II.CG.e.1, II.CG.e.3, II.CG.f; **Práctica:** SSP.1.a, SSP.2.a. La respuesta correcta es A. Si bien Clinton incluye algunos hechos en este fragmento, agregar más hechos sobre cómo las políticas del presidente Obama han ayudado a la economía puede reforzar el argumento. La respuesta B es incorrecta porque reforzar la noción de que Obama es una buena persona no reafirmaría el argumento de que es él quien debería liderar el país. La respuesta C es incorrecta porque los éxitos del gobierno de Clinton no son necesariamente transferibles y los oyentes/el pueblo lo entenderían. La respuesta D es incorrecta porque ridiculizar al oponente de Obama puede ser entretenido para la audiencia pero, a menos que haya hechos que justifiquen un argumento en contra del oponente, no sería un buen argumento para Obama.

2. Nivel de conocimiento: 3; **Temas:** I.CG.c.1, I.CG.c.2; **Práctica:** SSP.1.a, SSP.1.b, SSP.2.a, SSP.5.a, SSP.5.d, SSP.7.b, SSP.9.a, SSP.9.b, SSP.9.c. Especialmente en lo que se refiere a esta consigna sobre el efecto de la política del presidente Johnson en el Sudeste Asiático, una respuesta de 3 puntos identifica con claridad la cuestión de que el senador tampoco respalda sus argumentos con un gran número de datos sobre las acciones que el presidente estaría autorizado a hacer a partir de la resolución. En particular, el senador Fullbright basa su argumento a favor de la idea de que el presidente haría solamente lo que fuera "razonable" en la situación, mientras que el senador Gruening se opone enumerando algunos problemas recientes con las actividades de las Fuerzas Armadas de los Estados Unidos en el Sudeste Asiático y con las acciones hostiles desde el norte de Vietnam. El senador Gruening teme que la resolución permita que el presidente expanda estas actividades e intensifique las acciones militares, y es capaz de usar datos para justificar este argumento. Su argumento parece más lógico y razonable. El argumento del senador Fullbright parece que se basa principalmente en su opinión de que el presidente será cauteloso, pero no menciona datos que respalden esto y admite libremente que realmente desconoce lo que puede suceder.

Características de la respuesta extendida de Estudios Sociales: Explicación de las características

Nivel de conocimiento 3: Redactar una respuesta apropiada para este ejercicio requiere de una variedad de destrezas complejas de razonamiento. Los estudiantes que realizan la prueba deben presentar sus ideas de manera lógica y justificar sus afirmaciones con evidencia. Incluir elementos del texto en la presentación de ideas propias de manera adecuada y precisa requiere un razonamiento y un planeamiento complejo.

Característica 1: Redacción de argumentos y uso de la evidencia

2 puntos: El estudiante redacta un argumento basado en el texto que demuestra una comprensión clara de las relaciones entre las ideas, los sucesos y las cifras que se presentan en los textos fuente y en los contextos históricos desde los que se abordan dichos textos; cita evidencia relevante y específica de fuentes primarias y secundarias que respaldan de manera adecuada un argumento; o relaciona correctamente la consigna con los textos fuente.

1 punto: El estudiante redacta un argumento que demuestra una comprensión de las relaciones entre las ideas, los sucesos y las cifras que se presentan en los textos fuente; cita alguna evidencia de fuentes primarias y secundarias para respaldar un argumento (puede incluir una mezcla de referencias textuales relevantes e irrelevantes); o relaciona la consigna con los textos fuente.

0 puntos: El estudiante puede intentar redactar un argumento pero demuestra una comprensión mínima o nula de las ideas, los sucesos y las cifras que se presentan en los textos fuente o en los contextos desde los que se abordan dichos textos; cita muy poca evidencia de las fuentes primarias y secundarias o no cita ninguna; es capaz de demostrar que puede redactar un argumento o no; o no relaciona la consigna con los textos fuente.

Respuestas no calificables (Puntaje de 0/Códigos de condición): La respuesta contiene exclusivamente un texto copiado de la fuente o de la consigna; la respuesta demuestra que el estudiante que realizó la prueba no ha leído ni la consigna ni los textos fuente; la respuesta es incomprensible; la respuesta no está en español o no hay respuesta (en blanco).

Característica 2: Desarrollo de ideas y estructura de organización

1 punto: La evolución de las ideas es razonable y hay conexiones comprensibles entre los detalles y las ideas principales; la respuesta contiene ideas desarrolladas que son, en general, lógicas; se explican muchas ideas en detalle; demuestra una comprensión correcta de la tarea.

0 puntos: La evolución de las ideas es poco clara o no existe; la respuesta no incluye ideas lo suficientemente bien desarrolladas o las ideas son ilógicas; solamente explica una idea en detalle o no demuestra comprensión de la tarea.

Respuestas no calificables (Puntaje de 0/Códigos de condición): Ver arriba.

Característica 3: Claridad y dominio de las convenciones de uso del español

1 punto: El estudiante demuestra el uso adecuado de las convenciones especialmente en lo que se refiere a las siguientes destrezas: 1) uso correcto de parónimos y homófonos y palabras que suelen confundirse; 2) concordancia entre sujeto y verbo; 3) uso de los pronombres, entre ellos la concordancia entre pronombres y antecedentes; y 4) uso avanzado de pronombres; 5) ubicación de los modificadores y orden correcto de las palabras; 6) mayúsculas (por ejemplo, en sustantivos propios y al comienzo de las oraciones); 7) acentuación; 8) uso de la puntuación (por ejemplo, comas en enumeraciones u aposiciones, puntos finales, signos de interrogación y exclamación y signos de puntuación correctos para separar cláusulas); demuestra que las estructuras de la mayoría de las oraciones son correctas y que varían de una oración a la otra; el estudiante es, por lo general, fluido y claro especialmente en lo que se refiere a las siguientes destrezas: 1) la subordinación, la coordinación y el paralelismo son correctos; 2) no hay exceso de palabras en las oraciones y no hay estructuras extrañas; 3) se usan palabras de transición, adverbios y otras palabras que favorecen la lógica y 4) la claridad del texto; 5) no hay oraciones seguidas sin signos de puntuación ni fragmentos de oraciones; 6) el uso del lenguaje en un nivel de formalidad es apropiado para la redacción del primer borrador; puede cometer algunos errores en las técnicas de redacción y en las convenciones de uso, pero esos errores no interfieren en la comprensión.*

0 puntos: El estudiante demuestra un control mínimo de las convenciones básicas especialmente en lo que se refiere a las destrezas 1 a 8 que se enumeran en la primera sección de la característica 3, 1 punto, que aparece anteriormente; demuestra errores consistentes en las estructuras de las oraciones; presenta discrepancias de manera que el significado puede resultar incomprensible; demuestra un control mínimo de las destrezas 1 a 6 que se enumeran en la segunda sección de la característica 3, 1 punto, que aparece anteriormente; comete errores frecuentes y graves respecto de las técnicas de redacción y de las convenciones de uso que interfieren en la comprensión; **O BIEN** la respuesta no alcanza a demostrar el nivel de dominio de las convenciones y el uso del español.

*Como los estudiantes que realizan la prueba tendrán 25 minutos para completar las tareas de la sección Respuesta extendida, no se espera que la respuesta carezca de errores respecto de las convenciones y el uso del español para obtener 1 punto.

Respuestas no calificables (Puntaje de 0/Códigos de condición): Ver arriba.

REPASO DE LA UNIDAD 3, *págs. 80–87*

1. **B; Nivel de conocimiento:** 2; **Temas:** I.CG.b.8, I.CG.d.2, II.USH.g.1; **Práctica:** SSP.1.a, SSP.1.b, SSP.2.a, SSP.2.b. La respuesta B es correcta, porque la información sobre las tradiciones senatoriales puede resultar interesante, pero es un detalle menor en la historia de las tristemente célebres audiencias del senador McCarthy. Esa información no se incluiría en un resumen. Las respuestas A, C y D presentan información clave que ayuda a comunicar la idea principal del pasaje.

2. **C; Nivel de conocimiento:** 2; **Temas:** I.CG.b.8, I.CG.d.2, II.USH.g.1; **Práctica:** SSP.1.a, SSP.1.b, SSP.2.a, SSP.2.b, SSP.4.a. El significado de la palabra *censuró* es condenar o criticar. Si sabes el significado de la palabra, verás que la respuesta correcta es C. Sin embargo, aun sin conocer el significado, puedes descifrarlo a partir de las claves del contexto. Una lectura del pasaje indica que el senador McCarthy encontró resistencia por parte del Senado a medida que se volvía más imprudente con sus acusaciones. Puedes inferir que las audiencias no resultaron positivas para él.

3. **B; Nivel de conocimiento:** 2; **Temas:** I.CG.c.2, I.CG.d.2, II.CG.e.1, II.G.b.1, I.USH.c.1, I.USH.c.2, I.USH.c.4; **Práctica:** SSP.1.a, SSP.1.b, SSP.2.a, SSP.2.b, SSP.6.b. La respuesta B es correcta porque el plan del presidente Lincoln permitió que ex Confederados participaran del proceso de reconstrucción. Lincoln propuso una reconciliación, ofreció indultos a ex Confederados que acordaron apoyar a la Constitución, permitió que los estados Confederados se reincorporaran a la Unión si establecían gobiernos anti esclavitud. La respuesta A es incorrecta porque el plan del presidente Lincoln no simplificó la incorporación de los ex Confederados a la Unión. La respuesta C es incorrecta porque el plan del presidente Lincoln no estableció la Oficina de libertos y la respuesta D es incorrecta porque el plan que buscaba castigar a los Confederados fue de los republicanos radicales.

4. **D; Nivel de conocimiento:** 2; **Temas:** II.CG.e.1; **Práctica:** SSP.1.a, SSP.5.a, SSP.7.a. Esta fuente es una enciclopedia, que contiene hechos presentados de manera imparcial y académica. Por lo tanto, la única opción que no aparecería en el artículo es la respuesta D, porque es una opinión y no un hecho. Los nombres de los miembros del Partido Demócrata son hechos conocidos, ya que constituyen la historia de cómo se formó el partido. También puede observarse la postura del partido respecto de ciertos temas.

UNIDAD 3 (*continuación*)

5. **B; Nivel de conocimiento:** 3; **Temas:** II.USH.f.1, II.USH.f.8, II.USH.g.3; **Práctica:** SSP.1.a, SSP.2.b. La respuesta correcta es B. En el pasaje se plantea que las destrezas de combate de los estadounidenses no impresionaron al comando francés y británico. Pero los estadounidenses seguían llegando a Europa para combatir. Por lo tanto, puedes inferir que los estadounidenses estaban allí únicamente porque los británicos y los franceses estaban tan desesperados por recibir ayuda que estaban dispuestos a recibir soldados aunque consideraran que no estaban entrenados para la tarea. La respuesta A es incorrecta porque los comandantes británicos no respetaban a los soldados de infantería estadounidenses. La respuesta C también es incorrecta porque no hay información que compruebe que el general Pershing fuese mejor comandante que cualquier otro comandante británico o francés. La respuesta D es incorrecta porque las tropas estadounidenses lucharon junto con los soldados británicos y franceses contra los soldados alemanes.

6. **B; Nivel de conocimiento:** 1; **Temas:** I.CG.a.1, I.CG.b.3, I.CG.b.7, I.CG.b.8, I.USH.a.1; **Práctica:** SSP.1.a, SSP.2.b. Una lectura minuciosa del pasaje muestra que la respuesta correcta es B. Se enumeran tres requisitos principales: 1) haber nacido en los Estados Unidos, no ser un ciudadano nacionalizado, 2) tener al menos 35 años de edad y 3) haber residido en los Estados Unidos al menos durante 14 años. Es decir, un ciudadano nacido en los Estados Unidos, de 35 años, que haya vivido durante la mayor parte de su vida en el exterior no puede ser candidato. Las otras respuestas no son correctas por la forma en que están redactadas.

7. **D; Nivel de conocimiento:** 2; **Temas:** II.E.c.4, II.E.c.7, II.E.c.10, II.E.d.3; **Práctica:** SSP.1.a, SSP.6.b, SSP.10.a. La respuesta correcta es D porque la línea de la gráfica muestra un claro aumento en los servicios de alojamiento y alimentación.

8. **D; Nivel de conocimiento:** 3; **Temas:** II.G.b.1, II.USH.g.9; **Práctica:** SSP.1.a, SSP.1.b, SSP.2.a, SSP.2.b. La respuesta correcta es D. Como la política *glasnost* de Gorbachov tenía como objetivo principal cambiar las políticas soviéticas existentes, puedes asumir que los líderes comunistas se habrían opuesto. Los artistas, los científicos y los periodistas apoyaban la política *glasnost*.

9. **B; Nivel de conocimiento:** 2; **Temas:** II.CG.f, II.USH.h; **Práctica:** SSP.1.a, SSP.2.a, SSP.2.b, SSP.5.a, SSP.7.a. La respuesta B es la única respuesta correcta, porque es la única que resume fundamentalmente el punto del autor. Las respuestas A y D contienen ideas que el autor cree y menciona, pero ninguna es la idea principal del artículo. La respuesta C es incorrecta porque el autor no afirma ni insinúa que el presidente Obama no mantiene sus promesas.

10. **C; Nivel de conocimiento:** 2; **Temas:** II.CG.f, II.USH.h; **Práctica:** SSP.1.a, SSP.2.a, SSP.2.b, SSP.5.a, SSP.7.a. La respuesta C es la única respuesta correcta. El autor no usa ninguno de los otros métodos para justificar su punto de vista.

11. **D; Nivel de conocimiento:** 2; **Temas:** I.CG.c.1, I.CG.c.3; **Práctica:** SSP.1.a, SSP.5.a, SSP.6.b. La respuesta correcta es D. La economía de los Estados Unidos estaba debajo de una nube de depresión, pero el presidente Roosevelt puede lograr la recuperación económica. A pesar de tener un gran número de opositores, Roosevelt lo está logrando. Las otras respuestas son incorrectas.

12. **B; Nivel de conocimiento:** 2; **Temas:** II.USH.f; **Práctica:** SSP.1.a, SSP.1.b, SSP.2.a, SSP.5.a, SSP.6.b. La respuesta correcta es B porque el 7 de diciembre de 1914 los japoneses bombardearon Pearl Harbour y obligaron a los estadounidenses a sumarse a la Segunda Guerra Mundial. No se refiere al final de la Segunda Guerra Mundial, ni a la caída de la bomba atómica ni a la invasión del día D.

13. **A; Nivel de conocimiento:** 2; **Temas:** I.CG.b.1, I.CG.b.2, I.CG.d.2, I.USH.a.1; **Práctica:** SSP.1.a, SSP.1.b, SSP.5.a. La respuesta correcta es A, que todos los poderes del gobierno derivan de un pueblo libre por naturaleza. Jefferson afirma que los gobiernos derivan del poder de consentimiento de los gobernados. Locke afirma que las personas nacen en un estado de "perfecta libertad" y no tienen que obedecer a ninguna otra persona. Es posible que Jefferson esté de acuerdo con la respuesta B, pero Locke seguramente no. Ninguno de ellos estaría de acuerdo con las respuestas C ni D.

14. **C; Nivel de conocimiento:** 2; **Temas:** I.CG.b.1, I.CG.b.8, I.USH.a.1; **Práctica:** SSP.1.a, SSP.1.b, SSP.5.a. La única respuesta que se acerca remotamente a la opción con la que ambos estarían de acuerdo es la respuesta C, *limitado*. Los dos creen que los seres humanos tienen derechos naturales, lo que significa que el gobierno solo puede existir por el pueblo y, por ello, es limitado. Ninguno querría un gobierno fuerte ni militarista; por lo tanto, las respuestas A y B son incorrectas. No se indica que alguno de ellos quisiera un gobierno dominado por líderes religiosos, por lo que la respuesta D también es incorrecta.

15. **B; Nivel de conocimiento:** 3; **Temas:** I.CG.b.1, I.CG.b.8, I.USH.a.1; **Práctica:** SSP.1.a, SSP.1.b, SSP.5.a. La respuesta B es correcta porque "sin pedir permiso" significa que "uno no necesita pedir autorización". No significa ser excusado, ni salir del país libremente, ni que uno puede elegir su propio gobierno.

16. **A; Nivel de conocimiento:** 2; **Temas:** I.CG.b.4, I.CG.b.7, II.CG.e.1, II.CG.e.3; **Práctica:** SSP.1.a, SSP.7.a. A es la opción correcta, porque el enunciado del presidente Kennedy muestra que él cree que es el momento de que los Estados Unidos asuman el liderazgo en el desarrollo espacial. Siente que el desarrollo espacial es "la clave para nuestro futuro en el planeta Tierra". La opción B es incorrecta porque el presidente Kennedy tomó en cuenta la opinión del vicepresidente para formar su propia opinión. El hecho de que el presidente haya pensado en el desarrollo espacial desde los comienzos de su mandato significa obviamente que la opción C es incorrecta. La opción D podría ser verdadera, pero el presidente no expresa esta opinión.

17. **C; Nivel de conocimiento:** 2; **Temas:** I.CG.b.4, I.CG.b.7, II.CG.e.1, II.CG.e.3; **Práctica:** SSP.1.a, SSP.7.a. La única opción que expresa un hecho es la respuesta C. Las otras respuestas expresan sentimientos y opiniones.

18. 18.1 **A**; 18.2 **B**; 18.3 **C**; 18.4 **D**; **Nivel de conocimiento:** 2; **Temas:** I.CG.c.1, II.G.c.3, II.G.d.3; **Práctica:** SSP.1.a, SSP.6.b. Para el punto **18.1**, el mapa muestra que la mayoría de la población se encuentra en el **este** del país. La región con las áreas coloreadas con colores claros, que indica baja densidad de población, son las **llanuras centrales**; por lo tanto, la respuesta del punto **18.2** es **B**. De los estados que aparecen en la lista para el punto **18.3**, el que tiene áreas coloreadas con colores más claros es **Alaska**. La densidad de población allí es baja. De los estados que aparecen en la lista para el punto **18.4**, solamente **D, Wyoming**, muestra una mayor densidad de población que Alaska, Montana o Idaho, cuyas densidades de población son muy bajas.

19. B; Nivel de conocimiento: 2; **Temas:** I.CG.b.8, I.CG.c.1, I.CG.d.2, II.E.c.4; **Práctica:** SSP.1.a, SSP.2.b, SSP.3.b, SSP.3.c. La respuesta correcta es B. En la última parte del fragmento, la jueza Ginsburg plantea que la pelota está del lado del Congreso y que es posible que el Congreso tenga que actuar para corregir la decisión de la Corte, que ella claramente considera incorrecta. La jueza Ginsburg cree que si la mayoría de los jueces de la Corte Suprema no exigen reparar la discriminación que sufrió Ledbetter porque afirman que la ley no lo permite, ella desafía al Congreso a que modifique la ley. La jueza Ginsburg no impulsa un cambio urgente de los jueces de la Corte, ni afirma que Ledbetter debe demandar nuevamente a Goodyear. Tampoco insiste en que el Título VII no permite demandas por discriminación.

20. C; Nivel de conocimiento: 3; **Temas:** I.CG.a.1, I.CG.b.3, I.CG.b.7, I.CG.b.8, I.CG.d.1, I.CG.d.2; **Práctica:** SSP.1.a, SSP.2.a. Los derechos que se enumeran en las respuestas A, B y D aparecen en la Quinta Enmienda. El único que no aparece es el derecho a un juicio ante jurado. Observa que el derecho a presentar evidencia ante un jurado por un delito grave y un derecho que se incluye en la Quinta Enmienda. Sin embargo, el derecho más fundamental a ser juzgado en un juicio ante un jurado formado por pares aparece en la Sexta Enmienda.

21. B; Nivel de conocimiento: 2; **Temas:** I.CG.c.2, II.USH.g.8; **Práctica:** SSP.1.a, SSP.1.b, SSP.2.a, SSP.2.b, SSP.3.c. La respuesta correcta es B porque el presidente Nixon afirma que renuncia tras el escándalo de Watergate porque le está llevando mucho tiempo y no será capaz de cumplir con sus obligaciones presidenciales. Nixon no dice en este fragmento que renuncia porque la opinión pública estaba en su contra, ni porque el Congreso hubiera hecho lo imposible para que no continuara en su cargo. Tampoco dice que no desea ocupar más el cargo de presidente a tiempo completo.

22. D; Nivel de conocimiento: 2; **Temas:** I.CG.c.2, II.USH.g.8; **Práctica:** SSP.1.a, SSP.1.b, SSP.2.a, SSP.2.b, SSP.3.c. La respuesta correcta es D, arrepentido. El presidente Nixon no usa un tono desafiante, ni alegre ni terco en su discurso.

23. C; Nivel de conocimiento: 2; **Temas:** I.CG.d, II.G.c.1, II.G.d.3; **Práctica:** SSP.1.a, SSP.6.b. La respuesta correcta es C. La mayoría de los lugares que aparecen en la lista se encuentran en el Oeste: Hawái, California, Arizona, Colorado y Montana. La mayoría de la población de 85 años o más no vive en el sureste, ni en el noreste ni en el medio oeste, según la tabla.

24. B; Nivel de conocimiento: 3; **Temas:** I.CG.d, II.G.c.1, II.G.d.3; **Práctica:** SSP.1.a, SSP.6.b. La respuesta correcta es B. Se puede inferir que los adultos mayores prefiere los climas cálidos de la región occidental, especialmente de los estados como Hawái, California y Arizona.

25. D; Nivel de conocimiento: 3; **Temas:** I.CG.b.4, I.CG.b.8, I.CG.c.6, I.CG.d.2, II.CG.e.2, II.CG.e.3, I.USH.d.3; **Práctica:** SSP.1.a, SSP.1.b, SSP.2.a, SSP.4.a, SSP.5.a, SSP.5.b, SSP.5.c, SSP.6.b. La respuesta correcta es D, porque parece que los personajes de la caricatura tienen que dar un examen de alfabetización, aunque ellos mismos no saben el significado de la palabra *alfabetización*. Los personajes demuestran una lógica incorrecta porque un examen de alfabetización honesto habría evitado que ellos votaran. No demuestran una lógica incorrecta porque no pueden llegar a un acuerdo sobre cuál sería el mejor método para evaluar a los votantes, ni han simplificado demasiado los requisitos para votar, ni han hecho una generalización apresurada de que solamente los miembros de los partidos opositores se habrían visto afectados por los exámenes de alfabetización.

26. A; Nivel de conocimiento: 3; **Temas:** I.CG.b.4, I.CG.b.8, I.CG.c.6, I.CG.d.2, II.CG.e.2, II.CG.e.3, I.USH.d.3; **Práctica:** SSP.1.a, SSP.1.b, SSP.2.a, SSP.4.a, SSP.5.a, SSP.5.b, SSP.5.c, SSP.6.b. La respuesta correcta es A, porque los exámenes de alfabetización fueron solamente una de las maneras en las que los estados del Sur intentaron evitar que los afroamericanos votaran antes del triunfo del movimiento por los Derechos Civiles. Por lo general, los votantes blancos recibían exámenes fáciles, mientras que los votantes afroamericanos recibían exámenes extremadamente difíciles. Al señalar esta injusticia, el caricaturista hace referencia a los derechos civiles y no a la inversión gubernamental, ni a las elecciones presidenciales, ni a las reformas democráticas.

27. C; Nivel de conocimiento: 2; **Temas:** I.CG.b.8, I.CG.d.2, I.USH.b.1; **Práctica:** SSP.3.a, SSP.3.b, SSP.6.b. La clave para responder esta pregunta correctamente es encontrar la secuencia correcta de sucesos en el diagrama de flujo. Las respuestas A, B y D muestran secuencias incorrectas. Solamente la respuesta C muestra la secuencia correcta, con la Masacre de Boston primero, en 1770, y los Comités que ganaron importancia en 1772. Por lo tanto, la respuesta C es correcta. Los Comités se podrían haber formado, al menos en parte, por los sucesos como el de la Masacre de Boston.

28. D; Nivel de conocimiento: 3; **Temas:** I.CG.b.8, I.CG.d.2, I.USH.b.1; **Práctica:** SSP.3.a, SSP.3.b, SSP.6.b. Para responder correctamente esta pregunta, tienes que inferir algunas cosas. Tienes que inferir que todos los años se involucrarán más personas, ya que la tensión entre las colonias y Gran Bretaña es cada vez mayor y hay más incidentes entre ellos. Por lo tanto, elige el último año, la opción D, 1773.

29. D; Nivel de conocimiento: 3; **Temas:** I.CG.b.8, I.CG.d.2, I.USH.b.1; **Práctica:** SSP.3.a, SSP.3.b, SSP.6.b. La única respuesta que puede ser correcta es D, la firma de la Declaración de Independencia. Si no recuerdas que fue en 1776, debes razonar que la Declaración es un documento mediante el cual las colonias finalmente se separaron de Gran Bretaña y decidieron ir a la guerra. Por lo tanto, tuvo que haber sucedido antes de cualquiera de los otros sucesos. Observa los sucesos que se enumeran y saca conclusiones sobre la secuencia en la que se desarrollarían. No puede ser la respuesta C, porque la Constitución se redactó después de que terminó la guerra y se formó la nueva nación. No es la respuesta B, porque Yorktown fue la rendición británica al final de la guerra, y tampoco es la respuesta A, porque el Tratado de París se firmó después de eso.

30. A; Nivel de conocimiento: 3; **Temas:** II.USH.f.9, II.USH.g.1, II.USH.g.9, II.G.b.1; **Práctica:** SSP.1.a, SSP.2.b, SSP.3.b, SSP.3.c. La respuesta correcta es A. Cuando Gorbachov decidió permitir la reforma democrática en los estados satélite de la Unión Soviética en Europa del Este y permitir el disenso en la Unión Soviética, liberó fuerzas que finalmente no pudo controlar. Esto llevó a la caída del gobierno de la Unión Soviética. No puede hacerse una generalización de la caída de la Unión Soviética a partir del pasaje, y afirmar que Yeltsin obligó a Gorbachov a renunciar, o que la democracia de Europa del Este llevó a que la Unión Soviética también adoptara esa forma de gobierno. Tampoco se puede hacer una generalización y decir que los líderes comunistas disolvieron el gobierno para oponer resistencia a Boris Yeltsin.

Clave de respuestas

UNIDAD 4 ECONOMÍA

LECCIÓN 1, *págs. 90–91*

1. **B**; **Nivel de conocimiento:** 2; **Temas:** II.E.d; **Práctica:** SSP.4.a, SSP.6.b. El hecho de que una lata de jugo de naranja congelado cueste $2.09 en el supermercado es un ejemplo de microeconomía. Brinda información muy específica acerca del precio de una lata de jugo de naranja congelado en el supermercado. Las otras tres opciones son ejemplos de macroeconomía porque están relacionadas con la economía de los Estados Unidos en su totalidad, o con la economía de Florida.

2. **A**; **Nivel de conocimiento:** 2; **Temas:** II.E.c.1, II.E.d.1; **Práctica:** SSP.4.a. La competencia entre los vendedores fomenta que los precios se mantengan aproximadamente al mismo nivel en un mercado. La alta demanda de los bienes puede inducir a los vendedores a aumentar los precios. Los incentivos a los consumidores no mantendrán los precios en niveles similares. La cantidad de productos disponibles puede tender a inducir a los vendedores a que aumenten o bajen los precios, pero no a que los mantengan a niveles similares a los de los precios de otros vendedores.

3. **C**; **Nivel de conocimiento:** 2; **Temas:** II.E.c.1, II.E.c.3; **Práctica:** SSP.1.a, SSP.1.b, SSP.2.a, SSP.4.a. Un monopolio puede crearse cuando una empresa vende un bien que no tiene reemplazos adecuados y se impide que otras empresas ingresen a ese mercado. En la información se detalla el ejemplo de un vendedor de pepinos, que tendrá un monopolio si es la única persona que vende pepinos, y nadie más puede ingresar al mercado. Si hay una cantidad pequeña de empresas que controlan el mercado de un bien, habrá competencia entre ellas. Si las empresas producen bienes levemente diferentes, entonces no están compitiendo entre ellas. Si muchas empresas venden el mismo producto, hay competencia.

4. **D**; **Nivel de conocimiento:** 3; **Temas:** II.E.d.6, II.E.d.9; **Práctica:** SSP.1.a, SSP.1.b, SSP.2.a. Si el PIB de los Estados Unidos aumenta consistentemente, lo más probable es que un inversor invierta en empresas establecidas en los Estados Unidos. Este es un indicador económico líder, y por lo tanto, un buen indicador para predecir la economía futura. Es menos probable que invierta en productos manufacturados en el extranjero o que venda inversiones en empresas extranjeras en función de la fortaleza de la economía de los EE. UU. Es menos probable que el inversor venda sus inversiones en empresas estadounidenses porque la economía de los EE. UU. está funcionando bien.

5. **B**; **Nivel de conocimiento:** 1; **Temas:** II.E.d.10; **Práctica:** SSP.2.a, SSP.2.b. El desempleo es un indicador rezagado, ya que el empleo puede seguir sin aumentar durante dos o tres trimestres después de una mejora en la economía. El mercado de valores, la masa monetaria y los permisos de construcción son indicadores líderes.

LECCIÓN 2, *págs. 92–93*

1. **B**; **Nivel de conocimiento:** 3; **Temas:** II.E.d.8; **Práctica:** SSP.6.a, SSP.6.b, SSP.10.a. B es la respuesta correcta porque la gráfica muestra para este período la tasa inflacionaria más alta, y la información del pasaje presenta estos factores como efectos directos de la inflación. Todas las otras opciones de respuesta incluyen factores (aumento del valor del dinero, aumento de la demanda de bienes, deflación) que son exactamente opuestos a lo que sería verdadero.

2. **Nivel de conocimiento:** 3; **Temas:** II.E.d.1, II.E.d.2, II.E.d.8; **Práctica:** SSP.3.c, SSP.6.c, SSP.10.a. A precios por encima del punto de equilibrio, baja la demanda y sube la oferta. A precios por debajo del punto de equilibrio, baja la oferta y sube la demanda.

3. **D**; **Nivel de conocimiento:** 2; **Temas:** II.E.d.1, II.E.d.2, II.E.d.8; **Práctica:** SSP.3.c, SSP.6.c, SSP.10.a. Según indica la información, muchas causas influyen en la oferta, la demanda y la inflación. Ninguna de ellas es una causa básica de actividad económica, todas influyen en la economía, y no operan independientemente unas de otras.

4. **A**; **Nivel de conocimiento:** 2; **Temas:** II.E.d.1, II.E.d.2, II.E.d.8; **Práctica:** SSP.3.c, SSP.6.c, SSP.10.a. Para que la oferta y la demanda funcionen libremente, es necesaria la competencia. La competencia ayuda a regular los precios y la oferta de bienes. Además, si la demanda de un producto es mayor, más empresas comenzarán a producirlo, lo que puede llevar a los precios a bajar hasta el punto de equilibrio. Ni la regulación de los precios por parte del gobierno, ni la inflación, ni una economía en crecimiento son condiciones necesarias para que la oferta y la demanda funcionen libremente.

LECCIÓN 3, *págs. 94–95*

1. **A**; **Nivel de conocimiento:** 3; **Temas:** II.E.e.1; **Práctica:** SSP.6.a, SSP.6.c, SSP.10.a, SSP.10.b. Una mejora de la economía es la razón más probable del aumento en el crédito de consumo no rotativo a comienzos de 2009. Cuando las personas tienen perspectivas optimistas de su futuro económico, harán más compras importantes, como un carro o una casa, las que generalmente implican el uso de crédito no rotativo. Además, después de 2009 el crédito de consumo rotativo se estancó bastante. El cambio no indica un aumento del miedo a un decrecimiento de la economía, ni el comienzo de una recesión, ni una disminución de la cantidad de crédito disponible.

2. **C**; **Nivel de conocimiento:** 3; **Temas:** II.E.c.5, II.E.e.2; **Práctica:** SSP.6.a, SSP.6.c, SSP.10.a, SSP.10.b. La respuesta C es correcta porque el interés de los ahorros es bajo, y el interés de los pagos es más alto; por lo tanto, las personas están saldando deudas rotativas. La opción A es incorrecta porque los ahorros dependen de la renta, especialmente de la renta disponible. La opción B es incorrecta porque las personas gastan solo *lo necesario*, y por eso la renta disponible se mantiene. La opción D es incorrecta porque la renta personal y la renta personal disponible *sí están* relacionadas.

3. **C**; **Nivel de conocimiento:** 2; **Temas:** II.E.c.5; **Práctica:** SSP.6.a, SSP.6.c, SSP.10.a. El costo de oportunidad de producir 10 toneladas de maíz en el país B es 6 toneladas de trigo.

4. **D**; **Nivel de conocimiento:** 2; **Temas:** II.E.c.5; **Práctica:** SSP.6.a, SSP.6.c, SSP.10.a, SSP.10.b. La opción D es la respuesta correcta. El país A debe producir trigo, y el país B debe producir maíz, porque el país A tiene el menor costo de oportunidad para el trigo, y el país B tiene el menor costo de oportunidad para el maíz. Todas las otras opciones de respuesta incluyen enunciados incorrectos.

LECCIÓN 4, *págs. 96–97*

1. **C; Nivel de conocimiento:** 2; **Temas:** II.E.c.8, II.E.c.11; **Práctica:** SSP.6.a, SSP.6.b, SSP.10.a. Según la pictografía, el valor de los bienes comerciados entre los Estados Unidos y Japón es apenas más de dos símbolos. Como cada símbolo equivale a $100 mil millones, el valor de los bienes comerciados entre los Estados Unidos y Japón es de aproximadamente $200 mil millones. Las otras opciones de respuesta no se acercan suficientemente al valor de los símbolos correspondientes a Japón.

2.1 **C;** 2.2 **C;** 2.3 **D; Nivel de conocimiento:** 2; **Temas:** II.E.c.8, II.E.c.9, II.E.c.10; **Práctica:** SSP.6.a, SSP.6.b, SSP.10.a, SSP.11.a.

2.1 Según la pictografía, el valor de la producción de Iowa fue más del doble que el valor de la producción de **Indiana**. El valor de la producción de Iowa fue 11,700 millones. El único estado que tuvo un valor de la producción menor que la mitad de ese valor fue Indiana, cuyo valor de la producción fue 4,900 millones.

2.2 La mediana es el valor que queda en el medio de un conjunto de datos, cuando los datos están ordenados de menor a mayor. Los datos ordenados de menor a mayor son $4,939 millones; $6,719 millones; $7,860 millones; $10,707 millones; $11,735 millones. Entonces, el valor de la mediana de los datos es **$7,860 millones**.

2.3 A partir de la información, puedes suponer que en **Wisconsin**, dado que ocupa el lugar que sigue a Ohio en la lista de los 10 estados líderes en producción de maíz de la nación, el total de la producción fue menor que el de Ohio. Iowa, Illinois e Indiana aparecen en la lista de los cinco estados líderes en la producción de maíz; por lo tanto, su producción no puede haber sido menor que la de Ohio.

LECCIÓN 5, *págs. 98–99*

1. **B; Nivel de conocimiento:** 2; **Temas:** II.E.e.1, II.E.e.3; **Práctica:** SSP.6.a, SSP.6.b, SSP.6.c, SSP.10.a, SSP.10.c. A partir de las gráficas de barras, el único enunciado correcto de las opciones de respuesta es el que corresponde a la opción B: La media de la tasa de interés preferencial de 2008 fue aproximadamente 6 por ciento.

2. **C; Nivel de conocimiento:** 2; **Temas:** II.E.d.4, II.E.d.5; **Práctica:** SSP.6.a, SSP.6.b, SSP.6.c, SSP.10.a, SSP.10.c. El valor de M2 es mayor que el de M1. Este enunciado será siempre verdadero porque M2 incluye toda la categoría M1, y además otros elementos, por lo tanto, debe ser más grande que M1. El valor de M1 no siempre supera los $300 mil millones. El valor de M2, según la gráfica, no aumenta constantemente. El valor de M1 puede o no ser aproximadamente la mitad del valor de M2, pero esto no siempre es así.

3. **B; Nivel de conocimiento:** 2; **Temas:** II.E.d.4, II.E.d.5; **Práctica:** SSP.6.a, SSP.6.b, SSP.6.c, SSP.10.a. El valor aproximado de M1 en 2010 fue $200 mil millones. El punto en la gráfica está por encima de $100 mil millones, pero por debajo de $300 mil millones y $400 mil millones.

4. **D; Nivel de conocimiento:** 2; **Temas:** II.E.d.4, II.E.d.5; **Práctica:** SSP.1.a, SSP.6.a, SSP.6.b, SSP.6.c, SSP.10.a. La economía probablemente tuvo la mayor liquidez en 2010. La liquidez se mide según lo fácil que resulta transformar algo en dinero en efectivo. El valor de M1 incluye los activos más líquidos, por lo tanto la economía tuvo la mayor liquidez cuando el valor de M1 fue el más alto. El mayor valor corresponde a 2010, no a 1980, 1990 ó 2000.

5. **B; Nivel de conocimiento:** 3; **Temas:** II.e.c.4; **Práctica:** SSP.1.a, SSP.6.a, SSP.6.b, SSP.6.c, SSP.10.a, SSP.10.c. Es verdadero que la edad no es un factor relacionado con el teletrabajo por parte de los empleados federales. Según la gráfica, para casi todos los grupos de edades, el porcentaje de empleados que teletrabajan es aproximadamente el mismo que el porcentaje total de empleados federales en ese mismo grupo de edad. Es más probable, no menos, que los empleados de más edad teletrabajen. El porcentaje, y por lo tanto el número, de empleados más jóvenes es menor que el número de empleados de más edad, por lo tanto no hay más empleados de menor edad que teletrabajen. El porcentaje de empleados que teletrabajan aumenta, no disminuye, a medida que aumenta la edad, excepto entre el grupo de quienes tienen más de 60 años de edad.

REPASO DE LA UNIDAD 4, *págs. 100–107*

1. **C; Nivel de conocimiento:** 3; **Temas:** II.E.d.1, II.E.d.2, II.E.d.4, II.E.d.7; **Práctica:** SSP.3.c, SSP.6.a, SSP.6.b. El poder adquisitivo de los consumidores de los EE. UU. se fue debilitando cada vez más durante la primera parte de la década de 1930. La información indica que si el poder adquisitivo de las personas se reduce, la depresión puede empeorar. Esto se hace evidente en la tabla, por la disminución del PIB. La tabla no incluye más datos de la década de 1920, además de los de 1929, por lo tanto no se puede concluir que los Estados Unidos estuvieran en recesión en ese momento. La producción de material bélico ayudó a aumentar el PIB y a sacar al país de la Gran Depresión. En el pasaje se indica que en 1929 el PIB estuvo alto, por lo tanto no es probable que haya sido necesaria una intervención del gobierno durante la década de 1920.

2. **A; Nivel de conocimiento:** 3; **Temas:** II.E.d.10; **Práctica:** SSP.6.a, SSP.6.b, SSP.10.a. Podrías predecir que el desempleo en los Estados Unidos disminuiría gradualmente en los años posteriores a 1939. La Segunda Guerra Mundial comenzó en Europa en 1939, y llevó a un aumento de la demanda de productos industriales, que llevó a un aumento de los empleos y a una baja del desempleo. El aumento del PIB indica que la cantidad de casos de quiebra disminuyó, no creció; indica aumentos, y no disminuciones, de la demanda; e indica mejoras, y no empeoramiento, de las condiciones económicas.

3. **C; Nivel de conocimiento:** 2; **Temas:** II.E.d.8; **Práctica:** SSP.3.c, SSP.6.a, SSP.6.b, SSP.10.a. La tabla muestra el PIB de los EE. UU. en dólares a valor del año 2005 debido a la inflación. Al hacer ajustes por inflación, los economistas e historiadores pueden hacer comparaciones precisas. La producción excesiva, el desempleo y la oferta y demanda no tienen influencia en que se muestre el PIB en dólares a valor contemporáneo o a valor del año 2005.

4. **D; Nivel de conocimiento:** 2; **Temas:** II.E.d.8; **Práctica:** SSP.3.c, SSP.4.a, SSP.6.a, SSP.6.b. *Volatilidad* en este contexto significa **inestabilidad**, o impredecibilidad. Cuando el valor de la moneda es volátil, varía en forma errática y es inestable. *Volatilidad* no significa plenitud, ambulatoria o volumen.

5. **B; Nivel de conocimiento:** 2; **Temas:** II.E.d.8; **Práctica:** SSP.3.c, SSP.4.a, SSP.6.a, SSP.6.b. *Estimular* en este contexto significa **motivar o fomentar**, ya que los gobiernos querrán "despertar" a los inversores, o animarlos para superar una crisis económica. *Estimular* no significa explotar, inflar o detener súbitamente.

6. **B; Nivel de conocimiento:** 3; **Temas:** II.E.d.4, II.E.d.5; **Práctica:** SSP.3.c, SSP.6.a, SSP.6.b, SSP.10.a. La aprobación de un presupuesto federal en el que se genere un excedente destinado al pago de las deudas con otras naciones garantizaría una reducción de la deuda. Las otras tres opciones de respuesta tienen más probabilidades de costar dinero al gobierno y, por lo tanto, aumentar la deuda.

UNIDAD 4 (*continuación*)

7. **C; Nivel de conocimiento:** 3; **Temas:** II.E.d.4, II.E.d.5; **Práctica:** SSP.3.c, SSP.6.a, SSP.6.b, SSP.10.a. Esta pictografía puede ser engañosa. Los círculos representan $100 mil millones, mientras que los rectángulos representan $1 billón. Si analizas la pictografía con atención, puedes determinar que el nivel de la deuda nacional continúa aumentando desde 1975. No es verdadero que la deuda nacional de los EE. UU. haya superado los $600 mil millones antes de 1975, ya que había superado los $500 mil millones. Además, es falso que la deuda nacional de los EE. UU. haya disminuido entre los años 1980 y 1985: la deuda aumentó. Tampoco es verdadero que la deuda nacional de los EE. UU. se haya expandido más entre 1995 y 2000 que entre 2000 y 2005; de hecho, su expansión fue menor.

8. **D; Nivel de conocimiento:** 2; **Tema:** II.E.c.10; **Práctica:** SSP.3.c. Es esperable un aumento de la productividad de los teletrabajadores, dada la información de que uno de los beneficios del teletrabajo es el aumento de la productividad de los trabajadores. La información indica que el teletrabajo ayuda a retener la mano de obra, por lo tanto no habrá mayor rotación de los empleados. La información también menciona la reducción de los costos, por lo tanto no es esperable que los costos de estructura sean mayores. En la información se hace referencia a los incidentes relacionados con la seguridad, pero no se habla de las autorizaciones de seguridad.

9. **C; Nivel de conocimiento:** 2; **Tema:** II.E.c.4; **Práctica:** SSP.3.c, SSP.6.b. El trabajo de los empleados es parte de la categoría de mano de obra. La mano de obra describe el esfuerzo de las personas. El dinero es el capital. Tu capacidad para administrar la mano de obra no es un factor de producción. La propiedad en la que está ubicada la empresa es parte de la categoría tierra y recursos naturales.

10. **D; Nivel de conocimiento:** 2; **Tema:** II.E.c.4; **Práctica:** SSP.2.b, SSP.3.c, SSP.6.b. La voluntad de fundar una empresa propia y fabricar productos es un ejemplo de espíritu empresarial. Una persona que funda o crea una empresa tiene espíritu empresarial. La mano de obra es el esfuerzo de las personas, el capital es riqueza y recursos, y las ganancias es el dinero que genera una empresa.

11. **B; Nivel de conocimiento:** 3; **Tema:** II.E.c.4; **Práctica:** SSP.2.b, SSP.3.c, SSP.6.b. Según la información del diagrama de flujo, las empresas generan ingresos (ganan dinero) al vender sus productos y servicios a los hogares. No generan ingresos comprando bienes y servicios, ni comprando factores de producción, ni evitando los mercados de bienes y servicios y los factores de producción.

12. **C; Nivel de conocimiento:** 3; **Tema:** II.E.c.4; **Práctica:** SSP.2.b, SSP.3.c, SSP.6.b. Las cuatro esquinas del diagrama de flujo muestran ejemplos de cómo todas las transacciones entre empresas y hogares contribuyen al PIB de la nación. Las otras tres opciones de respuesta contienen datos que no son correctos en función del diagrama de flujo y la información.

13. **A; Nivel de conocimiento:** 2; **Temas:** II.E.e.1; **Práctica:** SSP.1.a. La gráfica del crédito rotativo muestra una línea baja y estable entre 2010 y 2012, mientras que la gráfica del crédito no rotativo muestra un aumento abrupto durante esos años. En los años anteriores, 2008 y 2009, hay caídas en ambas gráficas. No hay ningún aumento en la gráfica del crédito rotativo.

14. **A; Nivel de conocimiento:** 3; **Temas:** II.E.e.1; **Práctica:** SSP.6.a, SSP.6.b, SSP.10.a. Durante una recesión es menos probable, no más probable, que las personas hagan compras grandes, como carros y casas. Los saldos de las tarjetas de crédito son ejemplos de crédito rotativo, no de crédito no rotativo.

15. **A; Nivel de conocimiento:** 2; **Tema:** II.E.d.6; **Práctica:** SSP.6.b, SSP.6.c, SSP.10.a, SSP.10.c. El enunciado que indica que muchos inversores ganaron dinero con sus inversiones en 1995 es más probable que sea verdadero. El Promedio Industrial Dow Jones muestra un cambio positivo de más de 30%. Este importante cambio positivo hace que sea probable que muchos inversores hayan ganado dinero. No hay ningún indicador de que la mayoría de las personas haya evitado las inversiones en 2005. El rendimiento de las inversiones en 2000 fue negativo, por lo tanto no puede considerarse sano. La tabla no informa en qué tipo de acciones invirtieron las personas, por lo tanto no puede decirse que los inversores hayan invertido fuertemente en tecnología en 2010.

16. **D; Nivel de conocimiento:** 3; **Temas:** II.E.c.9, II.E.c.10, II.E.c.11; **Práctica:** SSP.6.b, SSP.6.c, SSP.10.a, SSP.10.c. Una sequía a nivel nacional puede haber causado los cambios que muestran las gráficas. La producción de cítricos disminuyó, y el número de incendios forestales aumentó. Solamente una sequía en toda la nación puede tener ese efecto. Una mayor demanda de productos agropecuarios no influye en la cantidad de incendios. Una disminución de la productividad por hora tampoco influye en la cantidad de incendios. Que más agricultores se especialicen en producir cítricos tampoco influye en la cantidad de incendios.

17. **C; Nivel de conocimiento:** 3; **Tema:** II.E.c.6; **Práctica:** SSP.6.b, SSP.6.c, SSP.10.a. La producción de cítricos disminuyó durante los años en los que hubo muchos incendios forestales. Se puede concluir que una caída de la producción de cítricos puede derivar en una disminución de las ganancias. Las ganancias no podrían duplicarse, mantenerse o aumentar en comparación con los años anteriores. Deberían disminuir.

18. **C; Nivel de conocimiento:** 2; **Tema:** II.E.c.6; **Práctica:** SSP.6.b, SSP.6.c, SSP.10.a. La gráfica muestra que los incendios forestales alcanzaron el tercer número más alto en 2004, dentro del período de cinco años que muestran las gráficas.

19. **B; Nivel de conocimiento:** 2; **Tema:** II.E.c.6; **Práctica:** SSP.6.b, SSP.6.c, SSP.10.a. La gráfica lineal muestra que el mayor aumento de la cantidad de incendios forestales se produjo entre 2005 y 2006, no en los años que muestran las otras opciones de respuesta.

20. **C; Nivel de conocimiento:** 3; **Tema:** II.E.d.9; **Práctica:** SSP.6.a, SSP.6.b, SSP.6.c, SSP.10.a. A partir de las gráficas, en el período de 2011 a 2015 probablemente habrá pocos cambios en el PIB y el ingreso per cápita de cada estado. El ingreso per cápita de Arkansas es aproximadamente 50% de la de Ohio, pero el PIB de Arkansas es mucho menor que 50% del PIB de Ohio. La tasa de aumento correspondiente a Ohio es, en ambas gráficas, mayor que la de los otros dos estados. El PIB y el ingreso per cápita están relacionados, como se nota al ver que siguen las mismas tendencias en ambas gráficas.

21. **D; Nivel de conocimiento:** 3; **Temas:** I.E.d.9; **Práctica:** SSP.6.a, SSP.6.b, SSP.6.c, SSP.10.a. Puedes sacar la conclusión de que Connecticut tiene una población menor que la de Ohio. *Per cápita* significa "por persona", entonces, en la segunda gráfica se toma el total del ingreso del estado y se la divide entre la población de ese estado. La primera gráfica muestra que Ohio tiene un PIB mucho mayor que el de Connecticut, pero en la segunda gráfica se observa que Connecticut tiene un ingreso per cápita mucho mayor. Por lo tanto, puedes concluir que la población de Connecticut es menor que la de Ohio. La gráfica no muestra las importaciones. Si la población de Arkansas se expandiera a una tasa superior a la tasa de aumento de los salarios, el ingreso per cápita disminuiría. No es probable que los PIB de Arkansas y Connecticut alcancen el mismo nivel en algún momento.

22. **A; Nivel de conocimiento:** 2; **Temas:** I.E.d.9; **Práctica:** SSP.6.a, SSP.6.b, SSP.6.c, SSP.10.a. En la gráfica lineal se tiene en cuenta la población de cada estado para la medición de los datos. Por eso su título es "Ingreso per cápita, por estado". En la gráfica de barras múltiples no se tiene en cuenta la población de cada estado. En función de las dos gráficas, las otras opciones de respuesta son todas incorrectas.

23. **C; Nivel de conocimiento:** 2; **Temas:** I.E.c.2; **Práctica:** SSP.3.c. Un cheque por valor de $50.00 por abrir una nueva cuenta corriente es un incentivo económico positivo. El banco te recompensa con $50.00 por operar con ellos. El cobro de intereses por no pagar el saldo completo de una tarjeta de crédito, la multa por retraso en la devolución de un libro a la biblioteca, o el recargo por minuto extra en el resumen mensual de gastos de telefonía celular, son todos ejemplos de incentivos económicos negativos. Son multas que desalientan determinadas acciones.

24. **Tus obligaciones:** Administración del crédito; **Obligaciones de la agencia de informes de crédito:** Cumplimiento de la ley, Investigación de errores; **Obligaciones de ambas partes:** Precisión, Privacidad, Trabajo con las entidades crediticias. **Nivel de conocimiento:** 3; **Temas:** II.E.d.3, II.E.e.3; **Práctica:** SSP.1.a, SSP.2.b, SSP.3.d, SSP.6.a, SSP.6.b, SSP.10.a. Es tu obligación **administrar** tu propio crédito. Para ello, accedes a tu informe de crédito, comprendes la información que brinda, y respondes ante cualquier incidente de crédito denegado o ante cualquier error en el informe. Es obligación de la agencia de informes de crédito, no es tu obligación, **cumplir** con lo dispuesto por la Ley de informes imparciales de crédito. Es obligación de ambas partes, es decir tuya y de la agencia de informes de crédito, garantizar la **exactitud** y la **privacidad** de los datos, y **trabajar con las entidades crediticias**.

25. **D; Nivel de conocimiento:** 2; **Temas:** II.E.c.1; **Práctica:** SSP.4.a. Tiene que haber más de un vendedor y más de un comprador para que un mercado sea competitivo. En un mercado competitivo hay competencia entre los vendedores por captar compradores, y entre los compradores por adquirir productos. Un mercado no necesita ser internacional para ser competitivo. Un mercado en el que el gobierno controla los precios no sería competitivo. Un mercado en el que una sola empresa vende cada producto tampoco sería competitivo.

26. **B; Nivel de conocimiento:** 2; **Temas:** II.E.c.3; **Práctica:** SSP.4.a. Un mercado monopólico es un mercado en el que los consumidores solo tienen un vendedor a quien comprar un producto. El vendedor tiene el monopolio: es el único que provee un bien o servicio al mercado. En un mercado monopólico no hay múltiples vendedores. En un mercado monopólico tampoco se intercambia solo un tipo de bien o servicio. Un monopolio puede producir y vender diferentes productos, pero es la única empresa que los vende. Si hay monopolio, los consumidores tienen menos poder que los vendedores, no más, porque los consumidores no tienen otras opciones.

27. **A; Nivel de conocimiento:** 2; **Temas:** II.E.c.1, II.E.c.3; **Práctica:** SSP.1.a, SSP.1.b, SSP.2.a, SSP.2.b, SSP.3.c. Al elegir qué productos comprar, los consumidores eligen qué empresas ganan y cuáles pierden. Los consumidores no avalan los monopolios, ya que estos últimos obtienen ganancias a expensas de los consumidores. Si bien es posible que los consumidores paguen precios más altos por conveniencia, o que busquen los mejores precios, estos criterios están relacionados con los productos que los consumidores compran o no compran, lo que en última instancia determina qué empresas triunfan y qué empresas fracasan.

Índice

A

B

C

D

Índice

Índice

ÍNDICE